黄大钊　曹瑞芳◎著

人民出版社

本书写给正在为脱稿讲话焦虑、心烦的人们……

目录 CONTENTS

写在前面的话　/001

第一章　是什么令我们无法脱稿　/001

当主持人宣布：下边由×××发言，×××做准备……这时，您若是那个准备者，是不是有这样的心理反应和表现：前面的顾不上听，心里一个劲儿咚咚咚直打鼓或像怀揣个兔子上下乱跳？

一、心中的“魔”　/003

为什么想好的思路，一上台全乱了？为什么每次讲之前都紧张、焦虑？为什么缺乏讲话的冲动和欲望？又为什么有时讲得还可以，有时发挥就失常？告诉您，关键要揪出深藏在心中的“魔”……

二、身边的“鬼”　/009

我演讲曾经得过名次，我乐于交往，我乐观开朗，我日常与人交往谈笑风生，应对自如，周围人都夸我工作能力强，为什么一遇到正式场合或在重要人物面前就大脑缺氧？

第二章　脱稿讲话难吗　/014

我买过许多口才类的书，看看激动，想想感动，实际工作中却不大管用；我也参加过社会上的口才班，听听激动，练练感觉也有用，可一回到现实中却不知如何来应用，脱稿讲话怎么那么难?！其实脱稿讲话不难！关键您有不知道的“秘密”！

一、跳出认知的“误区”　/014

您琢磨过诸如“口才”、“演讲”、“讲演”、“讲话”，还有“知识”、“技能”、“艺术”等等这类词的区别吗？您细想过搞清楚这些词的基本概念对脱稿讲话有多大好处吗?

二、揭开紧张的“面纱”　/019

有人一站到众人面前讲话就紧张；有人是站在陌生人或熟悉人面前讲话才紧张；有人是“家里没粮，心里发慌”；有人是讲话之前等着的时候最紧张；还有人是越说越紧张，以致于越讲越快……

第三章　遇到场合怎么说　/029

有时大脑“断电”，不知怎样才能轻松自然又得体地快速切入；有时准备腹稿，不知都应该说些什么；有时思路不够开阔，说出的话既不全面又不到位；有时想说得精彩一些，看书不少，可记住的不多，用上的更少……这是为什么?

一、如何寻找思路　/030

遇到场合，说什么，怎么说，并不难。难的是有的朋友从来没有系统地总结、归纳、留意或强化过脱稿讲话的“三大意识”和“三个适合”，您知道它们在实际工作中如何应用吗?

二、容易断电怎么办 /032

俗语说："烂笔头，胜过好记忆。"脱稿讲话不能看稿，怎么记？您可知道，脱稿讲话的高手们，通常有个避免断电的"诀窍"……

三、话从哪里来 /033

有些场合不知说什么，主要有三种情况：一是知识局限，真没话说；二是有话可说，一时拿捏不好；三是私下能侃侃而谈，一遇场合就笨嘴拙舌了，您知道症结何在么？

四、具体场合怎么说 /056

我们常常会想，一旦遇到某个场合，若有个参考模板就好了。恭喜您，心想事成了——这里有您常遇的场合，熟悉的角色，想要的思路，想找的内在规律以及想说的妙语菁句……

第四章 如何讲得更自信 /165

西方政治领袖们脱稿讲话超凡魅力的背后，您可知道，他们做过哪些努力？美国约翰逊总统和奥巴马总统公众面前的出色表现，您知道，他们专门学过什么吗？现如今侃侃而谈的高手们，您可知道，他们除了内在的积累，充分的准备，还有什么为他们添姿增彩吗？

一、不可忽视的"无声语言" /165

当您在众人面前脱稿讲话时，人们本能地都会在内心里对您评头论足，尤其是您脱稿讲话前90秒内，您的"无声语言"和您的说话方式，听众会最先关注的是什么？

二、不应忘记的"表达技巧" /172

脱稿讲话的魅力声音从何而来？脱稿讲话时声音大一点好呢？还是小一点好？答案是适中为好。那怎样才能做到适中？又如何控制讲话越说越快？

三、应当重视的“应急策略” /178

参加讨论会，您本来没想第一个发言，结果被领导点名第一个，这时很容易发懵；参加座谈会，事先通知每人发言5分钟，主办方临时决定压缩到2分钟，遇到这类情况怎么办？

第五章 怎样说得更生动 /190

讲话生动是人人向往，更是个个追求。方法是什么？技巧又在何处？有人说，讲话生动需要底蕴；还有人说，讲话生动更需要天赋。其实，在开场白上下“功夫”，在有新意上做“文章”，同时在遣词造句上注重“修辞”，别人能，您也能。

一、在开场白上下“功夫” /190

脱稿讲话的开头比一般背演讲稿的演讲要难得多。因为脱稿讲话所遇到的场合、角色以及听众都是复杂的，多变的。要想吸引听众，在得体的基础上要尽可能求变化——

二、在说有新意上做“文章” /199

一个脱稿讲话者，要想让听众感觉您讲得好，重要的一点是不能人云亦云，老调重弹。讲话有新意是重要法宝之一。怎样使自己的脱稿讲话更有新意呢？

三、在遣词造句上要“修辞” /204

脱稿讲话想生动，要讲究修辞。写文章与脱稿讲话的修辞有什么区别？看书就能学会吗？短时间内就能掌握吗？为了脱稿讲话的生动性，我们要——

第六章　脱稿讲话的实战方法　/221

告诉大家一个秘密——脱稿讲话的高手们也并不是您想象中的站起来就能说。他们出口成章的背后，都有或长或短、或详或略的构思准备过程。有时间的情况下，如何做详细的准备？时间仓促的情况下，又如何“临阵磨枪”？

一、脱稿讲话准备的“五步法”　/222

脱稿讲话准备从何切入？怎样一步步练起？其中要注意的细节是什么？必须掌握的重点要领又有哪些？我们怎样按“五步法”的要求，尽快能学以致用，活学活用吗？

二、即兴发言的“糖葫芦法则”　/231

即兴发言比一般脱稿讲话更难，难在没时间准备，站起来必须马上就说，常遇到的有三大难点：一是站起来大脑发空；二是说出的话欠妥当；三是想到哪说到哪。怎么办？

三、提高口语能力的“三多”　/237

要想摆脱讲稿或提纲，其中要完成的一个步骤是从书面语到口语的转化。那么，书面语和口语之间有些什么区别，口语化表达的秘诀又在哪儿？

四、提升说服力的“三方法”　/242

身为企业家，需要融资时，怎样说服VC？企业上市路演，怎样推销自己，又如何推销公司？作为一个现代人如何学会把自己的思想梳理得很有逻辑，用很清晰的语言赢得他人？

五、竞聘述职应重视的“三细节”　/244

参加竞聘述职，要想展现自己的实际水平，达到预期目的，通常情况下是两手都要硬：一手是前期准备；另一手是现场呈现和应对。

六、心理调适言语工具“38 条” /246

为什么有时我们脱稿讲话水平不能正常发挥？其中“认知”和“心理”是两大制约因素。时时诵读“38 条”，您会发现这是调整“认知”，强化“心理”素质的有效工具。

后记 /250

写在前面的话

一、为什么要写这本书

中共中央政治局2012年12月4日会议上作出了《关于改进工作作风、密切联系群众的八项规定》，明确要求社会各界要提高会议实效，开短会、讲短话，力戒空话、套话。

党的十八大闭幕之后不久，新一届常委们在多处场合提出了改会风、改文风的要求。

2012年11月29日，习近平在参观“复兴之路”展览后发表了重要讲话，他在讲话时没有用讲稿，所讲的话条理清晰，简练务实。

2012年11月21日，李克强在“全国综合配套改革试点工作座谈会”上，提示拿着稿念的官员，说：“发言稿我都已经看过，不用再念”。

2012年11月30日，王岐山在“党风廉政建设和反腐败工作专家座谈会”上说：“参加王某人的会，不准念发言稿，要学会深刻思考。”

政治局常委们不约而同提出“不准念稿”的要求，是希望讲实话、真话、明白话，而不是拿腔拿调讲官话、套话。

脱稿讲的效果大大优于照稿读。这主要是因为脱稿讲能给人以直抒胸臆之感，由于不借助讲稿直接与对方沟通，对方就会感到真实可信并能集中注意力主动参与沟通。美国哥伦比亚广播公司一位著名主持人深有体会地说："念稿子远不如讲话好。后者是发自内心的。即使它显得不够流畅，但效果反而好。"

捷克女学者卡尔瓦绍娃对此专门进行了研究。她指出：脱稿讲比照稿念节奏更为从容、自由，容易达到声情并茂，使人感到生动形象，通俗易懂，乐于接受。从记忆的效果看，通过讲的方式人们大约记住内容的33%，而通过读的方式人们只记住内容的10%。由此可见，脱稿讲优于照稿念；在口头宣传中，宣传者对讲稿的依赖性越小，宣传者与被宣传者就越能充分地进行思想和情感沟通，脱稿讲话效果就越好。

脱稿讲话不是作秀，而是对所讲内容的透彻理解、烂熟于心方能脱口而出。当然，并不是所有场合都不能念稿子。有这样一则趣事：

20世纪50年代初，时任上海市市长的陈毅有一次在上海文化广场做报告，著名导演黄佐临正好坐在主席台上讲台的后面。陈毅在发言过程中不时地拿起讲稿看看，但黄导演却发现陈毅拿起的"讲稿"上一个字也没有，不过是张白纸。陈市长的讲话是深受上海人民欢迎的。这次也不例外，台下不时响起热烈掌声。会后，他就问陈毅："陈老总，您怎么用一张空白的稿纸呵？"只听陈毅笑着回答说："不用稿子人家会讲我不严肃、信口开河嘛。"

陈毅元帅很了解听众的心理，尽管作为一位文武双全的杰出的革命家，他发言可以不用讲稿而出口成章，但为了满足听众的心理需求，强化劝说效果，他就"做戏"式地用白纸代替讲稿而脱稿讲话。这说明，"脱稿讲话"并不意味着不顾讲话内容、目的，不分场合一律要求即兴发言。有些重要的会议，涉及国计民生的重大方略，需要一定的权威性、准确性，也需要一定的仪式感，这个时候念稿子，体现出的是庄重、严肃以及对社会公众的尊重姿态。比如，在法律宣判、政治报告、传达上级重要文件或高级领导重要讲话等等重要场合，就不宜脱稿讲，而应采取照稿宣读的方式，这样，既可以暗示内容的重要，保持气氛的庄重，又使发言内容逻辑严密，措辞准确，使之无懈可击。但是，在一些具有研究、讨论、建议、分析性质的座谈会上，甚至是部门单位的工作例会、业务探讨会上，念稿子就没有必要了。如果事先充分准备好讲稿，不带讲稿去讲，往往能收到更理想的效果。

若遇到处于二者之间的场合时，为了有更好的讲话效果，在自己有把握的情况下，陈毅元帅的方式也是可取的。发言之前，把事先准备的讲稿或发言提纲带去放在讲台上，表明我们郑重其事，态度认真，准备充分，取得听众信任和好感；讲的时候脱稿，可增强我们与听众的沟通力、交流感，偶尔忘记发言内容时，还可以随时翻阅，有备无患。

参加过官方会议或者是学术性会议的读者朋友，大概都有这样的体会，整个会场都只是在走程序。每个人都在念资料袋里的稿子，没有一点生机，气氛十分沉闷。行政会议似乎还可以理解，但是，现在中国的学术会议也开成了念稿子大会，没有一点讨论的气氛，没有一点苏格拉底式的自由辩论风气。一些教授、博士，离开了 PPT，离开了手中的稿件，就不会作学术报告了，仿佛那些学术研究不是出自自己手中似的。

现代社会，社交活动频繁，电视、录像手段被广泛运用，这都要求职场人士直接面对观众，用出色的口才、真实的情感、传神的表情和体语去影响征服观众。所以我们都应当努力提高自己的讲话能力，该脱稿时就“脱稿”。

二、这本书写些什么

本书内容是作者 13 年脱稿讲话教学与实践的思考和经验总结。系统地剖析了无法摆脱讲稿的主、客观原因；找到了制约脱稿讲话水平正常发挥的“三大误区”；传授了深层次克服紧张情绪的技巧和方法；列举了常遇到的 19 大场合中近千个典型范例，并逐一讲解了每一个范例的语言组织思路；引用了古今中外大量的名人名言和独立见解；提醒读者如何重视“无声语言”等的外在表达技巧和方法，使读者更加自信；本书告诉读者话从哪里来，怎样有话可说，又如何才能说得更生动。将所学技巧、方法怎样转换成自己的能力，帮助读者学以致用，彻底摆脱脱稿讲话带来的焦虑和烦恼，享受脱稿讲话成功后的自在和快乐。最终让读者认识到脱稿讲话并不难，难的是从来没有明晰概念，定位准确，并系统地学习和实践。

三、怎样阅读这本书

本书的基本内容包括四部分：一是经典范例；二是点评分析；三是技巧方法；四是名家见解。

经典范例，是供您遇到类似场合时，参考其思路，举一反三用的；

点评分析，是让您开阔思路，帮助您学以致用的；

技巧方法，传授的是我们13 年脱稿讲话的教学与实践经验；

名家见解，是提升您认识问题、思考问题的能力，启发您讲话不仅要有思想性，更要有高度和深度。

值得注意的是，不要把本书当做小说来看，应当做手册或工具书去阅读。不当做小说看，就是没必要一口气把它看完；更没必要一上来就精研细读，若是这样必然会陷于只见树木，不见森林的混沌境地。

拿到此书后，建议您先将本书的整体框架浏览一遍，大概了解它的基本内容。然后，根据自己的需求，重点锁定相关章节，带着自己的困惑或想提升的能力点，缺什么看什么，边思考边阅读。尤其第三章的典型范例，要有所挑拣，按需所看。正中下怀的，记住它；似曾相识的，想一想；难以理解的，问一下；对症下药的，实践她。总之，学以致用是阅读本书的最有效的方法，也是创作本书的出发点和归宿点。

脱稿讲话，对某些人来说，也许这是一个无限远的距离，是遥不可及的；而对绝大多数想提升脱稿讲话水平的朋友来说，这只是一个转身的距离，是触手可及的。

因为脱稿讲话本身不是难于上青天的事情，仅仅是因为我们不掌握其中的方法和技巧，而又缺少系统的、有针对性的学习和练习。只要我们掌握了科学有效的方法，再加上持之以恒的实践，就一定能非常娴熟地驾驭脱稿讲话。

对当今的国人来说，重视脱稿讲话，提升脱稿讲话的水平，是转变文风、会风的一小步，却是提高领导干部执政能力和各类管理人员工作水平的一大步。

创作本书的付出，有其意义也足矣。

第一章
是什么令我们无法脱稿

2012年12月23日中央电视台《朝闻天下》播报了一条新闻：12月20日开始，温州市直属27个部门的一把手针对当前工作和明年的规划进行了总结汇报，整个过程持续了两天，全程现场直播。

在这次直播的过程中，细心的观众可以注意到温州某职能单位负责人章某，在发言时异常紧张，脸上不停地直掉大汗珠……

岁末年终，回顾总结一年工作，谋划展望来年思路，几乎是种约定俗成的“常规新闻”了。然而，温州市直属27个部门的这场年度述职汇报，何以竟让众多发言者紧张不已、冒汗不止？大家可能会说原因很简单，除了媒体的全程直播，由温州市四套班子主要领导及各方代表将给述职者现场打分，得分将占这些一把手年度考核的40%，排名末位将被淘汰。述职关系着“乌纱帽”，官员岂能不冒汗?!

应该说这确实是原因之一。现在，让我们再来反思和回想一下周围的人——包括现在的您，对，就是正在看这本书的您——曾几何时，在一些重要的场合，人多的场合，重要人物面前讲话，尤其是脱稿讲话时，是不是或多或少，或轻或重，或长或短地也存在着这样或那样的一些心理紧张或言谈举止的不自在的经历？比如：

——当主持人宣布：下面由×××发言，×××做准备……这时，您若是那个准备者，是不是有这样的心理反应和表现：前面的发言顾不上听，心里一个劲儿咚咚咚直打鼓或像怀揣个兔子上下乱跳……

——当好不容易控制住或缓解了自己的紧张情绪，开口讲话或一上台，忽然感觉到听众那道道逼人的目光，刹那间心口窝发紧，有的甚至感觉像心脏跳到了嗓子眼，本来准备好的思路或想好的话语一时卡壳、断电了……

——看到这儿，您可能会说，我不至于这样。是的，有的人紧张不到以上的两种程度，有点紧张但还能控制。不过，一遇脱稿讲话，有时准备了等于白准备，说着说着思路就乱了，尤其让人后悔的是，那准备精彩的内容忘了说，无关紧要的话却说了一大堆……

——当然，您也有可能会说，我说完并不后悔，每次我该说的都说了。可是有的人，一说就多，一多就散，一散就乱。洋洋洒洒，车轱辘话来回转，反复强调，重复举例，没有时间概念，让说5分钟，他20分钟打不住。更为严重者，主持人几次提醒时间到，他都刹不住闸……

——也许，你会说，这种人毕竟少，是的，我同意。不过，说话啰唆的人在我们的身边不能算少，尤其说空话、套话的人也时常会出现——比如，有时也就是十几个人的小型座谈会或讨论会，有的人一开口常常会说：

尊敬的某书记……某总……某局长……某处长，感谢给了这次发言的机会……我是抱着学习的态度来的……刚才听了大家的发言很精彩，也很受启发……我也没什么准备……下面就这一问题……我也谈一点我个人不成熟的想法……有不对的地方还请在座的各位某书记、某总、某局、某处……多多提出宝贵的指导性意见或建议……下面我就从九个方面谈谈我个人的一些浅见……

以上这类例子可能有点极端，不过，在许多人的脱稿讲话中，的确不同程度地在发生着，不能不引起我们的重视。

丘吉尔曾经说过一段话：如果给我5分钟，我提前一周准备；如果是20分钟，我提前两天；如果是1小时，我随时可以讲。

这从一个方面说明了言简意赅、少说空话、套话的重要性。2012年11月30日，中共中央政治局常委、中纪委书记王岐山在京主持召开座谈会，听取专家学者对党风廉政建设和反腐败工作的意见和建议时，当第一位发言的专家开头提到

“尊敬的王书记……”，话没说完，就被王岐山客气地打断，他请在场专家最好直奔主题、脱稿说话。

是的，此时有的朋友可能会说，我们也想直奔主题，脱稿讲话，可有时遇到一些场合真不知如何切入，说些什么，又该怎样得体地表达。

有朋友说：“我爸妈就不爱说，我的脱稿讲话能力不强，是遗传因素。”

“遗传因素”对脱稿讲话究竟有没有影响？或影响有多大？科学研究表明，语言天才的脑结构与常人有所不同。语言天才往往是指不用花费过多的时间和精力就能掌握多门外语的人。2006 年伦敦大学神经语言学研究专家戈勒斯塔尼教授说：有些人之所以具有语言天赋，是因为他们的大脑下部初生皮层处理声音信息的部位拥有更多的脑白质（脑白质即神经纤维的集合体）。神经纤维多，大脑不同部分的联系多，神经电传导速度快，处理声音的能力强。2008 年，以德国神经科学家凯特琳·马蒙茨为首的研究小组，对语言天才埃米尔·克雷布斯死后保存下来的大脑结构进行了详细研究。克雷布斯在德国驻华使馆担任翻译，1930 年去世时能说 60 种语言。通过组织解剖技术，他们发现：克雷布斯大脑中和语言相关的卜洛柯区与常人有异。然而语言天才不等于即兴讲话能力，更不等于脱稿讲话能力。许多心理学研究表明，脱稿讲话能力与社会交往能力有密切的关系，而患有社交焦虑症的人脱稿讲话的能力比常人要低很多。可见，脱稿讲话能力与后天的心理状态有很大的关系。也可以说脱稿讲话流畅与否的背后隐藏着更多的心理玄机。

那么，既然表达能力的强弱与遗传并不存在必然的关系，又是哪些因素在影响或制约着我们脱稿讲话水平的正常发挥呢？

一、心中的“魔”

1．求完美心理

2012 年 10 月的一天，牛女士找到我们的老师说：“我今天可是来寻找救命稻草的，老师救救我吧！”

“我们可不是医生，怎么了，这么严重？”

原来她是一家电影公司的签约律师，近来一直为一次在全国一流的座谈会上脱稿讲话的失败而懊悔。

她说："尽管我精心地做了准备，还是被座谈会上那些能说会道的人吓住了……一个大人物讲开了，刚讲完，另一个大人物又接着讲开了。我突然感到自己就像坐在餐桌旁听大人讲话的小姑娘。我不知道怎样加入到讨论中去。忽然有人让我发言，但那时我的嗓子像被卡住了。后来我开始讲话的时候，又跳到了我本来打算最后讲的问题……我像一个不可思议的畏缩的女人。"

我们的学员中，像有牛女士这样经历的人不在少数，相信许多人都感同身受。比如：参加座谈会之前作了精心准备，也信心满满的，可一听人家的发言，像泄了气的皮球，"立"不起来了，自信心全没了。乍看起来这种人像是自信心不足，或者叫严重的不自信，实际潜藏在背后的因，是过度求完美心理。

同样的困惑，百人百样，千人千别。过度求完美心理还有另一种表现，就是事先精心准备，一遍又一遍，几易其稿，有的到最后马上就要上场了还在修改。还有的讲完后，习惯性地先否定自己，总能找出这样那样的一些不足，即便大家都说好，他也不满意，认为大家是在恭维他。

造成这种过分求完美的心理有多种因素，其中之一，这种人通常是在过分夸赞下长大的，小的时候是大人身边的"乖孩子"，上学后是老师身边的"好学生"，不仅是品德好，学习成绩也好，总能保持班级或级部前几名，久而久之，自己把自己给端起来了，严重存在输不起的心理，通俗点说，就是面子薄，自尊心特强。认为自己时时处处，方方面面都要拔头筹才是自己，稍有不如人之处，就习惯性地责备自己，典型的死要面子，活受罪。

"大钊脱稿讲话训练"535 期学员苏先生是北京某大学某专业的一名在读博士，他是这么分享的：

我就是典型的求完美心理特征，听了老师的讲解和分析之后，我明白了为什么每次在学术交流脱稿讲话时就说话不利落，甚至结巴。回想起来，我从小学习就好，考试经常是第一名。高考我以数学 150 分满分的成绩被天津南开大学录取，四年后硕士研究生读的是北京大学，现如今我又在中国科学院某研究所攻读博士学位，可以说我的求学之路是三级跳，一帆风顺，任何学习上的困难没有难住我的，我认为我方方面面都能拔头筹，自认为在脱稿讲话方面也应该如此才是，每次遇到场合就想比他人讲得好，可总不能如愿。结果是越着急，杂念就多，杂念一多，思路就不连贯，思路一不连贯，话就跟不上，话一跟不上，嘴就打磕巴，嘴越打磕巴，就越想控制，越想控制，就越容易打磕巴，连锁反应，搞得我现如今是苦不堪言……

苏博士的诉说，的确让我们同情，像他这样优秀的知识分子，除了求完美心理阻碍了他们脱稿讲话正常水平的发挥，有的还是另一种心理现象在作怪——

2. 自卑情结

记得我们办学初期，当时有一位学员，也是位博士，毕业后留校任教，还是某领域的学科带头人。班上的学员好奇，她为什么还来参加这样的训练课程，想不到在课堂上她坦诚地这样说：

我教我的课程没问题，最近市政府聘我为某领域专家委员会成员，邀我为政府该领域工作的重大决策建言献策。每次去参加这样的会议，我都发憷，想好的话题总是不能充分地表达，面对重要领导就紧张……

在她参加课程期间，为了更好地帮助她解决问题，取得进步，除了课堂上严格要求她完成必要的基本功训练外，我们还在帮她寻找制约她脱稿讲话的个别原因。在老师的引导下，她敞开心扉，说出了自己的某一段成长经历：

我从小生活在太行山区的一个偏僻村庄，我爸爸常年有病，妈妈支撑着这个家，三间草屋，一头牛是我们的全部家当。我有两个姐姐，我是老小。有一次我放学回家，邻居一大妈在跟我妈妈吵架，当时对方骂我们家的话特别难听，什么“你们家三个丫头，断子绝孙，没人养老”，其中这句话对我刺激特别大，也正是这句话一直激励着我好好学习。幸运的是我当年以全县第一名的成绩考进了北京。虽说我现在要学历有学历，要职称有职称，要荣誉也有了荣誉，当年的那口气也挣过来了，可我总觉得在某些方面还是不如别人……

前两年网上流行一个词叫“凤凰男”，从某种意义上说此类男士心理上就存在着这种自卑情结。从心理学角度讲，自卑心理在人们的正常心理活动中或多或少，时隐时现，不可避免，只是有的人在心里会格外放大，便成“自卑情结”了。表现在脱稿讲话方面，比如，有的人平时脱稿讲话水平还可以，或准备时信心还满满的，可一遇到前面发言者说得很好，或有比自己更优秀的人在场，会顿时信心动摇，大恼发懵，乱了阵脚……这种自卑情结的形成，主要与成长的境遇和自身条件有关系，比如，

——出生在偏远贫穷的农村，或受过邻居或伙伴的欺负；

——小时与同龄孩子相比家庭经济条件不是很好；

——父母离异后生活在单亲家庭或跟随继父继母；

——从小被寄养在奶奶、爷爷或姥姥、姥爷家；

——男生长得个矮、瘦小；女生皮肤黑粗、体型不佳；

——有或大或小某些生理缺陷者，比如脸上有个疤，或这样那样的生理缺陷等；

——还有的是自认为是缺憾，其实听众并不注意或也注意不到，却是他心头久久一抹挥之不去的阴影。比如，脸红、出汗、声音颤、打磕巴等，一开口讲话就怕听众发现，像这种困惑，除了某种程度上有自卑情结外，还与其性格有关。

3. 内向性格

有的人活泼开朗，有的人则生性内向。当然，多数人还是介于这二者之间。我们不是说性格开朗就好，性格内向就不好。性格本身没有好坏之分。通常情况下，只是性格内向的人一般不太愿意多说话，尤其是当着大家的面讲话。每逢遇到讲话的机会或场合，其表现是，能推就推，能躲就躲，不喜欢出头露面。于是便步入了这样一个“怪圈”。

不敢说，就不去说；不去说，就不会说，于是就进入下一个循环：更不敢说，就更不去说；更不去说，就更不会说。久而久之便养成了沉默寡言的被动型人格特征，比如，“大钊脱稿讲话训练”187期学员王女士说：

我属于性格内向的那种，小时候我跟着外祖母在农村长大，上初中后进城来到父母身边。小时偏僻的环境，造成了我怕见陌生人，更怕与人交往。偶尔与周

围的邻居说话都脸红，更不用说当众展示自我了。参加公务员考试，笔试成绩列前几名，面试时却名落孙山。好不容易找到一个工作后，因自己不善言谈，人际关系也处不好。真是体会到了“会干的不如会说的”这句话的内涵。我抱着强烈的改变自我的愿望走进了咱们“脱稿讲话训练班”，记得第一次在班上发言，40多个同学，我是最后一个，还是被老师推上去的。当时的感觉是眼前一片黑暗，本来想介绍一下自己，下来后还把姓名忘说了……

阅读到此，有的人可能会说，我性格并不内向，脱稿讲话也是讲不好啊！我们办学13年，通过对部分参训学员跟进抽样调查分析，性格内向者占学员总数的63%。可见，内向性格是不可忽视的一个重要影响点。下面再听听另一位学员刘先生的心声：

我的性格不内向，应该说是外向的。在私下里聊天可以够得上神侃级的，但是一遇正规场合，让我一五一十地就某个问题说几句，就歇菜了。我一在众人面前说话，就面红耳赤，心跳加快，口干舌燥，手心出汗，呼吸气短，话也吞吞吐吐，标准的脱稿讲话害怕综合症。记得当初我到训练班上报名，推了三次门都没敢进，在门外转了三圈，最后还是被老师发现叫了进去。

这么开朗的性格，为什么在脱稿讲话时还这么畏惧呢？实际上，内向性格与脱稿讲话之间没有必然的联系。这两者之间的主要区别在于：内向性格者脱稿讲话的困惑，是不常开口讲话造成的“能力弱化”或“场合恐惧”；而开朗性格者，脱稿讲话时的畏惧，则是其他心理层面原因——

4．不良心结

有些人讲话紧张或关键时候掉链子，是与他的成长经历有关。成长经历中有一次或几次特别的讲话体验会对随后类似场合或情景下的讲话产生持久的影响，但这种影响一般都很难察觉。心理学精神分析学派大师荣格将人们在这些特殊经历（多发生在早年）中体验到的强烈又特别（多为痛苦）的情绪经隐匿成为无意识之后的产物称为“情结”（complex）。就像一条绳上打的结，这个结上系有与痛苦或其他消极情绪相关的场景要素，一旦与场景要素有关或相似的内容出现，讲话就会卡壳、无法顺利进行。

比如，“大钊脱稿讲话训练”532期的学员陈先生在班上这样述说他的经历：

记得我从小学到大学在学校一直脱稿讲话都不是问题，本人性格也开朗，也喜欢往人多的地方凑热闹。还担任过社团负责人。要说到脱稿讲话发憷，感觉到是个必须要解决的事的话，还要说到刚参加工作在一次业务研讨会上当着院长和一些重要领导的一次脱稿发言。因为是工作后第一次在院领导面前发言，想给领导留个好印象，尤其大家都认为我平时口才还可以，就想好好展示展示自己。我也是作了精心的准备，自感挺好的话题和思路，结果站起来没说几句，就卡壳了，更要命的是怎么想都想不起来了。愣了半天，还是院长说了句：“小陈谈到这个话题太激动了，一时激动得都说不出话来了……来，我们给他个掌声，让他平静平静再和我们交流……”借着院长给的这个台阶我算是下了讲台，当时我的脸发烧，目光躲避着大家，更想脚下有个洞赶快钻进去。这事情虽然过去许多年了，随着自己走上了管理岗位，每逢遇到重要场合或面对重要人物时，我都会嗓子眼发紧，有时脑门子还出汗……

陈先生的自我袒露，引发了同班同学的回忆，季女士这样说：

如果不是老师提起“心结”的问题，我还真没意识到我每逢脱稿讲话老脸红的毛病根源在哪儿。记得我小时候住在乡下姥姥家，母鸡下蛋我特别好奇，有一次我悄悄躲在柴火堆后面看母鸡下蛋。事后我向其他的小朋友炫耀我的重大发现，没想到一个伙伴说，她妈妈告诉她，看了母鸡下蛋的孩子会脸红。当时我就感觉我的脸刷地一下就红了。内心后悔了好长一段时间。后来也就慢慢忘了这事。真没想到这不是真正的忘记，它还存留在自己的潜意识里，时不时地出来捣乱，我却不知不觉，只是时常在为脱稿讲话脸红而苦恼……

说到“不良心结”的问题，除了像陈先生那丢脸的脱稿讲话经历（创伤性事件），季女士偷看母鸡下蛋的经历（自责性事件）外，还有可能是一次因害怕虫子或黑暗，被人称为“胆小鬼”（童年经历），这样或那样的许多经历都可以造成“不良心结”。需要说明的是，我们每个人成长的过程中，谁都免不了经历些创伤性事件，为什么不是人人都有“不良心结”？心理学家研究发现，“不良心结”的造成与创伤性事件的数量无关，与程度有关。一次刻骨铭心的失败对自尊心或自信心的打击，或从小被人看不起的屈辱感，才是“不良心结”的根源。用老百姓的说法叫：一朝被蛇咬十年怕井绳。

当我们把“过度求完美”、“自卑情结”、“性格内向”、“不良心结”这些制约脱稿讲话的心中之“魔”一一道破之后，可能有的朋友会说，我没有“不良心结”也不“自卑”、“内向”，更不“求完美”，可还是每天在为脱稿讲话焦虑和心烦……那还有什么令我们不能脱稿讲话的呢？

二、身边的“鬼”

这里的“身边”泛指客观，“鬼”则是专指负面的传统观念、文化因素、现实影响等。因为语言是文化的表象，也是社会的映象。无论是书面语言还是口头语言，都是社会生态、社会文化的反映。

1. 心里没底

党的十八大后，各级党政机关要坚决贯彻落实《中共中央关于改进工作作风、密切联系群众八项规定》，北京市委于2012年12月28日至29日召开了十一届二次全体会议。发布了《中共北京市委办公厅、北京市人民政府办公厅贯彻落实中央关于改进工作作风、密切联系群众八项规定的实施意见》，其中一条这样规定：“……控制会议活动规模和时间。各部门召开的全市性会议，只安排与会议内容密切相关的部门参加，不邀请市委、市政府主要领导出席，不请各区（县）党委和政府主要负责同志参加。坚持开短会、讲短话，力戒空话、套话。各类会议活动不安排市领导接见会议代表并合影。”

从以上规定中不难看出，之所以有这样的规定，说明过去我们的官员们参加的会议有点多了，因为是领导，每逢到场又必须要讲讲话，讲话表明领导重视；因为各种会议领域覆盖面大，有些会议内容涉及专业或实际情况，领导的精力和关注面毕竟是有限的，再有水平的领导也不是万能的，要讲话，对所讲内容心里没底，必然需要有人代写发言稿。拿着代笔的发言稿，领导也只好照本宣科了。这种会风和工作作风的形成，久而久之，弱化了官员们的脱稿讲话能力，强化了官员们讲话读稿的心理依赖。你读他读，见怪不怪，有些本能在某些场合脱稿讲话的领导，为了不标新立异，也“入乡随俗了”……这就造成了即便身为某方面的专家，在领导面前建言献策也要读稿的现象。读稿现象的愈演愈烈，助长了官场浮躁的工作作风。

2. 怕犯错误

这一点有深层的历史原因，也有传统文化的影响。比如，中国有谚语说：祸从口出、言多必失、枪打出头鸟、出头的椽子先烂、一言可以兴邦，一言可以丧邦等等，平时说话都必须谨小慎微，更何况是在有重量级领导在场的会议上。在中国古代皇权时代有武死战，文死谏之说，文官有时说错一句话，就万劫不复，株连九族，殃及池鱼。中国的“反右”、“文革”时期，一句不合时宜的话都可能带来牢狱之灾，甚至杀身之祸，因此才有照本宣科的会议。参会者通常是，事先精心准备，或请有专业水平的文人操刀代笔，而且还要反复修改，细细斟酌，才可以拿出来念，这样才万无一失。因为脱稿说话容易丢三落四，会有不够周密的地方，甚至是说错话。

关于“怕犯错误”这一点，我们现在的官员也不回避。比如，王岐山在华盛顿出席美国商贸团体主办的晚宴上发表了近 20 分钟的脱稿演说，在致辞结束时，王岐山扬了扬助手事先准备的讲稿说：“我们有一个新规定，要求一般的讲话不要念稿子，我这个人原来就怕念稿子。但是这个场合不念稿子还是挺危险的，加上前面那些人再一捧，我就下不来了。尽管如此，我还是没念稿子，瞧，稿子在这呢。”

中国人的文化传统里面有一种非常独特，影响深广的因素，那就是好面子。好面子导致人在脱稿讲话时脸皮薄，怕丢脸，放不开，怕出错，呆板，教条，少活力。其常见的表现如下：

——自我意识强，警觉性高；

——总觉得自己在被批评、被评价；

——认为自己不可爱，无吸引人之处；

——逃避、退缩，不愿与其他人交流；

——很难主动，很少坚持自己的看法；

——感到焦虑、恐惧、沮丧和不快乐；

——产生诸如脸红之类的显示紧张性生理反应。

……

当人感到紧张时会过分关注自己的言谈举止，过于重视自己的思维和情感，忽略对周围事物的观察，从而更是加重紧张。

另外，公共舆论在分析官员习惯念稿的原因时，还从心虚、没底、工作漂浮、业务荒疏、怕担责，以及形式主义、官僚主义等层面来剖析，都有几分道理。有评论甚至这样说，讲话不敢脱稿，说到底是对待公共事务的态度问题，是没有认识和理解，官员脱稿讲话涉及的是公共事务的沟通和交流功能。

3. 应试教育

应试教育的核心目标是追求高分，判定方法就是“对和错”。我们从小对老师发下来的作业，期盼的是√号，怕的是 ╳号。就是这个我们都习以为常的╳号，在我们的潜意识里不知给多少人造成了“怕出错”的阴影。表现在工作中，也表现在脱稿讲话上，许多人因怕出错不敢张口，或紧张。

再比如，从小学到初中、高中，直至大学都要求学语文。语文的核心是什么？其实就是两个字：表达。包括书面表达和口头表达。因高考不直接考口头表达，我们的学校语文教学也不教口头表达，以至于我们从小到大费时费力学过的语文是“瘸腿语文”。我们正是在这样的教育背景下弱化了我们的脱稿讲话能力。

曾记否？哪怕是一场小学生演讲比赛，我们都要事先准备演讲稿，在老师和家长的监督下死记硬背后，最终才能让孩子站在讲台上“脱稿”演讲。如此的演讲方式最终导致了公众讲话依靠稿子的普遍现象。在西方国家，演讲教育是伴随孩子成长始终的，是学生的必修课。由于演讲教育的缺失，在演讲方法、技巧、方式等方面不得要领，很多人，包括我们的领导干部有稿子垫底还会没来由地紧张，还有可能讲不太好呢，更不要说甩掉稿子这根拐杖了。

看到这里，可能您会说，同样是在“瘸腿语文”教育下，像崔永元、白岩松、俞敏洪、马云等的口头表达能力怎么就那么强呢？这就不能不再说说另一个“心魔”了。

4. 被动习惯

我们回想一下，我们周围的同事之中，能言善辩的也不少，但的确也有相当多缺乏脱稿讲话能力的人。要他们不看稿讲话，为何这么难？

一位老资格外交官曾这样回忆：人是一点一点成长起来的。我上初一的时候，班上开会要发言，我一发言就脸红，结结巴巴的，开头就是这样啊，看人家讲得很好，慢慢地想把话讲得稍微完整一点……

据崔永元、白岩松身边的朋友爆料，在他们成名之前，他们的共同特点是喜欢讲话，有机会必说，有场合必讲。久而久之，他们练得思维敏捷，机智诙谐，且思想有深度。像俞敏洪、马云更是不用说，在创业的过程中，大家可以想象，带团队需要讲话；融资需要说服投资人；面对媒体需要机智反应；洽谈业务同样需要能言善辩，他们摸爬滚打这么多年，靠的是主动去多说多练的习惯。

相比之下，西方的从政者似乎在这方面要更为优胜。看过美国总统选举，相信很多人都会对候选人的口才留下深刻印象。如果您还看过英国议会的辩论，相信会同意笔者的看法：其实脱稿演讲只是小儿科，在面对质疑时，体面、优雅又不失幽默地反唇相讥，对于从政者而言那才叫才思敏捷，是真正意义上的“一人之辩，重于九鼎之宝；三寸之舌，强于百万雄师。”

如果自己真的有看法，要把观点表达出来，没有稿不应该是个障碍，这只是项本能。不能脱稿，不外乎一些众所周知的原因：除了以上说的对所谈内容的了解程度做不到了然于胸，对所涉及的话题并不真正相信，只好靠秘书们做书面准备；对于我们大多数人而言更为重要的是后天没有锻炼，更没有养成积极主动的脱稿讲话习惯。

西方政治人物为了争夺每一张选票，平时要做好选区的服务工作，选战时则要参加政纲辩论会，甚至逐家逐户上门游说，在这些历练下生存下来的政治人物，必然有一套讲话技巧，随时即兴演说都不会是什么难事。无论是现在美国的奥巴马还是英国的卡梅伦，翻看他们的从政履历都不难发现，他们在当上最高领袖前都是经过一场场选战，打拼过来的。口才方面的天赋是极少的，更多的是后天积极主动地多练习，养成脱稿讲话的习惯。我们为什么大多数人憷头脱稿讲话，说到底不管是从政之途，还是经商之路，我们都没有西方国家那种“过关斩将”的行政要求。

此时此刻，阅读到此，照照镜子，入入座。以上这心中的“魔”，身边的“鬼”，是不是或隐或现，或大或小，或重或轻，或多或少，或长或短在影响着我们自己，也在困扰着我们身边有脱稿讲话困惑的朋友？

现在的问题是，原因已经找到，关键是怎么解决？

第二章
脱稿讲话难吗

有人说："难。"因为还有这样或那样的一些困惑和疑问没有解决，比如：

——我能成吗？

——紧张能克服吗？

——思路不清晰，学习就能条理了？

——没话说，看书就能让我有话说？

——这么多年不爱说的习惯能改吗？

——我想说的有吸引力有说服力，能达到吗？

等等诸如此类的问题。此时，我要郑重地告诉正在阅读此书的朋友，提升脱稿讲话的水平并不难。之所以您认为难，主要是难在我们原来没有这么理性地分析过，更没有对它系统地学习过。既然，心中的"魔"已经揪出；身边的"鬼"也已现形，当下关键的问题就是要展开"对症下药，综合治理"了。

记得宋祖英唱过一首歌叫《今天是个好日子》，现在也正逢提升脱稿讲话水平的好日子。新一届中央领导倡导的新会风正在全国各地逐步形成，客观上在为我们驱赶着身边的"鬼"。现在您要做的就是"我的地盘我做主"。

一、跳出认知的"误区"

许多朋友在没阅读此书之前，抱着对提升脱稿讲话能力的渴望，阅读过不少的关于口才方面的书籍或网上资料，也了解或知道了自己出现这方面困惑的原因，更是搜集学习了许多有关脱稿讲话的技巧和方法。到头来的感觉是：看的时候，感觉有用；用的时候，感觉没用。造成这种情况的原因是什么呢?

根据我们长期的脱稿讲话教学经验得知，许多人在提升脱稿讲话能力方面存在着三大认知上的误区：

误区之一：公众演讲就是脱稿讲话

许多朋友在工作中遇到口头表达能力欠佳的问题时，上网寻求解决方法或答案时，最常输入的两个关键词是“口才”或“公众演讲”，认为这就是他们要解决自身脱稿讲话问题的“关键词”。

输入“口才”，方向是对的，但范围是宽泛的。因为“口才”是一个大概念，所有口头表达的问题它都可以囊括，在“口才”条目下要寻找您想要的答案，需要众里寻他千百度，结果却是，蓦然回首，那人不一定在灯火阑珊处。

输入“公众演讲”，比“口才”涵盖的范围要窄，但内容方向上是偏离的。因为您想搜寻的是工作中的一些重要场合讲话，比如，工作例会、年底述职、经验交流、理论研讨、竞聘答辩、应对媒体、主持会议以及礼仪活动等；想解决的问题是在有准备或没准备的情况下脱稿讲话都能快速反应，思路清晰，言之有序，会说应情应景的话，让人信服，吸引他人以及保证水平能正常发挥，达到自己的讲话目的，让自己有面子等等。而“公众演讲”通常所覆盖的内容范围多是某些政治演说、学术演讲、主题演讲等比较大的话题或比较宽泛的领域，而多数朋友需求的“脱稿讲话”内容是比较具体和实际的。因此，一般朋友理解的“公众演讲”和“脱稿讲话”从专业角度讲也不是一个层级的概念。

从表现手法和风格上说，“公众演讲”表演性技巧成分多一些；“脱稿讲话”实用方法和思路要多一些。拿比赛类的“主题演讲”和实际工作中的“脱稿讲话”来比较，参赛类的主题演讲好比是做“艺术体操”，而您实际想要的脱稿讲话是“广播体操”，是要解决您脱稿讲话中遇到的实际问题。试想，用“艺术体操”的技巧方法学做“广播体操”能对路？能有效果吗？这就是为什么有的朋友从网上搜集了好多口头表达方面的资料或买了许多口才方面的书，看看激动，想想感动，一遇到实际应用，就不大管用的原因了。本书内容我们集中锁定的就是工作中的实用讲话。那么，只要学习内容的不跑偏，就能尽快提升脱稿讲话的水平了吗？不能，还要跳出——

误区之二：脱稿讲话可以速成

我们正处在一个迅猛发展的时代，城市人的生活节奏很快，尤其是北、上、广这样的一线城市。因为生活节奏的加快，各行各业也都在加速度追增长。比如，高铁的开通；快餐业的兴旺以及“六合鸡”的产生……无不代表的是速度和节奏。记得20世纪90年代，社会上一度兴起“钢笔书法热”，后来出现了“99天钢笔书法速成班”，一时间大家竞相参加，办班火热；没过多长时间又有了“49天钢笔书法培训班”，同样大家热情不减；接着又出现了“31天钢笔书法培训班”，后来这种班在社会上逐步消失。不过，近来，在网上或某些报刊上又能见到“钢笔书法培训班”的广告了，刊登出广告语是“一天练一手好钢笔字”，您能信吗？也许，这学写钢笔字一天就能练成，您不会信，可是有的朋友却相信“三天两夜就能练成公众演说”，因为社会上就有这样的“公众演说速成班”；还有的广告语说“花39块钱，把演讲大师请回家，买套光盘，就能成为演说家”。

干任何事情，都有它的内在规律，前面说过脱稿讲话是门技能，任何技能都需要循序渐进，按部就班，由易到难，俗语讲：一口吃不成胖子。美国行为主义流派心理学家经过实验室科学研究得出的结论是：一个人要养成一种好习惯或改掉一种坏习惯，需要连续重复练习21次，这项发现也叫“21天定律”。

对大多数朋友来说，脱稿讲话水平的提升，需要的是慢功。建议您在这个浮躁的时代中沉下心来，把提高自己的脱稿讲话能力当做一项长期工程来完成。阅读本书，不要像读小说，一鼓作气地看完。而应当一章一章，一节一节，认真研读，慢慢体会，学以致用。短时间内看，时间似乎有点漫长。但相对一生来说，用半年时间解决脱稿讲话的困扰，换来今后几十年的轻松，从此讲话不再受煎熬，从时间上讲又是短的。我们许多学员的训练效果已经证明这一点。下面请参阅来自“大钊训练”官方网站BBS论坛上“飞天神猫”学员的分享：

2013年2月3日，是农历小年，也是我学习脱稿讲话第98天．北京清晨就开始下雪，俗话说得好，“瑞雪兆丰年，”就在这一天我组织了一次家庭聚会！分享一下我的一些感悟。

上午十点开始，亲属们陆续如约而至，全家老老少少共15口人，瞬间九十多平方米的宴会厅便成了欢乐的海洋，大家寒暄、聊天，和谐的气氛其乐融融！在这中间，按照老师的要求和提醒，我一直认真观察，主要是在搜集相关信息，为中午的午餐聚会发言做准备工作（我想这是最好的实践机会）。

中午就餐前，我按照“应酬招待实战训练课程”的“五行点菜法”点了一桌营养美味的饭菜。饭菜上桌后，我便开始了开场祝酒词，按照“脱稿讲话精品二阶训练课程”课上老师给我们的思路组织了讲话的内容。在家人面前，由于我从来没有过这样的发言，我看到了大家很吃惊、很意外的表情，听到了大家对我的认可（妈妈说从来没听过我在这种场合发言，说得很好。爸爸说发言的思路清晰，过去一年总结得很好），由此我想到了我这段时间的学习终于有了回报！

一次家庭聚会，使我感悟到两个“不远”。一是做一个生活中有心的人不远。二是做一个善于表达的人不远。为什么这么说呢？第一不远是做一个生活中有心的人不远，只要你注重生活的小细节，用心体会、认真品味，幸福的生活就在你身边；第二不远是做一个善于表达的人不远，与家人的表达，大多是人人心中有，个个嘴上无的话。殊不知，有时表达出自己的想法（如对于他人的赞美）是十分重要的，只要你在生活中认真实践，每个人都能成为一个善于表达的人。

这就是我的感悟：一是做一个生活中有心的人不远。二是做一个善于表达的人不远。

值此蛇年新春到来之际，感谢有你，大钊的所有老师，陪伴我们度过美好的时光！感谢有你，各位钊友，陪伴我们共享学习的快乐！

这就是“慢训练”带来的收获。您之所以在脱稿讲话上遇到了这样那样的难，并不是因为脱稿讲话本身是难于上青天，只是由于我们心太急，耐不下性子系统地、有针对性地学习。也许您会说，我并没有着急，曾经耐下性子，认真地看了好多脱稿讲话之类的资料和经典范例，为什么进步还是不大呢？其中原因之一，您还没有跳出——

误区之三：脱稿讲话是知识

您也许会说，脱稿讲话不就是知识吗？这还有什么怀疑的吗？请冷静再细想一下，您看过的书或在网上查找的相关资料感觉也都是有用的，但为什么还是感觉对脱稿讲话水平提高帮助不大呢？

这里面的原因有多种，其中有两个主要因素不能忽视。一个是对知识与技能的认知；另一个是对自身情况的认识。

先说对知识与技能的认知。这方面许多人存在偏差。认为脱稿讲话是知识，其实它更多的是一门“技能”。知识通过阅读可以获得；“技能”是学习的同时还要不断地练习才能掌握。俗言道：曲不离口，拳不离手。相声界还流传这样一句话，一天不练，自己知道；两天不练，师傅知道；三天不练，观众知道。说的就是这个道理。

有一次，应北京市当时的崇文区党校的邀请，我们给处级干部做“高效汇报的9个怎么办”培训，课中休息的时候，负责当时崇文区天桥地区的一位工商局的领导告诉我，“当年的老北京，天桥地区卖艺的人中流传着这样一句话：三年的胳膊，五年的腿，十年练成一张嘴！”足见口头表达在各项技能和艺术中学习和掌握起来的难度。因此，要想练好脱稿讲话，一方面从网上搜集相关有用的资料；阅读相关书籍；理解、记住必要的技巧和方法，同时，还要加强练习。可以说，阅读是提高脱稿讲话能力的必要前提，练习和实践则是达到效果的重要保证。

为什么有的朋友只是通过阅读就解决了自己脱稿讲话的问题，而有的朋友就不管用呢？这就牵扯到第二个因素，即：对自身情况的认识。

对自身情况的认识，是指要综合分析自己说不好的原因。一般来说，制约脱稿讲话水平提升的因素主要有三方面：一是心理因素，就是脱稿讲话紧张；二是思路问题，就是条理不清，组织语言的能力相对弱；三是内容的把握，通俗地说就是对所讲内容熟悉不熟悉，肚子里有没有货。

如果您这三方面不是很严重，看看书和相关资料，获得一些信息，受到一些启发，或许就能忽然开窍或顿悟了。如果您脱稿讲话时比较紧张、思路方面的问题比较重，尤其对那些性格内向，存在自卑情结、求完美心理、不良心结的朋友来说，只是靠阅读、理解、琢磨，背诵等等方法是不够的。最好走进训练课堂，寻求老师有针对性的点评和指导，发现自己的问题的症结，勇敢面对，再加上同班同学的相互鼓励，在一个“正能量”的课堂上更容易获得心智的成长。

多说多练多实践，是有效解决脱稿讲话恐惧或紧张的有效路径。也并不是对所有人都有用，对那些效果不稳定，经常有反复的朋友来说，还要对自己的紧张情绪做进一步深层面的心理梳理。

二、揭开紧张的“面纱”

同样是脱稿讲话，恐惧或紧张，程度不一样，引发的缘由也不一样。多数脱稿讲话紧张的朋友，一个共同的思维习惯，即总是过度关注内心的感受，或者对听众的反应过分敏感，有时甚至是小题大做。

过度关注内心的感受和对听众过分敏感，这种思维习惯的根源来自于我们每个人消极的思维习惯和负面暗示。例如，有的人讲话之前总是杂七杂八地想得太多，诸如：

我能说好吗？

说不好，别叫人小瞧我啊……

这次讲话对我太重要了……

我有时会口吃的，别让人听出来……

现场有领导，千万别说错……

我口才不好……

我思路不清……

我语文底子差……

虽然外人根本听不见这些话，这种自言自语或者两个自己之间的内心对话，实际上是你潜意识的反映，这种消极的思维习惯和负面暗示的危害在于，误导您的认知，让您想象出的观点并不是真正的实际情况，让自己长期在一个“猫咬尾巴”的怪圈中困扰着、煎熬着，走不出来。

彻底解决的方法是，必须调整认知，让您内心的观点与实际情况相结合，而不要被那些与现实没有什么关系、使您感觉很糟的不切实际的想法所困扰。最直接的方法是——

1. 打破思维习惯

具体要做到两个“学会”：

第一，学会辨别自己在想些什么。

首先需要搞清楚，当你脱稿讲话感到焦虑和紧张的时候，你究竟想到了什么，然后把这些想法记录下来。这个说起来容易、做起来难。因为这些念头往往是自动化的，来去匆匆，使你不能完全意识到它们，还没有来得及演绎成具体的语言就已经无影无踪了，可是，如果不记录下来就无法有助于你下一次避免这种负面情绪。于是，建议您每次需要认真地回忆，试着回答以下几个问题，然后把答案记下来：

——当我为脱稿讲话焦虑时有什么念头闪过，然后是怎样结束的？

——当时我担心可能发生的最糟糕的事情是什么？

——脱稿讲话时究竟是什么困扰着我？

——我想象中的结果和实际发生的情况一致吗？

之后，最好能制作一个表格，如《想象与真实记录表》，例如：

当时的情景	真实的感觉	实际的反馈
上司老看着我	紧张、担心	受到上司的肯定
我又说错话了	羞愧、害臊、脸红	有的没听见，有的说没什么
我的思路乱了	慌乱、说得快、后悔	都听清楚了，感觉没乱

如果您每次讲完话，总是能够从一些特定的情景入手，试着了解真实的反馈并认真记录下来。就会发现很容易把当时的真实想法和实际结果相对比；还会进一步发现，有些实际情况不像自己想象的结果那么严重。坚持做半年以上的时间，您会明显感觉不会太在意现场的感受了。这是通过调整认知来克服紧张情绪的第一步。

第二，学会检查自己的思维习惯。

一旦您清楚脱稿讲话前、中、后自己在想什么，下一步就是重新审视这些想法，学会检查自己的思维习惯。目的不是进一步确认它们，而是提出质疑。

——如果我更自信，我会怎么想？

——如果别人也这样，我会对他说什么？

——讲完后，最坏的情况是什么？最好的可能又是什么？

——我的想法是夸张的、泛化的吗？

——我是不是想当然地预测脱稿讲话的结果？

——我是不是又在猜测别人的想法？

——哪些经验能帮我摆脱脱稿讲话的烦恼？

……

按照以上的步骤去做，从而你会检索到一些消极的思维习惯，如：

我必须说些思想性深刻的话……

我应该更自信……

我应该更开朗、幽默……

正是这些“必须”、“应该”让您产生了压力。久而久之，压力就会产生压抑。心理学家说，“压抑等于强化”。无形当中会给自己造成更大的心理压力。压力即是脱稿讲话焦虑和紧张的重要来源。因此要打破这种固有的思维习惯。

打破固有的思维习惯，即脱稿讲话之前试着用假设性的语句来提醒自己，“如果……效果就会变得更好”，而不要老用“应该”、“必须”、“一定”来强化自己的固有观念。以更平衡、温和的方式去看待脱稿讲话问题。

比如，您认定“别人觉得我讲得不好”，并因此感到郁闷或烦恼时。如果您这样问自己“我怎么能知道别人想的是什么”，并回答自己“也许我只是瞎猜，再说，谁也不敢保证，每次讲话一定能讲好”，这样您的压力就会轻多了。

事实上，思维模式的转变很难，旧有的思维模式总是挥之不去，一不小心就会产生认知上的偏见。一个相对比较有效的方法就是制作活动卡片。您可以在卡片的一边写上自己典型的错误想法，比如“每个人都看见我有多么紧张”，“我总是条理不清晰”，“他们觉得我讲得没水平”。或者对自己的偏见提出质疑，“我是不是又去揣测听众的心思了?”等等。在卡片的另一边，您可以写下自己认为有益的改变想法。在卡片的背面，您可以总结一下自己已经做过的努力，提醒自己使用积极的思维模式，以及与您的固有思维模式相抵触的事实。

建议您随时带着这些卡片，一有必要就拿出来看看它，比方说当您脱稿讲话又紧张的时候；或打算要去讲话之前；或讲话结束之后；或你原有想法又来捣乱的时候；或者听了别人的发言后，你的自信正在瓦解，想要重振的时候……相信这些卡片定会使您紧张、焦虑的情绪明显缓和。

2. 改变行为方式

改变行为方式与改变思维模式同等重要，两者结合起来对克服脱稿讲话紧张更有效。

实践新的处事方式，诸如参加更多的社交活动，有机会一定要抓住机会去说，没有机会自己创造机会也要说；当听报告、听课，有机会提问题时，要积极举手发言，逼着自己提出更多的问题；努力去结识陌生人，与他们广泛地交流，不断地去验证自己的观点、想法是不是客观、实际、更有效。比如说，您在想“我每次讲话都觉得很糟”或者“我将无法说清楚自己的观点，我的头脑里一片混乱”时，这些想法会使您畏缩不前，能不说就不说；能躲就躲，用逃避的方式来确保面子。这样做的结果，会使您永远不知道自己的想法是否符合实际；也永远不知道您有脱稿讲话的潜质。假如您愿意“冒”一定“风险”去说去讲，去尝试，您脱稿讲话的胆量会越来越大，勇气会越来越足，对自己原来一些不切实际的想法会逐步地加以纠正，脱稿讲话时的紧张情绪也就会逐步降低。具体怎么做呢?

以下介绍一种被众多人试用感觉不错的方法，即“四步骤练习法”。

步骤一：清楚自己的表现

反思一下，脱稿讲话时您有没有一些这样的行为。如：

——声音小；

——说话慢而轻；

——有时会捂嘴；

——不停地捋头发或围巾；

——让头发垂落在面前，遮挡住自己的眼睛；

——紧锁双腿来控制颤抖；

——避免听众的目光。

……

心理学家认为，以上的行为表现均属自我保护行为。是脱稿讲话恐惧或紧张者下意识的自动行为，您本人在说的过程中是感觉不到的。听众通过这些行为表现，感知到的是讲话者的胆怯、害羞和紧张。糟糕的是，若有人给您好心指出来，反而进一步会加深您的消极观念，如，“我就是不行”、“我天生不是讲话的料……”等。

步骤二：正视自己的表现

当别人给您指出脱稿讲话中的一些自我保护行为时，要积极面对，乐于接受，正面思维，告诉自己：

——幸亏早一天发现，早一天知道，早一天受益。

——讲话声音小？是原来没意识，今后要提醒自己；

——说话慢而轻？是自己的性格特点，但要注意不能过慢；

——有时会捂嘴，不停地捋头发或围巾？讲话时手拿个本子或笔管住手；

——让头发垂落在面前，遮挡住自己的眼睛？这是不自信的表现，一定改；

——紧锁双腿来控制颤抖？我用脚抓地来代替；

——躲避听众的目光？上场我先盯着那双友善的眼睛看，慢慢去适应。

……

注意，既然意识到了，就要说到做到，这样对你的帮助会比较大。如果做到这一步您还是难以突破，再做下一步——

步骤三：寻找突破口

在这第三步里，您可以从之前发现的那些自我保护行为中挑出一条，去寻找机会试验，验证一下改变原有行为方式，会发生什么。比如，您在脱稿讲话时，正视别人的眼睛而不再逃避，或者把你的想法说出来而不是一味地迎合别人。你的目的就是探究您是否真的害怕那些事情。

这是最艰难也是最冒险的一步，但仍然值得去做，而且必须去尝试。这表明您已经开始为自己重建信心。如果第一次这样做会产生焦虑，别灰心，继续尝试，看看您的紧张、焦虑会不会逐步减轻。

给您一个提醒：克服脱稿讲话紧张的方法并不是固定、严格地按照一种，有各种各样的方法供你选择。但前提是，从现在起，每逢脱稿讲话要关注听众，不再关注自己。深呼吸，放松下来后再开口讲话。

步骤四：评估自己的实践

请仔细回顾一下，当你改变了自己的行为方式之后，实际上发生了什么。确定自己是在依据事实的前提下进行评估，也就是将第一步的自我保护行为同第二步的实践结果相比较，最好还是做一个笔记。

参考下列表格和范例：

特定行为	猜想	实践	结果	结论
记录一个脱稿讲话的表现	自己当时的真实想法	做了哪些改变或替代	您所观察到的结果是什么	这些对你意味着什么
我脱稿讲的时候低着头，语速快。	我脸红，他们盯着我，他们对我讲的不感兴趣。	我抬头看着大家说话，音调有意识加重了些。	他们比较认真地听，时不时地点头，多数人还保持对我的关注。	我可以让别人听进去我所讲的话，可以不那么紧张了。

其实，最好能把自己的每次“冒险”，所发生的事情都记下来，否则你讲不清楚自己进展得如何，因为连你都会惊讶，这些东西是多么容易被遗忘。特别是当你取得了一次成功，觉得自己的做法已经和脱稿讲话的高手毫无二致时，一份笔记能够让你清楚自己的改变，给你更多的信心，还可以帮助你计划下一步怎么去做。

改变行为方式，很重要的两点必须做到，一是敢于冒险；二是不怕犯错误。害怕犯错误经常会妨碍您脱稿讲话的改变和进步。其实每个人都在犯错误，可其中绝大部分除了自己谁也不会察觉到。它们在别人眼中还不如踩到了街上的一块小石头那么明显。为什么？因为心理学家发现，人们最关注、最感兴趣的还是自己。反过来说，犯错误是好事，等于给您敲警钟，您从中可以看到自己哪里还需要更小心，还可以做得更好。当然，我们指的是小错。如果犯的是大错误必须高度重视，尽可能避免。

还需要提醒的是，有些口才类的书或某些培训口才的课程，会有一套榜样的标准，比如，如何表达更得当；什么样动作更得体；上台怎么上；两手怎么放；什么样的语速最合适等等，应该承认，这是一些良好的行为规则。这些规则对于建立新的行为方式是会有帮助的。如一个非常受欢迎的导游可能是一个不善言辞的人，但经过良好的培训，她在游客面前都能侃侃而谈，且能风趣幽默地说些段子，还清楚如何处理工作中出现的各种问题，包括处理各种抱怨、牢骚和胡搅蛮缠，她能够纯熟地重复和实践她在工作中所有有用的技巧。

但是，如果她只是机械地使用它们，没有从内心想成为一个热爱交往、口才好的人，便会在除工作之外的其他领域感到难以适应、无所适从。然而，如果她改变的是对自己的看法，改变的是思维模式，那么她在很多领域都会有不同的行为改变。因此，改变思维模式是改变行为方式的前提，一个人所要学的是做那些自己感觉好的事情，而不一定是“正确”的事情。做任何事情关键是发自内心地愿意去做，而不是表面应付。学习脱稿讲话也如此，如果您不是发自内心得想改变、想提升，书中列举的方法再多，再实用，对您也只是一定层面上的管用。为什么？

去年秋天，我们培训班上来了一位大学教授，他说自己讲课没问题，深受学生喜欢。同学们问他，那你为什么还来这样的班？他说，苦恼的是参加一些学术场合和社交场合他就不行了。之前就睡不着，焦虑，临场就紧张、出汗、思路混乱、言语不清等等。像这种情况，很大程度上是他内心对脱稿讲话的看法及思维模式上存在着偏差，进而造成了心理上的压力，外显的是脱稿讲话的焦虑和紧张。因此，要从根本上克服脱稿讲话的紧张，临场控制的技巧和方法只是脚疼治脚，头疼医头，不能解决根本问题，要想让自己的脱稿讲话心态保持平稳，不急不躁，还必须从调整认知，改变思维模式、行为方式上下功夫。拥有了正确的认知，积极的思维模式和规范的行为方式就能摆脱脱稿讲话的紧张情绪吗？不能，还需要——

3．做到亲力亲为

养成动手习惯是指脱稿讲话之前的准备尽可能由自己来完成，老话说：讲前偷懒，讲后丢脸。过去听过这样一个段子，说的是某单位一位领导，到任何场合讲话都要秘书写稿子，并且还要求秘书在稿子里注明“此处喝水、此处等掌声”等提示性语言。一日，该领导在一重要会上又在照本宣科地读秘书写的稿子，一不留神，顺口就读出了“此处等掌声。”顿时全场哗然。

有次也是在一个会上，该领导估计事先也没看过稿子，上来就念，念到翻页的地方，感觉断句没断好，翻着看了两遍才接上，然后还恍然大悟的“哦”了一声，原来是连翻了两页都没发现。

像这样的段子真实程度难以考证，不过是真实的也好，虚构的也罢，常言说：无风不起浪。在即将过去的读稿时代，听起来也不足为怪，您也许会说还有比这更好玩的。之所以出现这样的低级失误，说明讲话者缺乏深入钻研、实地调查和独立思考。过分依赖于讲稿，甚至到公众场合讲话不走脑、不思考的程度，是“有口无心”、“心不在焉”等成语的现实注释，更是对自己公众形象的损毁。

常言道：“语言是思维的外衣”。脱稿讲话更是思维与表达的完美结合，讲得好是发言者智慧和风采的显示。有位朋友参加某市的招商会，回来分享：

……令我最为震撼的事情，并不是我那个网友上台签了一个投资两千多万的招商引资项目，而是我们的市长做专题报告，竟然没有看到他拿发言稿就开始侃侃而谈，有条不紊、如数家珍般地介绍了我们城市的历史、地理、文化、发展，以及这次招商会的筹备、意义、后续配套发展等情况。招待晚宴上，出于对这位市长的敬意和佩服，我向市长敬酒说：“……市长记忆力那么好，听说作政府工作报告都不看讲稿的？”市长这下笑着解释说，这只是一个态度问题。

脱稿讲话说不好毁的是自己的形象，说得好则赢得的是自己的尊严和荣誉。这只是一个态度问题。说得深刻！能不能脱稿讲话还是业务水平问题，也是做人的智慧问题。

《交流使人生更美好》一书中，赵启正与吴建民有这样一段对话：

吴：我给学生讲课，说过这么一段话，我说希望你们将来就是当官了，也不要事事秘书代劳。我说我不论在国内还是国外，讲话稿子都是自己写的，我在联合国的发言都是自己写的。因为这是思考的过程，你不经历这个过程，不可能得到好的结果。

赵：自己不动手，能力会退化。如果自己不打字，是为了有时间做更重要的事呢！

吴：这个过程是一个发挥的过程，一个深入的过程，你不思考，深入不下去，所以有的时候媒体对我像逼债一样的，限定时间要我写一篇文章，我从来不烦。这从反面逼着我思考一些事情，而没有这个压力你不会去思考的。这之后你写下一个稿子，然后上台演讲，反而可以不念稿子，因为是你自己思考的，这和别人给你写好稿子你念，完全是两回事。

赵：甚至有的时候，你事先写好一个稿子，也可以根据现场的情况完全改变。比如一次在北京国际俱乐部，我参加时代华纳董事早餐会，我先准备了一篇稿子，但是我讲话之前听了现场别人的发言，有了启发，放弃了原来的稿子，重新思考，和他们的发言更呼应，反而效果好。

可见，每一位脱稿讲话讲得好的人，无不又在印证着另一句老话：台上一分钟，台下十年功。你没有讲前认真的准备，就没有讲后的出彩；你精心准备了，一定会有出色的表现，一定能博得大家的掌声。机会只会给有准备的人。

准备，除讲前准备讲稿外，还要注重平时的积累吸收。

荀子在《劝学》中云：“不积跬步，无以至千里，不积小流，无以成江海。”我们要想在脱稿讲话时胸有成竹，就必须从点滴积累，日益充实自己的知识库，做到三个“善于”：

一要善于遴选。现在的信息量面广量大，途径多样，如读书、上网、交谈、实践等都是有效方式。要及时从大量芜杂的信息中去伪存真、去粗取精，洗尽铅华，遴选富有新意的知识点，及时摘录备案，便于查阅。

二要善于记忆。书读百遍，其义自现。要抽出时间，及时学习积累的知识；多学多看，加强印象，及时将积累的知识转移到自己的大脑中。

三要善于转化。要结合工作实际，做好知识的转化吸收。拿来可用的，铭记心中；变通运用的，内部加工。让知识经过一个升华过程，真正内化为自己的能力和技能。

阅读到此，如果您相信，也同意提升脱稿讲话水平并不难，并且从内心想摆脱脱稿讲话的烦恼，那么，接下来还要翻开第三章——

第三章
遇到场合怎么说

“大钊脱稿讲话训练”538 期学员鲁先生，是某报社的编辑，用他自己的话说，是吃笔杆子饭的。写文章，起题立意、谋篇布局都没问题。当然，若有问题，也吃不上编辑这碗饭。可每逢遇到座谈会、讨论会、社交聚会等等这类场合，他自己嘲讽自己是“学富五车，当着大家的面却没有了辙；才高八斗，站在众人面前却开不了口。”

像鲁先生遇到的这种困惑，在现实生活中其他朋友身上也存在着。比如：

——遇到场合，一时发懵，不知怎样才能轻松自然又得体地快速切入……

——遇到一些场合打腹稿时，不知应该说些什么……

——想好了说三点，说完第一点，结果第二点忘了……

——背熟了写好的讲稿，一脱稿就全乱了……

——一些场合的讲话构思，思路不够开阔，想的也不是那么全面到位……

——有些场合，想说得精彩一些，感觉自己的知识底蕴不够……

以上问题背后的原因除了第一章讲到的心中的“魔”和身边的“鬼”，第二章涉及的“三大误区”和“深层紧张因素”外，还存在脱稿讲话“思路与方法”的问题。要知道，脱稿讲话的准备思路与写文章的构思提纲有共同点，也有区别。其中，写文章的目标群体相对宽泛，脱稿讲话的目标听众相对集中；写文章的现场意识可以忽略，脱稿讲话的现场意识要强；写文章的角色相对变化少一些，而脱稿讲话的角色是变化多样的；写文章的构思提纲，是越详细越好写；而脱稿讲话的腹稿准备，是越简单越好记等等这许多的不同点，就要求我们不能惯用写文章的打草稿思路去构思脱稿讲话的思路。这也就是为什么有的朋友文章写得好，而脱稿讲话却说不好的原因之一。

一、如何寻找思路

我们有位学员张女士这样说：

我是北京某家培训机构的负责人，经常会和一些陌生的专家、学者、同行在一起开一些交流会、座谈会。当然，开会就要发言，我倒不怵内容说什么，怵得是发言前的开场白。特羡慕有的专家发言，人家三言两语很自然，也很轻松地就引到了自己要说的话题，让人听了也很舒服。而我讲话冲、直，当然，在有些场合适合，而在有些场合就不太合适。自己也意识到了这个问题，想改，想学，不知道这里面的规律在哪里。每逢参加政府机关组织的一些比较正规的会议我就心里发慌。进会场之前就开始打腹稿，反复想怎样一开口就说得自然轻松一些。往往是刚想好，一听前面的发言说得很出彩，于是又开始修改已构思好的腹稿。就这样，有时要反复修改多次……几易其稿后，能保证效果也好，遗憾的是，一上去说，有时思路就乱了，有时还颠三倒四或丢三落四……。

出现以上说的这种情况，原因一般有这样三种：

一是遇到这种场合，一开口不知道说些什么才算是“出彩”，自己心里没有标准；二是不知道根据什么来确定应该说的内容，也就是不知说些什么才叫合适；三是不知如何避免丢三落四或颠三倒四的表达困惑。

鲁迅先生曾写过一篇杂文叫《立论》，说的是有一位阔人家，生了个宝贝儿子，在孩子满月时举行喜宴。前来随喜的亲朋好友见到主人家的宝贝儿子，有的说这孩子天庭饱满，地阁方圆，将来一定能当大官；有人说这孩子两耳垂肩，鼻翼丰满，将来一定能发大财；还有的说这孩子面色红润，眉清目秀，将来一定能成大才。对以上客人的随口奉承，主人眉开眼笑，连连道谢。这时有一个人却说：“这孩子将来会死的。”这时，却惹怒了众人，大家棍棒相加，将其扫地出门。我们仅从讲话语境这一个角度分析，孩子满月是喜事，主人这时愿听赞美之词，哪怕是信口之言；而说孩子将来必死，尽管是有据之言，却被众人扫地出门。这是因为说话的内容和喜庆的场合不协调。由此可见，在庄严的场合言语要庄严，在轻松的场合言语要轻松，在热烈的场合言语要热烈，在喜庆的场合言语要喜庆，在悲哀的场合言语也要悲哀，这就叫讲话离不开语境。

民间智慧也在启发我们。比如，俗语云："上什么山，唱什么歌"，即在提醒我们讲话要看场合；还有"见什么人，说什么话"，另一方面也在提示我们，脱稿讲话要看听众；职场中现流行一种说法叫"屁股决定脑袋"。这也是在暗示我们讲话要把握自己的角色，即什么角色说什么话。这是脱稿讲话语言组织或构思立意的三大基本要素，也是大前提和出发点。

由此可见，遇到场合，说什么，怎么说，并不难。难的是有的朋友没有强化这"三大意识"或没有系统的总结、归纳、留意过。那么，这"三个适合"在具体的实际工作和生活中该如何应用呢?

先从简单说起，比如，"三个合适"在开场白中的运用。假如您参加的是由政府部门主办的会议，是您主动想发言，发言之前开场白拿捏不好怎么说时，就先问自己三个问题：这是什么场合？听众是谁？我是什么角色？这就是脱稿讲话语言组织和构思立意的基本点、大前提和出发点。明白了这三个问题，您就会知道，这类场合要求发言者讲话要简洁、规范、务实，切忌穿靴戴帽太拖沓。这就是"场合意识"；如果面对的是陌生听众，在正式开讲之前有必要先自报一下家门，即把姓名、单位介绍一下，这就是"听众意识"；接着结合自己的身份再把参加此次会议心情或态度表明一下，这就是"角色意识"。为什么开场白要传递这三方面的信息呢?

因为脱稿讲话首先要满足听众的心理需求，自己想说什么不重要，重要的是听众想听什么，这个场合适合讲什么。试想一下，您坐在台下听一位陌生的人发言，一开始是不是想听听这人是否真诚？为了满足听众的这种"真诚"的心理需求，您开口必须要先真诚地问好，再加一句"感谢被邀请或高兴认识大家之类的话"，这是必要的礼貌，也是表明真诚态度的必要信息传递；当您满足了真诚的需要后，接下来就会在心里问这人是谁？什么单位？这就是"好奇"的心理需求。那接下来就要说出姓名，自报家门，即自己来自哪个单位。当您在满足了听众

“真诚”的心理需要，“好奇”的心理需要后，如果再能听到讲话者说几句肯定听众的话，您就会对他本能地产生好感。这样的讲话思路一开口赢得听众就是自然的事了。当然，这类话不宜太多，点到为止，太多就成空话、套话了，切忌！所以说，会脱稿讲话的人一开口不是追求文辞上的出彩，而是讲究内容上的得体，思路上的流畅。因为职场脱稿讲话不是演讲比赛。演讲比赛的目标是追求名次，职场脱稿讲话目的是要得体实效。

明白了这番陌生场合开场白的思路后，2012 年 11 月某日上午 9 时，学员张女士参加了由市人力资源与社会保障局组织的关于“总结 2012 年各单位培训工作成果，汇报 2013 年的工作计划，明确市人保局在相关工作中的各项要求”座谈会，会上她就按照以上的思路用了一把，下面听听她在小组讨论中的开场白：

在座的各位人保局的领导、各培训机构的校领导，大家上午好！

首先要感谢市人保局组织的这次研讨会，为我们各培训机构创造了一个学习和交流的机会。我也非常高兴能有这个机会，和各位经验丰富的专家、领导交流办学经验和心得。（满足听众的真诚心理需要，也是必要的礼貌）

这是我第一次参加全市范围的培训机构研讨会，为了方便大家记住我，我先介绍一下我自己。我叫张蕾。张爱玲的张，徐静蕾的蕾。她们一个是文化界的名人，一个是文艺界的名人。我想我们做教育、做培训与她们的共同之处就是“通过一个舞台去影响更多的人”。说到这个舞台，我就得介绍一下我们培训学校。……（介绍学校情况，满足听众好奇和尊重的需要）

今天来到这里主要是抱着一个学习的心态，向各位前辈取经来了，（让听众感受到谦卑的态度）下面就结合我们的创业经历谈一点我个人不成熟的想法……

阅读到此，也许您会说，能理解，也明白了在这种场合下开场白为什么要这么说。可是要脱稿说这么多话，有时重量级人物在场，或场上人一多，往往刚开始讲的时候心里是最紧张。心里一紧张就会容易断电，一旦断电，容易出现颠三倒四，或丢三落四，有没有一种方法让我们避免这种情况发生？

二、容易断电怎么办

脱稿讲话的高手，通常有个避免断电的秘诀，这个秘诀就叫“关键词提示法”。比如，您要想把以上范例的内容意思全记住，没必要从头到尾死记硬背，相信您的记忆力没问题，能背过，但不能保证您站在众人面前脱稿讲时就能准确、流畅地表达，因为脱稿讲话是要受到心理紧张因素干扰的，为避免心理紧张因素的干扰，建议您记多不如记少。范例中的内容您只要记住：“好、感、高、名、人、希”这六个字就可以了。“好”提示您的意思是“开口先问好”；“感”是感谢主办方的邀请；“高”是高兴，提示您的意思是“用真诚的话语表达此时的心情，比如还可以用，荣幸、有幸、幸运等等”；“名”即自己的名字介绍；“人”就是哪个单位的人；“希”是希望，用来表达谦卑的态度，也是最后的结束语。这六个字记的时候，三三分段记，即：好、感、高；名、人、希。试想，有这六个字在心头，今后再出席由政府部门或其他部门主办的相对正式场合的会议，面对陌生听众开场白时，就有章可循，有法可依了，再不会为说什么，怎么说犯愁了；也不再为如何出彩纠结了；更不再为颠三倒四，丢三落四而闹心了。

三、话从哪里来

民谚说：“巧妇难为无米之炊”。脱稿讲话是要有内容的，即使有了讲话思路，如果没有话可说，讲起来干干巴巴，枯燥无味，即便思路再好，也是无能为力的。苏联教育家马卡连柯说：“只有正确地解决了有话可说的问题，才谈得上技巧问题。”技巧实质上是帮助讲话者运用讲话内容以达到讲话目的的方法和手段。正如再巧的工匠，如果没有砖、石、沙子、水泥、钢筋、木材等原材料就造不出房子；没有矿山就没有冶炼技术；没有舞台就无法表演惊险的杂技一样，没有充足的讲话内容就谈不上讲话技巧。因此，讲话内容是脱稿讲话的基础，是施展脱稿讲话技巧的舞台。

无话可说的或不知说什么才好的问题，仔细分析，主要有这么三种情况：

第一种是平时积累不够，遇到相关专业的话题是真没话说；

第二种是有话可说，因情况特殊或比较复杂，一时不知怎么说才好，比如，不说不合适，说了怕得罪人，或者拿捏不好怎样表达才容易让大家接受等等；

第三种是有些场合也并不是真的没话说，有时在私下里没有人比他能说。可是一遇到场合就笨嘴拙舌了。

针对以上三种无话可说的情况，具体的解决方案是：

平时积累不够的，加强学习，开阔视野，不断充电，缺什么补什么，不断充实自己。

遇到情况特殊或比较复杂不知怎样说才好的，一方面加强“四大意识”，即场合意识、角色意识、听众意识以及目的意识；另一方面，结合“四大意识”综合考虑该说不该说，说多或少以及应该从哪个角度说更好。

至于第三种，不是真的没话说，也不是特殊情况或情况比较复杂不太好说，而是平时能说，遇到场合没话说的，这要具体分析其中的原因了。通常情况下，原因之一是没有想好话从何处来的问题；原因之二是忽略了哪类场合适合说哪类话的问题。

各种场合都能滔滔不绝地脱稿讲话高手们，他们的话是从哪里来的？为什么他们就有那么多的话可说？通过我们的研究发现，脱稿讲话内容，不外有三种来源：一是话从阅读来；二是话从阅历来；三是话从现场来。只是根据讲话场合不同，目的不同，它们之间的侧重点和比例也有不同。明白了这一点，我们在遇到一些场合时，就不会再为说什么而那么纠结了。比如社交场合，此类场合就是以联络感情，增进友谊为目的，因此，适合从现场找些话，引发一些联想，说些能拉近彼此感情，活跃气氛的话就可以了，没必要逼着自己为说出知识含量高的话而纠结。

1. 话从现场来

我们有位学员，按他自己的话说，是人群中比较木讷的那一类。用他爱人说他的话，“是个遇到场合就犯怵的人”。就这么一个人，上完课后，在同学的聚会中，也学会了有滋有味地表达，来听听他课上的分享：

2013 年 1 月 12 日晚上，大学同学张宇回国探亲，召集老同学聚会。原来这种场合，要么我是借故加班逃脱；要么实在没理由去了什么也不说。长期以来，同学们给我起了个外号，叫我“闷葫芦”。

这次同学聚会，轮到我祝酒时，我按老师课上说的，鼓起勇气实战了一下，我是这么说的：

大家都知道，原来我不太爱说话，可这次我不能不说。因为这次聚会我有三个意想不到。第一个是张宇竟然出国发展了。刚刚才听小加说他去美国了，一直以为他在北京发展的呢，竟然也向往起美利坚合众国了；第二个意想不到是Petter竟然自己当老板了。看来这家伙是厌倦了百度高层的惬意生活，出来单打独斗了，是不是想体验民生啊?！第三个意想不到是娟子竟然购得金屋来藏“孩”。一直听说娟子为了孩子上学买了套学区房，没想到竟然是上千万的豪宅，可谓用心良苦啊，自愧不如啊！

看着同学们今日的成就，想想当年，真是感慨万千啊！看到桌上的面条，想起了深夜里一起煮方便面吃的弟兄们，每次饭盆轮到张宇那儿，总是只剩下汤；看到徐册，又想起了你追小加时的情境，现在我们都为人父、为人母了，从事的是各行各业。这份缘分，这份兄弟情，我会一直珍藏。

最后在新的一年来临之际，祝愿张宇多挣美国人的钱，祝大家事业有成、家庭和睦、万事如意！来——干杯！

借鉴提示：

这样的祝酒词，听起来是不是感觉很亲切，想一想也不是那么难说。这里面的语言组织有什么奥妙呢？其实很简单，就是把您眼前听到的、看到的用一个或两个关键词串起来说就可以了，比如范例中用了“意想不到”这个关键词把听到的连起来说；又用“看到……”这另一关键词，推物及人，说了一番真情实感的话。可见，有没有话说，不在话有没有，而在您有没有“现场抓话”的意识。

“现场抓话”的方法还可用在事先来不及准备的场合。我们班上一位学员，是北京某大型国企的一位团总支书记，在一次课上，她这样分享道：

1月初，北京市团市委在全市范围内开展了“温暖衣冬”衣物捐赠活动，号召团员青年为有需要的人捐赠保暖衣物，我所在的单位团委接到通知后，在全体职工范围内开展了此次捐赠活动，并取得了圆满的成功。在活动过程中，意外地接受了北京电视台的采访。被采访这事，要是搁在上这课以前，我是撒腿就跑，从来不敢面对镜头讲话。这次我想到了“成功就要勇敢，该开口时就开口，抓住每一次机会，把当众讲话当做过大年……”，按照老师教过的思路和方法，我从从容容地这样说道：感谢北京电视台的采访，作为本次活动的负责人，在组织这次活动中我有三个没想到：

第一个“没想到”是平时不善表达、总是埋头钻研的科研人员能够在收到通知的第一时间行动起来，响应团市委的号召，积极地为有需要的人捐赠衣物，仅第一天就收到捐赠的衣物五十余件，有的员工由于家里没有多余的成人的衣服，还特地询问能否捐赠小孩的衣物，这种高度的热情、无私奉献的爱心让我没有想到，同时也非常的感动。

第二个“没想到”是积极参加捐衣活动的不仅有青年团员，更多的是岁数大的员工。虽说是团委组织青年团员参加的活动，但是其他员工在听说活动后同样的积极参加，给予了团委活动的充分的支持，这种研究院全员的一致性让我没有想到，更感受到了本单位员工的强大的凝聚力。

第三个“没想到”是所收集上来的衣物全部符合要求，没有一件被退回。团市委对本次活动的捐赠衣物的要求有着非常苛刻的条件，即只接受羽绒服、棉服两种类型，并要求八成新，无破损、污迹。研究院这次活动收集上来的衣物全部符合以上要求，有的员工还特地把衣服洗过之后拿来捐赠，这种高度的执行力和责任心是我没有想到的，同时让我为之震撼。

通过此次活动，我被我的同事们的爱心感动了，同时，看到了大家的善良和无私，切身感受到了北京精神中的“厚德”就在我们身边。所以说，这个世界上，不是温暖不够多，美好不够多，而是，有时被我们忽略了，我们都需要有一双善于发现美的眼睛，都需要有一颗善于感受温暖的心，去发现生活中的美好，感受那无处不在的温暖。同时，希望我们捐赠的衣服可以帮助到有需要的人，帮助他们温暖过冬。

借鉴提示：

以上范例中的语言，没有豪华的语言，只有眼前发生过的事实，用三个“没想到”将话语串在一起，集中地表现了当时的感受和感悟。有了这种“关键词”串联法，对提高快速反应能力也是有帮助的，这不，在应对媒体中就用上了。不妨在应对媒体突如其来的采访时，应用一下。

2．话从阅历来

我们有个学员，文凭是大专，他与同一个班的博士硕士相比，自认为文化不高，水平有限，遇到一些场合感觉没话说，自信心也不是那么足。通过上课，参加训练，他明白了，讲话的内容中，知识仅仅是一个方面，有些场合是不宜过分展示知识的。因为社交场合，大家聚在一起，不是来长知识的，主要是来增进感情的。用真情实感，说说共同经历的一些事情，就是一种拉近彼此感情的好方法。请听他在课上的分享：

别看我是做工程的，餐桌上应酬招待这点是我的弱项，原来我是能不参加就不参加，憷头的就是没话说。上了咱们的“社交聚会，站起能说”这一课后，我有意识地主动实践了一把。时间是2013年1月14日晚上，地点是北京昌平的某个饭店，当时我邀约了一位帮过我们忙的政府领导一家三口。

晚上五点半我们如约见面，问好后，我们进入酒店到了事先我预定的包间。点酒点菜很快就绪，席间我站起来说：

“虽然和王哥一家已经有四个月的时间没见面了，但今天再次见到你们又把我的记忆拉回到了去年十月一日的那次旅行中。十月一之前接到工地领导的电话，告诉我让我陪一个政府部门的领导去旅游，因为我性格内向不善言辞，所以当时心里有点打鼓。在车上通过和您短暂的交流，我的心里踏实了很多，有三点是我没有想到的。

第一，您这么年轻就身居高位，是我没有想到的。真是我们年轻人学习的榜样；第二，您的平易近人，完全没有领导的官架子也是我没有想到的；第三，你们一家人的热情，完全没有拿我当一个外人，这一点更是我没有想到的。

在这短短五天的欢乐时光里，你们一家人给我留下了深刻和美好的回忆，我忘不了咱们在海边共同嬉戏，共同在海边骑沙滩摩托车；忘不了在海里下网抓小鱼，结果是一无所获，哈哈；更忘不了我们在啤酒街开怀畅饮，品尝各种美酒的情景……

好了，不多说了，端起酒杯，我敬你们一家人，祝王哥：官运亨通，芝麻开花节节高，祝嫂子：越来越年轻越来越漂亮，祝大侄子：学业有成，取得更好的成绩，最后祝愿我们的友情天长地久。——干杯！”

借鉴提示：

像这类场合，说这么一番话也就可以了，不需要动用什么华丽的辞藻，展现思维的睿智和博学的知识。我们生活工作中充斥着大量类似的场合。只要我们放平心态，发自内心地说几句我们真心感受到的话，达到情感的传递就可以了。不过，在语言组织上还是有技巧的：用几个关键词，比如范例中连续用了三个“是我没想到的”，三个“忘不了”……作为红线，将所感受到的真情实感串起来一层一层地表达，句句是看得见，感受得到的话，完全来自现场人的亲身经历，听起来亲切自然。以后遇到老友聚会的场合，多说共同经历的话（话从阅历来）就可以了。

年末岁尾，多数单位都是要开年会的。年会的目的之一是盘点过去，寄希望于未来；之二是犒劳大家，让大家开心放松。有时作为部门负责人，在这种场合讲起话来，会感觉干巴巴的，缺少动人之处。

告诉大家，此类场合，更适合说共同经历的事，关键要用“关键词”作红线串起来说，这不仅是一种轻巧的语言组织方法，还是一种煽情的妙招。下面您来感受一下：

……盘点过去的一年，首先忘不了部领导的支持和关怀，去年是我院第一次做专项，从给王处汇报这个思路和想法，到内容和形式的调整，邀请北京交通大学的吴教授来进行培训师的培训，李局、邢处，明明都给予了极大的支持、指导和帮助，我们去西藏送教上门，基础司信息处的韩处长还一同前往，在3800米的海拔上对刚刚定稿的高原公路发展战略进行了第一站宣讲。

同时我也忘不了在过去的一年，院办和各兄弟单位的指导和帮助，章院长、秦主任多次请我们去干院，听取我们的意见，指导工作的开展；去年11月16日，还召集我们9家培训机构一起在干院筹划和座谈，给我们每人准备了厚厚的一叠学习材料，我还清晰地记得那天在北京的大雾中我们在高速路上赶会的狂奔；兄弟单位也经常在一起学习和交流，何处长也给我们的工作提供了很多无私的帮助和启迪。

另外，我更忘不了的是各合作省厅的信赖和配合，湖北李厅长、公路局孙局长参加了我们的培训，结束后还在中国交通报上进行了报道和宣传；河北培训时，吴处专程安排驱车几百公里去看他们的安保工程；西藏对农村公路培训很重视，在西藏，除了机场路等为数极少的几条路外，几乎都是低等级路面。尤其让我感动的是，在我们湖南会议举办之前，贵州、湖南和新疆兵团等合作省厅纷纷主动地和我们联系对接2013的培训内容……

借鉴提示：

用关键词“忘不了”……作为红线将以往的工作串了起来，如数家珍，往日的一件件，一桩桩共事的经历，随着“忘不了”……的不断在听众耳边回旋，仿佛就在昨天，历历在目，勾起人们的许多回忆。可见，在总结性发言时，带领大家一起回忆共同经历的事情，是煽情的一种好方法。

还有一位学员，在中央机关工作，他在课上这样汇报他的实践情况：

根据中央八项规定精神，简化形式，减少成本。但年底联欢会作为规定动作，又不得不搞，于是我们三个司局联合举行迎新春联欢会。各司局领导已在联欢会开头致辞。在节目间隙，我作为我司综合处代表需要说几句话，当然是脱稿讲。

结合我们在课上练过的一些构思方法，发言前，我提醒自己，这次发言需要兼顾几个方面：一是由于级别较低，可以适当幽默，不可太过；二是要推功揽过，谦虚谨慎；三是要照顾到现场司领导、已退休的老领导、我司其他处室、其他司局同事的感受；四是要让本处同志觉得有面子。想好了这些后，当主持人叫到我时，我是这样说的：

“各位司领导，各位老领导，各位同事，

大家晚上好！

我是信息司综合处的贾玉虎。今天三司联合举办联欢会，恐怕是历史上的首次，由于今天我们处长和其他副处长有事不在，我代表综合处的兄弟姐妹们表达一下激动的心情。

为什么激动呢？今天的联欢会，给了我三个惊喜。第一个惊喜，是想不到今天能见到各位老领导，见到外贸战线上的老前辈。我是一名信息工作的新兵，能当面向你们请教，是我的荣幸。

第二个惊喜，是想不到兄弟司局的同事们如此多才多艺。刚才的几个节目表演精彩，内容深刻，让我们在欢笑之余，又深受启发。同时也让我对中央政策有了更深的理解。十七届六中全会提出文化大繁荣大发展，而十八大后出台8项规定，让3个司一起联欢，推动各司局文艺大碰撞、大融合。我深切感受到了中央的高瞻远瞩和中央政策的一以贯之。

第三个惊喜，是想不到我们处的两位年轻同志表现得这么好。由于工作太忙，处里实在没有时间排练节目，再加上这两位同志刚来我们处，把这个重大任务交给他们，我还真有点担心。这两位年轻人，一个是86年出生，一个是89年出生。所以，我们处最大的特色就是年轻。今天，他们不仅唱出了自己的水平，也唱出了综合处永远年轻的心态。

又到岁尾年初，又到盘点收获展望来年的时候，刚才司领导的讲话回顾了过去沉甸甸的一年，我们司在兄弟司局的支持和帮助下，取得了一些成绩，实现了预期的目标。我和综合处的各位同事与有荣焉。回首2012年，我们忘不了王司长带病坚持上班主持会议，忘不了那一个个加班的周末，忘不了晚上8点其他人加班而我偷偷回家时的愧疚，更忘不了与兄弟处室紧密配合，心往一处想，劲往一处使，亲如一家人的感动。

展望来年，各位司领导已经为我们指明了工作方向。我们综合处也将再接再厉，努力积累正能量，向兄弟处室、兄弟司局的同事们学习，为全司各项工作添砖加瓦。

最后借这个机会，我代表全处所有同志，祝各位领导，各位在场的同事新春愉快，身体健康，合家欢乐，笑口常开。

谢谢大家！”

此番讲话，没有高深的理论，也没有深奥的哲理，更没有旁征博引的渊博知识。有的只是现场话（话从现场来），有的只是大家共同经历的话（话从阅历来）。尽管如此，听起来是那么的亲切，那么的自然，那么的让大家感同身受。讲话的内容非常适合此情此景，也非常适合现场听众的心理需求。什么是好的讲话，这就是好的讲话。您或许会说，这样的语言组织方法，只适合小场合，或不太适合更正式的大场合。回答是否定的。

前几年华中科技大学校长在学生毕业典礼上的即席讲话一度在网上疯传，原因就是，这位校长打破了以往说教的讲话方式，大量引用了当时发生在校园内外的新闻事件，谈学生身边发生的事；讲大众热议的话题，让同学们听起来新鲜，听起来过瘾，所以一时特受大家的追捧。下面节录一部分供您参考：

……我知道，你们还有一些特别的记忆。你们一定记住了“俯卧撑”、“躲猫猫”、“喝开水”，从热闹和愚蠢中，你们记忆了正义；你们记住了“打酱油”和“妈妈喊你回家吃饭”，从麻木和好笑中，你们记忆了责任和良知；你们一定记住了“姐的狂放”，“哥的犀利”。未来有一天，或许当年的记忆会让你们问自己，曾经是姐的娱乐，还是哥的寂寞？

亲爱的同学们，你们在华中科技大学的几年给我留下了永恒的记忆。我记得你们为烈士寻亲千里，记得你们在公德长征路上的经历；我记得你们在各种社团的骄人成绩；我记得你们时而感到“无语”时而表现得焦虑，记得你们为中国的“常青藤”学校中无华中大一席而灰心丧气；我记得某些同学为“学位门”、为光谷同济医院的选址而愤激；我记得你们刚刚对我的呼喊：“根叔，你为我们做了什么？”——是啊，我也得时时拷问自己的良心，到底为你们做了什么？还能为华中大学子做什么？

我记得，你们都是小青年。我记得“吉丫头”，那么平凡，却格外美丽；我记得你们中间的胡政在国际权威期刊上发表多篇高水平论文，创造了本科生参与研究的奇迹；我记得“校歌男”，记得“选修课王子”，同样是可爱的孩子。我记得沉迷于网络游戏甚至濒临退学的学生与我聊天时目光中透出的茫然与无助，他们还是华中大的孩子，他们更成为我心中抹不去的记忆。

我记得你们的自行车和热水瓶常常被偷，记得你们为抢占座位而付出的艰辛；记得你们在寒冷的冬天手脚冰凉，记得你们在炎热的夏季彻夜难眠；记得食堂常常让你们生气，我当然更记得自己说过的话：“我们绝不赚学生一分钱”，也记得你们对此言并不满意；但愿华中大尤其要有关于校园丑陋的记忆。只要我们共同记忆那些丑陋，总有一天，我们能将丑陋转化成美丽。

同学们，你们中的大多数人，即将背上你们的行李，甚至远离。请记住，最好不要再让你们的父母为你们送行。“面对岁月的侵蚀，你们的烦恼可能会越来越多，考虑的问题也可能会越来越现实，角色的转换可能会让你们感觉到有些措手不及。”也许你会选择“胶囊公寓”，或者不得不“蜗居”，成为“蚁族”之一员。没关系，成功更容易光顾磨难和艰辛，正如只有经过泥泞的道路才会留下脚印。请记住，未来你们大概不再有批评上级的随意，同事之间大概也不会有如同学之间简单的关系；请记住，别太多地抱怨，成功永远不属于整天抱怨的人，抱怨也无济于事；请记住，别沉迷于世界的虚拟，还得回到社会的现实；请记住，“敢于竞争，善于转化”，这是华中大的精神风貌，也许是你们未来成功的真谛；请记住，华中大，你的母校。“什么是母校？就是那个你一天骂她八遍却不许别人骂的地方”。

亲爱的同学们，也许你们难以有那么多的记忆。如果问你们关于一个字的记忆，那一定是“被”。我知道，你们不喜欢“被就业”、“被坚强”，那就挺直你们的脊梁，挺起你们的胸膛，自己去就业，坚强而勇敢地到社会中去闯荡。

亲爱的同学们，也许你们难以有那么多的记忆，也许你们很快就会忘记根叔的唠叨与琐细。尽管你们不喜欢“被”，根叔还是想强加给你们一个“被”：你们的未来“被”华中大记忆！……

借鉴提示：

范例中用关键词“我记得……”、“请记住……”作为红线，贯穿上下，讲的多是发生在学生身边的热门事件和热议话题（话从阅历来）；少的是空洞的说教和常听的套话。内容朴实，听起来引人入胜，亲切自然，这就叫找对场合，看对人，朴实的话更能打动人，因为大道至简。

脱稿讲话是公众沟通，公众沟通不仅承载着信息的传递，思想的交流，还有情感的沟通。情感的沟通往往又是最能直指人心，打动听众的。用自己的经历现身说法，最能动情也最能把自己的情感传递给听众。我们研究发现，美国总统奥巴马夫人米歇尔深谙这一秘诀，她在2012年民主党全国大会上，为丈夫连任总统所作的演讲中，通篇尽是用事实说话，但没有使用一个他人的故事或案例。全都讲的是他们两家人和他们自己的经历，娓娓道来，亲切又自然，赢得了美国民众的一片叫好。请参考其中的一段：

……我的父亲是城市水厂的一名泵浦操作员，在我和哥哥很小的时候他就被诊断出患有多发性硬化症。即使当时还小，我也知道他常常被病痛折磨……我知道有许多清晨，仅仅连起床对他来说都是一场痛苦挣扎。然而每天早晨，我都看到父亲面带微笑地醒来，抓紧他的助步器，用浴室的洗脸池支撑着自己的身体，缓慢地刮好胡须，扣好制服。然后，当他在漫长的一天工作后，我和哥哥会站在通往我家小公寓的楼梯顶上，耐心地等着迎接他回家……我们注视着他弯下腰，举起一条腿，然后是另一条腿，慢慢地爬上楼梯，迎向我们的怀抱。然而无论多么艰难，我父亲从未请过一天假……他和我母亲决心要让我和哥哥受到他们梦寐以求的教育。当哥哥和我终于升上大学的时候，我们几乎所有的学费都来源于学生贷款和补助金。但是我父亲仍不得不自己掏腰包来支付我们学费中的一小部分。每个学期，他都坚持按时支付学费账单，在他捉襟见肘的时候，他甚至宁可去贷款。能送自己的子女去上大学，他是如此的骄傲……他从未让我们因为父亲姗姗来迟的支票而错过任何一个报到截止日期。你们瞧，对我的父亲来说，这是身为一个男人的责任。就和我们中的很多人一样，这就是他衡量生命成功与否的方式——能否靠工作让自己的家庭过上体面的生活。……

如果我们细看米歇尔的这番讲话，这不禁令我们想起1996年在圣迭戈举行的美国共和党提名代表大会上前总统里根的夫人南希所作的演讲。当时里根已经身患老年痴呆症，认不出人来了，对南希来说这是一段非常困难的日子，但她还是站出来为共和党竞选打气，充满激情地讲述她和里根共同奋斗的历程以及她如何努力帮助里根走过最后一段人生路程。南希的讲话打动了在场的所有人，被报以热烈掌声，同时也振奋了共和党人的斗志。

在2008年，希拉里·克林顿在与奥巴马角逐民主党总统候选人提名的关键选举中，也曾有一次打动人心的演讲，当时希拉里已经连败数场，正在做背水之战。在那次演说中，她倾诉了自己作为一个女人参加竞选的艰辛，数次哽咽，博得了众多同情。结果她赢得了意外的胜利，得以继续其选举之路。

米歇尔、南希和希拉里都使用了同一种脱稿讲话技巧，即说亲身经历，作为讲话的素材。无论其中可能有多少表演的成分，它们的效果可以证明：多点儿人情味的讲话更具公关效力。富有人情味的倾诉往往比刻板的宣讲更能打动人心、赢得同情和支持。

借鉴提示：

一位总统夫人的讲话，又是为丈夫总统连任拉选票的讲话，讲话中没有引经据典，旁征博引，华丽辞藻或大讲豪言壮语，而是专说身边经历的小事，把遥不可及的总统形象，还原成一个就在我们身边的丈夫、爸爸、公民形象。引发了多数美国人的认同感和共鸣，为丈夫的连任加了分。足见说亲身经历的魅力。

3. 话从阅读来

当然，在脱稿讲话中，一味的说现场话或共同经历的话是不够的，有些场合还需要多说些阅读来的话，自己独立思考的话。时代在更迭，社会在进步。当今世界上的任何事物都在变化着，每天我们一睁眼，国内外新事件、新问题、新矛盾不断涌现。我们也在吸收着包括书籍、报刊、网络、电视、广播等传递来的大量知识和信息。我们应学会去及时捕捉那些新知识、新信息，多讲点新话题，多说点新故事，不能开口闭口总是那几句话。要勤学习，多思考，到网络里，到大众中，去发现那些富有时代特色的活生生的事例，采摘那些“带着露珠”的新鲜讲话内容。这样才能丰富我们的讲话。要想真正做到这一点，须要在四个字上下功夫，即：新、实、趣、活。

新——就是要对阅读来的知识和信息有新理解、新认识、新发现、新感悟、新体验，反映新思维，讲出新“道道”，让人感到耳目一新。

实——就是说出的话要具体、实在，使听众看得见、摸得着、感觉得到，而不单纯是空洞抽象的说教。

趣——就是讲述时要生动、活泼、有趣味，有动人的情节，活泼风趣的语言，能引起悬念，具有很强的幽默感。

活——就是多说真情实感，有形有声，活灵活现的故事。

把握好这四点的同时，还要正确处理好详与略的关系，对表达目的的骨干内容要详细说，次要内容要简略说；对人所未言的新内容要多说，众所周知的内容要少说；对最能体现内涵的内容要多说，一般化的内容要简单说。详与略，多与少把握得当，则能使讲话显得贴切自然、张弛有度。

下面重点介绍两种具体方法：

方法一，用故事阐述道理

比如，新东方教育机构的俞敏洪先生在参与某社会活动时的总结性发言，就是以生动有趣的故事告诉人们要勇于创新、勇于开拓，才能让生命更精彩的道理。单听他的道理不新鲜，但听他的讲述却引人入胜——

我觉得人生用六个字来表达是比较恰当的，经历、体验、升华。

有一次我在加拿大的时候，刚好是三文鱼回流的季节，三文鱼的回流是每四年一次，为什么要回流呢？它要回去产卵，繁衍后代，三文鱼产卵以后，就把这个鱼卵藏到石子儿底下，这些鱼卵会被河里的其他鱼吃掉一部分，当它们变成小鱼以后，又会被别的鱼吃掉一部分，在湖泊里面，它们要生长一年，在这个生长一年的过程中间，它们被天上的鹰，水中的鱼，还有湖旁的人不断地打捞，所以每四条三文鱼，只能剩下一条。

一年以后，这些三文鱼开始游向大海，它们要差不多环游太平洋一圈，刚好整整三年。在这三年中，它们的经历更加艰难，在海洋里凶猛的鱼更加的多，再加上人类大量的捕捞，所以等到它们四年以后，再回到它们出发点这条河的河口的时候，每游出去的十条鱼，剩下一条都不到了。

真正壮观的，是在它们到了河口，再回到产卵地的那一刻，河水很急，它们要拼命地往上游，在游的时候，它们就不能停下来吃任何东西，只有一个办法，就是二十四小时往上游，因为它们只要一停下来，就被河水给带回来了，等到它们游到目的地的时候，已经变得浑身发红，因为它们身上的体能全部都被消耗完毕，这个时候，三文鱼就开始受精和产卵，两条鱼受完精产完卵以后，就双双死去了。

它们这样的一个生命历程，给我们带来了震撼，正是因为有了这样的四年的生命循环，也正是因为有了这样的使命感，它们的牺牲感动了人类。

有的时候，我们的生命其实还不如一条鱼，因为大多数人，一辈子只生活在一个地方，生活在一种习惯中间，生活在一种思想的禁锢之下，而没有任何创新，没有任何创意，没有任何激发自己生命的那种动感和令自己感动的生命状态，如果说我们当中有找不到工作的同学，你找不到工作是一件幸运的事情，因为你开始了真正的生命中应该的带动甜酸苦辣的体验，未来你找到一份工作的时候，你就知道这份工作是多么的来之不易，多么的值得你去珍惜。

所以，我觉得人生用六个字来表达是比较恰当的，经历、体验、升华。……

借鉴提示：

俞敏洪的这段脱稿讲话，亮出观点“我觉得人生用六个字来表达是比较恰当的，经历、体验、升华”后，没有空洞的说教，接着就讲述了一个“加拿大三文鱼的故事”，整个故事的讲述，语言生动流畅，非常有感染力和吸引力，其中的道理也蕴含在故事中，直指人心。脱稿讲话中善用故事，会用故事，一能防止空洞说教；二能防止说得干干巴巴；三能保持语言流畅，不容易断电。况且，故事谁都愿意听，何乐而不为?!

再比如，学员高先生是一家公司的老总，眼下行业竞争激烈，受金融风暴的影响业务不好做，现金流逐月萎缩，他非常着急。几次在公司大会上他都强调当前形势下，一定要练好内功，要求各部门要不断创新。可说了等于没说，收效不是很大。受俞敏洪讲故事，说道理的启发，在一次公司会上，他一改过去干讲道理的习惯，调整了一下思路这样说：

我想问大家：“我们公司在这个行业里，算不算最早的开拓者?”

大家说是。我又接着问：“我们现在的销售是不是这个行业的前几名?”

大家不吭声了。我接着说：“大家想过没有我们业务下滑的原因？当然，原因有多种。其中有一点我们不能不意识到，这是什么呢？记得前几天我看过这样一个故事，说的是有一位老爷爷以卖草帽为生，年老了，卖不动了，把这份产业传给了他孙子。有一天，老爷爷给孙子讲了一段经历，说他当年有一次挑着两大摞草帽过一山冈，正值中午，又是暑天，他就放下担子打了个盹儿，没想到醒来后，两大摞草帽没了。抬头往树上一看，树上的猴子每个都戴了一个。老爷爷当时想，猴子是模仿人的，于是，他把自己头上的草帽扔了出去。没出老爷爷所料，随即猴子一个个都把帽子扔了下来……。老爷爷讲完自己的亲身经历后，告诉孙子以后要注意。真巧，不久他孙子也遇到了和当年爷爷遇到的情况一模一样的事，醒来后，猴子都把草帽戴到头上了，这时孙子暗喜，于是，从从容容地将自己的帽子往地下一扔，结果是树上的猴子一个都没有扔草帽的。孙子大惑不解，正在这时，树上一老猴子说话了——'你以为只有你有爷爷啊'"

讲到这里，我说现场的人都笑了。接着我又说"联想到我们销售业绩下滑的现实，这个故事给我们怎样的启发呢?"

高先生说自他讲了这个故事后，对大家冲击很大，各部门都作了认真的反思，再配合其他的管理措施，采取了许多新的应对方案，接下来的几个月销售业绩逐步在回升。

以上是高先生用故事代替了简单的理论说教，起到了比平时想达到而达不到的效果。下面是一事业单位领导，在鼓励下属解放思想，放开手脚，大胆实干时的一段脱稿发言，请参考：

华伦达是美国著名的高空钢索行走表演者，在一次重大的表演中不幸失足身亡。他的妻子在事后说，这次表演肯定会出事，因为华伦达在上场前总是不停地对自己说，这次演出太重要了，只能成功，不能失败。而以前每次成功的表演前，他只想着走钢索的表演过程，而绝少考虑表演的结果。心理学家从这件事中得到启示，把在意事情的目的、结果或意义，不专心于事情过程本身的心态，叫做"华伦达心态"。

华伦达心态启示庄子也讲过类似的故事：一个博弈者用瓦盆作赌注，他的技艺可以发挥得淋漓尽致；而他拿黄金下注，则大失水准。庄子把这称之为"外重者内拙"。在竞技体育中这种现象很常见，一些优秀运动员在关键比赛中发挥失常，大多因为"华伦达心态"。比较突出的例子是转播国足比赛时解说员描述某球员的射门："中国队射门，打在对方守门员身上；再射，打在立柱上；再射，偏了……"为什么必进之球没踢进？过于注重动作的结果，过于考虑结果的意义，背上了想赢怕输的包袱，使最简单的技术动作走样变形，心理的失衡导致比赛的失败。

我们在实际工作中也应该避免“华伦达心态”。有的同志在处理问题时缩手缩脚；有的同志在迎接挑战时畏首畏尾；有的同志在作出决定时怕前怕后；有的同志在面临选择时患得患失；有的同志在脱稿讲话时哆哆嗦嗦。这种种的工作中的非正常表现，问其原因往往是：“这项工作太重要，我不能失败。”

当然，这些同志重视工作、认真做事的精神值得称道，但如果将结果的好坏、决定的对错、选择的得失看得太重，忽视了工作本身的进程，迟迟不能进入正常的“ 行动状态”，最后反而会事与愿违。

工作中正常的表现一般应该是：指挥员“ 指挥若定”，领导者“从容不迫”，决策人“举重若轻”等等。要避免“华伦达心态”其实也容易，只要我们在工作中不计较个人的利害得失，不纠缠结果的胜负成败，专注于工作本身，精心考虑工作进程中的每一个细节，就能很快使自己进入这种比较理想的心理状态。决定最终结果的因素很多，但良好的心态是取得成功的必要保证。……

借鉴提示：

当想通过讲话说服他人或让他人接纳自己的观点时，用讲故事的方法是有效的策略之一。因为人都是情感动物，故事中的情节比简单地说道理更容易让听众接受，也更能打动听众。

不过，请不要高兴得太早，真正能在脱稿讲话中用好故事，说好故事，既能阐明观点，又能达到吸引听众的目的，还须明白巧用故事阐明观点是一种能力，这种能力不是一朝一夕就能快速提升的，则需通过学习和积累来掌握。以下几点建议可供参考：

❖ 平时注意积累

我们每天要阅读很多东西，为什么看得多，记住得少，能用在自己的讲话里的更少？一个很大的原因是我们对看过的故事从来不“存盘”。从现在起，再看到故事，阅读完后，要问自己：这故事蕴含了什么道理或观点？主要情节是什么？我今后哪一类脱稿讲话的场合会用到？如果您养成了这三问的习惯，您脑海里就会有大量的故事素材。一个好的故事不光要有看法，它还应该有明确的观点，只有这样，这些故事才能成为说服人的工具。提炼观点并不难，您希望别人做什么，以及别人为什么要那样做，这就是您的观点。

❖ 用时有意搜集

尽管有大量的故事存储，有时也还会遇到为说明一个观点，一时没有恰当故事的时候。怎么办？那就要带着明确的观点去寻找。另外还可以在你周边的人身上寻找与你的观点相符的实例。比如，如果你想要说服他人遵守安全准则，那就说说那些发生在不顾安全的人身上的倒霉事；如果你想展示一套新流程的长处，那就用故事来解释个人如何从中获益。

❖ 讲时善于使用

平时脱稿讲话时，要养成一种习惯，只要牵扯到要说明观点或阐述道理时，先提醒自己，身边有没有合适贴切的故事或实例来借用。我们不愿意照别人所说的那样去思考，但是我们愿意知道为什么要那样思考，国外聪明的传教士在礼拜日就会利用这一技巧。再比如，你讲一个员工是怎样确保自身的安全的，或某个团队是如何通过引进一套新的流程，从而获得更好的效益的。把你对观点的阐述和故事的情节推进紧密地联系在一起，把眼下的状况讲清楚，把发生的事情说透彻，最后把获得的益处摆出来，这就是善于使用。

❖ 带有激情讲述

好的故事，离不开声情并茂的讲述，你不必激情澎湃，手舞足蹈，但不能不为您的故事注入情感。可以通过词语的选择来做到这一点，选择那些能让人产生画面感的词语；也可以通过你的表达方式做到这一点，比如，把握整体的节奏感，但在关键点上提高嗓音，在重点部位稍做停顿等等。用阐述的方式表明自己的观点和事实的运用并不矛盾，你可以将故事编织到你的阐述过程之中，也可以用故事来开头或结尾。所以，如果你要提请他人关注某一问题，你可以说："我来讲个故事吧，丹丹是西四路小学四年级学生……"然后，一个故事讲完，你没准为数学补课的必要性又找到了几条新的理由。

虽然讲故事很有效，但也许并不适合于任何场合，在很多时候你需要直奔主题，尤其在商业事务上，表明自己观点的最佳方式就是快速而准确地切入主题。

在这类情况下，事实和数据本身就是故事。

即使在很正式的场合，也大可不必回避讲故事。我记得有位主管曾说，他有一位上司，也是他的指导老师，几乎针对每一种情形都有一个故事，尤为特别的是，他还把讲故事运用到对下属的训练之中，无论是需要对下属进行劝诫，和下属谈心，或是给下属一些考验，他都会采用讲故事的方式。这样做的结果是，他的话语深入人心，让人印象深刻。这位主管和我讲这位老上司的事时，还能逐字逐句复述二十多年前听来的故事。更为重要的是，这位主管现在也把讲故事的技巧融入了自己的管理工作之中。比如，他在公司给我们讲到如何重视遵守公司的规章制度时，他就给我们讲这样一个故事：

春秋时代，鲁国有这样一条法规：凡是鲁国人到其他国家去旅行，看到有鲁国人沦为奴隶，可以自己垫钱把他先赎回来，待回鲁国后到官府去报销。官府用国库的钱支付赎金，并给予一定的奖励。

孔子有个学生到国外去，恰好碰到有一个鲁国人在那里做奴隶，就掏钱赎回了他。回国以后这个学生没有张扬，也没有到官府去报销所垫付的赎金。

那个被赎回的人把情况讲给众人，人们都称赞这个学生仗义，人格高尚。

一时间，街头巷尾都把这件事当做美谈。

孔子知道后，不仅没有表扬这个学生，还对他进行了严厉的批评，责怪他犯了一个有违社会大道的错误，是只为小义而不顾大道。

孔子指出，由于这个学生没有到官府去报销赎金而被人们称赞为品格高尚，那么，其他的人到国外看到鲁国人沦为奴隶，就要对是否垫钱把他赎回来产生犹豫。因为垫钱把他赎回来再去官府报销领奖，人们就会说自己不仗义，不高尚；不去官府报销，自己的损失谁来补？于是乎，多一事不如少一事，只好假装没看见。从客观上讲，这个学生的行为妨碍了更多的在外国做奴隶的鲁国人被赎买回来。

在提醒我们年轻人要不断充电，加强业务学习时，他就给我们讲这样一个故事：

有个伐木工人在一家木材厂找到一份工作，待遇不错，工作条件也好，他很珍惜，下决心好好干。第一天，老板给他一把利斧，并给他划定了伐木范围。这一天，工人砍了18棵树。老板说："不错，就这么干！"工人很受鼓舞，第二天他干得更加起劲，但只砍了15棵；第三天，他加倍努力，可只砍了10棵。工人觉得很惭愧，跑到老板那儿道歉，说自己也不知道怎么了，力气好像越来越小了。老板问他："你上一次磨斧子是什么时候？""磨斧子？"工人诧异地说："我天天忙着砍树，哪里有工夫磨斧子！"。

用故事说道理，是很高明的一种脱稿讲话技巧。因为，我们从小就爱听妈妈爸爸讲故事。故事中蕴含的道理，会润物细无声地启发着我们，在享受中轻轻松松受益。

大家可曾知道，故事不仅用来说道理，有时还有另一大功用。请参考赵启正、吴建民合著的《交流使人生更美好》一书中的两人对话：

吴：您第一次上台讲话是怎样的一种情况？

赵：我第一次上台讲话是非常有故事性的。1965年我们一个核工程要用一种仪器，国内外都不容易买到，于是决定由营口市一个小电子仪器厂试制，由我代表研究设计院监制。厂里有位劳动模范，很有名气，我们请他来设计院作报告，没想到主持人把我提供的介绍词说完后又说："现在请赵启正同志再做介绍。"我一听，脑袋就"嗡"的一下，我毫无准备，头脑中一片空白，台下一千多人呢，许多都是我的前辈。

吴：您那个时候多大？这可是真的即席讲话了，没有一点准备时间呀！

赵：那时候我25岁，刚工作两年。我上台说什么啊。同研究室的同志们也出乎意料，觉得很新鲜，在底下哗哗鼓掌。干脆我就讲故事，讲了两三个我们一起克服技术难关的生动故事后，一鞠躬，下台了。底下就鼓掌，还表扬呢，说我讲得不错。从那以后在任何临时的，要求我必须讲话的大场合，我都会暗示自己，一分钟也没用准备我都能上，现在我能准备几分钟还会讲不好吗！

吴：您这个例子很说明问题。说明什么呢？第一，这时悟性很重要，而悟性就在于您能抓住故事的生动性。您到了这样一个场合，要再编词也来不及了，大词没有了，但是您和他的故事很有吸引力，那就随手抓您最熟悉的故事讲，这是逼出来的。这就是您讲话成功的一个原因。第二，我们现在很多讲话干巴巴的东西太多，光有原则，光有骨头，没有肉，没有故事就不生动。打动人的是具体的例子，您成功的地方就在于讲话时，能够讲一些大家一听就马上懂的例子，就有吸引力。

想不到，讲故事，关键时刻还能当救命稻草。建议，紧急时刻您也试试看。

方法二，用诗词名言阐明观点

自2003年温家宝就任总理以来，在记者招待会等公开场合，经常引用诗文来为自己的讲话做注脚。他在各类讲话中对诗文的灵活运用，充分体现了中国领导人熟练运用本民族的传统智慧应对处理各类事务的能力，也为他所引用的诗歌赋予了时代新意。比如谈自己的工作态度时说："苟利国家生死以，岂因祸福避趋之"；概括今后工作时说："雄关漫道真如铁，而今迈步从头越；"谈宏观调控绝不能半途而废时说："行百里者半九十"；回答记者"什么是快乐"问题时说："去问开化的大地，去问解冻的河流"；谈宏观经济政策走向的问题时说："时进则进，时退则退，动静不失其时"；谈到两岸合作问题时说："度尽劫波兄弟在，相逢一笑泯恩仇"。

2011年9月，中国人民大学培训学院院长李海彬院长在新生入学的开学典礼上致辞时说：

……在古汉语中，"知"与"智"是通假的关系，有时候可以互换。但从哲学上，这是两个不同的概念。"知"是浅薄的，是灰色的；"智"是深刻的，常青的。

《史记·廉颇蔺相如列传》记载：战国时赵国名将赵奢之子赵括，年轻时学兵法，谈起兵事来父亲也难不倒他。后来他接替廉颇为赵将，在长平之战中，只知道根据兵书办，不知道变通，结果被秦军大败。这就是"纸上谈兵"，比喻空谈理论，不能解决实际问题。这里，赵括对于兵法的了解属于"知"的范畴。

对此，子曰："诵诗三百，授之以政，不达；使于四方，不能专对。虽多，亦奚以为？"孔子的意思是说："把《诗》三百篇背得很熟，让他处理政务，却不会办事；让他当外交使节，不能独立地办交涉；书读得很多，又有什么用呢？"在这里，孔子强调的是"学以致用"。我们学习的是知识，而我们运用的则是智慧。如果学了知识而不能够恰当运用，我们就没有完成"转知成智"的任务。

我们喂奶牛吃草，为的是得到"牛奶"而不是得到"草"。我们学习知识，为的是得到“智慧”而不是得到“知识”。但是，如果我们连草都没有，我们就永远吃不上牛奶；这就如学生连书都不读，就永远无法获得智慧一样，这才是最最愚蠢的事情，不是吗？……

范例中引用了《史记·廉颇蔺相如列传》的记载，还引用了孔子的原话“诵诗三百，授之以政，不达；使于四方，不能专对。虽多，亦奚以为?”给人知识的同时也为讲话内容增添了生动性。

再比如，同样是学习党的十八大文件讨论会上的发言，有的这样说：

各位同事好！先感谢领导把第一个分享的机会给了我，恭敬不如从命，下面结合我们自身的工作谈两方面的体会。

有句话叫“工欲善其事，必先利其器”。这个“器”，就是要不断学习与日俱增的本领。学习贯彻好党的十八大精神，还有句话叫“欲求胜算，先谋人和。”十八大报告指出：“为人民服务是党的根本宗旨，以人为本、执政为民是检验党一切执政活动的最高标准。……”

再比如，一位父亲在自己女儿婚礼上的讲话：

今天是我女儿部丽娟和女婿乔和平喜庆的日子，首先我代表我们全家对众亲朋好友的到来，表示热烈的欢迎和真诚的感谢！

常言说：“男大当婚，女大当嫁。”在这庄严而热烈的婚礼上，作为父母，我向两个孩子说三句话。

第一句，是一副老对联：上联是“一等人忠臣孝子”；做这样的人让人瞧得起；下联是“两件事读书耕田”，做这样的事有饭吃。横批是“心往一处”；才是幸福。

第二句，是一句古语：“浴不必江海，要之去垢；马不必骐骥，要之善走。”什么意思呢？就是生活上要勤俭持家，关键要把握做人的基本点和做事的基本点，不比排场，慕虚荣。

第三句，是一句老话：“执子之手，白头偕老”。在往后的日子里，要相互磨合，理解、鼓励，共同经营好自己的婚姻。这样我们做父母的才放心……

这位父亲在女儿婚礼的场合，没有落入俗套，三句话，一句引用一副老对联；第二句引用一句古语；第三句引用一句老话，句句话出有因，理出有据，让晚辈获得教益的同时，因这样的表达新鲜，现场人愿意听。

某公司经理接到出席某葡萄酒品鉴会的邀请，并应邀发表即席讲话。下面是他的发言内容：

雷锋说："吃饭是为了活着，而活着不是为了吃饭。"吃饭是为了活着，不证自明。那么"活着不是为了吃饭，是为了什么呢"——是为了生活，而生活方式则诠释着你生活的内容与质量。

说到生活方式，可能知道的有：小资、SOHO等等，最近比较流行的是一种叫做"乐活"的生活方式，LOHAS（Lifestyles Of Health And Sustainability），他们搭乘大众运输工具，吃绿色有机食品，穿棉麻天然织物，使用二手货品，是一群健康、生态、环保的"乐活族"。这些生活方式都是时尚的，积极的，但不一定是永恒的，他们是社会发展的产物。

我这里要重点说的是——红酒式的生活方式才是一种永恒的生活方式。

我为什么这么说呢？

有人说："一串葡萄是美丽、静止与纯洁的，但它只是水果而已。一旦压榨后变成了红酒，它就变成了一种'动物'，就具有了'动物'的属性，就有了生命的灵动。迷人的色彩，神秘的情思，柔和的醇香，饱含了鲜活的生命原汁，蕴藏了深厚的历史和文化内涵。红酒式的生活方式就是要像红酒那样——迷人、神秘、柔和、醇香，还有就是——放慢生活，品味过程；热爱生命，追求健康与幸福。"

还记得，意大利影片《云上的故事》有一个镜头：一个富人雇了一群工人帮他搬东西，从山底搬到山上，工人们走着走着就停下来不走了，无论富人怎样催促，他们就是不走。过了很长一段时间后，他们又开始走了，到了山顶，富人不解地问：你们为何刚才不走了？回答：刚才走得太快了，把灵魂落在后面了。

试想，我们中又有多少人如这些工人，愿意或者敢于放慢脚步？我们总觉得"时间就是金钱，效率就是生命"。要生存，要活得好，就要不断加速，只有比别人快，才能拔得头筹，不经意间却在这样的忙乱中把自己的灵魂落下了。

人，如果没有时间来慢生活——慢乐，就不会有真正的快乐，那么，他（她）会有充分的时间来生病！种种心理上的忙碌所带来的损害，可能超出了我们的承受能力。当下，我们中有多少人越来越不快乐，有人焦虑了，有人抑郁了，有人自杀了……

披头士的灵魂人物约翰·列侬认为："当我们正在为生活疲于奔命的时候，生活已经离我们而去。"

好了，不多说了，林语堂先生说："公众讲话要像女人的裙子，越短越好。"让我们举起酒杯，品味美酒，放慢脚步，让灵魂跟上！

借鉴提示：

恰到好处地引用一些名人名言或有意义的事实材料，因为人人都有好奇心，个个都会有迷信权威的倾向。更多的信息会刺激听众的感官，让听众感到新鲜的同时，也会增加他们的认同感。在此提醒，这一方法要想运用得好，平时要广泛地阅读，留心记一些名人名言，轶人趣事，注意积累，学会运用。

阅读至此，有的朋友可能会说，我们也读过不少书，可记住的很少。能用在讲话上的就更少了，怎样来积累这方面的知识底蕴呢？具体的操作方法建议如下：

❖ 博闻强记，扩大文化知识

这里的文化是指大文化，不是仅限于运用一般知识的能力，而是人类在社会历史发展过程中所制造的物质财富和精神财富的总和。诸如天文、地理、历史、文学、艺术、哲学、经济、法律等等。这些文化知识通常又浓缩在了成语、典故、佳作、名言、警句之中。读过之后，感觉有用，就拿笔记下来，时常拿出来翻一番。古人说，重复是最好的记忆方法。久而久之，不仅能陶冶情操，提高修养、开阔视野，还能使您的言辞更具感染力、说服力、吸引力。这种大文化知识的获得，要靠孜孜不倦的学习，只有不断地学习吸取，言辞的表达才会有不断的生命力。即如古诗所言："问渠哪得清如许，为有源头活水来。"

另外，社会上有各种各样的行业，每一个行业都有专门的知识。一个人处在哪个行业，从事什么工作，还应该具备本行业、本专业的知识。

专业知识的获得，一是靠学习，二是靠实践。社会在发展，知识在更新，即使原来专业知识积累很厚的，在新的形势下，也会产生许多的盲点，如果不认真学习，既不利于自己的工作，更不利于行业言语的交流。

总之，有的人之所以很有讲话水平，究其根本原因，就在于丰厚的大文化积累。厚积薄发，胸有成竹；积之愈深，言之愈佳。

❖ 处处留心 增加世事知识

世事就是世上的事。世事知识指的是社会生活中方方面面的常识、经验、教训、风土、人情、习俗、掌故等等。这种知识是一种客观存在，一般无需潜心去学；只要不脱离社会生活，在实践中都会逐步体会、感悟得到。人们要想丰富自己的语言修养，实现脱稿讲话水平的提高，必须具备这类知识。曹雪芹就认为："世事洞明皆学问，人情练达即文章。"一个不谙世事的人，所讲的内容要么成为笑话，要么造成被动。比如相传：

清代洋务大臣李鸿章一次出访美国，在一家饭店宴请美方人士。开席前，他按中国世事讲了一番套话："这里条件差，没什么可口的东西招待各位，粗茶淡饭，谨表寸心。"不想饭店老板却火冒三丈，认为李鸿章诋毁了饭店的名誉，非要其公开赔礼道歉不可。……

李鸿章的客套话，在国内是很普遍的，但美国却没有这样的习俗，老板冒火当然有理。

通过以上的阅读，我们回答了脱稿讲话的思路哪里来和话从何处来两大问题，虽说有方法的传授，案例的示范以及针对性的点评，可能您还会说，遇到一些没有涉及的具体场合还是不知怎么说或说得更好一些。下面再看——

四、具体场合怎么说

下面我们重点列举一些大家经常遇到的脱稿讲话范例，逐一进行剖析，找出规律，让您在实际工作或生活中参考应用。

1. 讨论座谈

身在职场的朋友，参加讨论座谈的机会是多的。在讨论座谈会上，作为听众最不愿听的是套话、空话和啰里啰唆的话，愿意听的是言之有物，观点鲜明，且又简单明了的话。作为讲话者本身，也想说这样的话。这其中的思路与方法是什么呢?

假如您是一位基层党员，在参加“学习党的十八大报告”讨论座谈会上，为了避免说空话、套话，您会从哪个角度说?

友情提醒：此时，最好克制自己，先不参阅下面的范例，您打好腹稿后，再参阅范例，对自己的启发最大，效果更好。

参考范例：

大家以上的发言，对我启发满大，下面我要谈的是我这次学习十八大报告时的一个发现，这个发现是什么呢?

我注意到这次十八大提出的经济增长目标是2020年实现国内生产总值和城乡居民人均收入比2010年翻番。大家要知道，人均收入翻番可不是个小数目，它将造就64万亿购买力，这将大幅度推动国民经济的发展。

同时，我还有意查阅了一下十六大、十七大报告中关于经济增长目标的提法：十六大报告提出的是2020年国内生产总值力争比2000年翻两番；十七大报告提出的也是2020年人均国内生产总值比2000年翻两番；而这次十八大，不仅提出了2020年实现国内生产总值和城乡居民人均收入比2010年翻一番；还专门提到了人均收入翻番。

我仔细分析了一下，这次十八大报告提出的经济增长目标的改变具体有以下三个变化：

1. 原来只提到“国内生产总值”，这次加上了“城乡居民人均收入”；

2. 原来提到的是“比2000年翻两番”；这次提到的是“比2010年翻一番”；

3. 原来没有提到过“人均收入”，这次不仅提到了，还要和国内生产总值同步“人均收入翻番”。

仅仅就这一经济目标的变化，我看到的是我们的党一如既往，而且是越来越关注民生问题了。当然，改善民生是一项长期的、艰巨的任务，也是广大人民群众最关心、最直接、最现实的利益问题，也是坚持立党为公、执政为民在社会建设中的具体体现。随着反腐倡廉的不断深入，现实中的各种矛盾和利益冲突将会得到有效化解，人民群众的生活水平和生活质量将会得到进一步提高，人民也会生活得更加快乐和幸福。我相信党，更相信新一届常委将带领我们让人人都过上美好幸福的生活。

借鉴提示：

❖ 范例话题切入很具体，也很实际，集中专谈“经济目标”的变化；重点突出，讲话不散，值得借鉴；

❖ 从内容看，讲话者不仅认真学习了十八大报告，还查阅了十六大报告、十七大报告的相关部分。这说明，讨论会上要想巧妙切入，且言之有物，认真学习和领会讨论的内容，是首要的。

以上范例对感觉找话题难的朋友是个启发。假如您是某市组织部门一党员干部，在讨论学习十八大报告时，如何结合组织工作谈一些自身感受呢?

友情提醒：此时，最好克制自己，先不参阅下面的范例，您打好腹稿后，再参阅范例，对自己的启发最大，效果更好。

参考范例：

各位同事好！先感谢领导把第一个分享的机会给了我，恭敬不如从命，下面结合我们自身的工作谈两方面的体会。

有句话叫“工欲善其事，必先利其器”。这个“器”，就是要不断学习与日俱增的本领。学习贯彻好党的十八大精神，是当前和今后一个时期的首要政治任务，落实的好不好就取决于学习的好不好、把握得准不准、理解的透不透。我们组工干部更要率先行动起来，深入学习、准确领会十八大各项工作任务及战略部署。把学习中国特色社会主义理论作为自觉行动、当成日常习惯，始终保持政治上的清醒，坚持正确的政治立场，做到真学、真懂、真信、真用。同时，我们组工干部更要向丰富的社会实践汲取营养，向普通党员学、向基层群众学。紧密结合本职工作深入基层开展调研，查找问题和不足，总结经验与做法，在学以致用中拓宽视野，在用以促学中提高能力，使自己真正成为组织工作、党建工作的行家里手。

还有句话叫“欲求胜算，先谋人和。”十八大报告指出：“为人民服务是党的根本宗旨，以人为本、执政为民是检验党一切执政活动的最高标准。”我们组工干部要认清自己的职责，保持党和人民的血肉联系，不断增强服务意识，提高服务能力，乐当基石、善为伯乐。我们组织干部更要做服务群众的标杆，牢记宗旨、情系百姓，始终保持谦虚谨慎作风，要有为政一任、造福一方的抱负，以在任一日、赶考一天的责任，常怀忧民之心，常尽为民之责，常思利民之举，真正把组织部门建成“党员之家、干部之家、人才之家”。要按党的原则从政、按传统美德修身、按群众期盼做事，把感情贴在民心上、心思用在工作上，做到“为民、务实、清廉”，切实提高组织工作群众满意度。

以上两点就是这次我学习党的十八大报告的一点粗浅之见，不足之处还望同事们多多指教。

谢谢！

借鉴提示：

❖ 此范例很巧妙地引用了“工欲善其事，必先利其器”、“欲求胜算，先谋人和”这两句古语，统领各层次的发言内容，给人有提纲挈领之感；

❖ 每层内容，都不忘提及“我们组工干部如何如何……”，与实际身份和工作联系得非常紧密。

以上是理论联系实际的参考思路。假如您身为领导，就要比一般人谈得深入一些，如果在讨论会上能做到集中一点，层层展开论述，会给人以思维严谨，条理清晰之感。构思一下，试试看。

友情提醒：此时，最好克制自己，先不参阅下面的范例，您打好腹稿后，再参阅范例，对自己的启发最大，效果更好。

参考范例：

各位领导和同事，大家好！

十八大结束后调整省部级官员，这是常规举措。十六大、十七大结束后也曾有相同安排。但十八大结束后的人事调整，规模更大，比如，浙江省委书记夏宝龙、陕西省委书记赵正永、广东省委书记胡春华、吉林省委书记王儒林、内蒙古自治区党委书记王君五位省区“一把手”走马上任。至此，十八大后已有10个省份调整了党委一把手，包括四川、陕西、吉林、浙江、福建、广东、内蒙古七省区，以及上海、天津、重庆三个直辖市。

此轮人事调整，履新的14名省部级以上官员，更凸显出高层领导干部的选任方向：“年轻化、高学历化，仕途履历丰富，每个人都身经多个重要岗位”。

我认为这就是党的十八大报告提出，要“深化干部人事制度改革，建设高素质执政骨干队伍”的具体实践和落实。作为我们基层组织部门，干部管理规范化就是要结合相关政策和实际，研究制定和不断完善工作制度、工作流程、工作标准，打造规范管理的平台，实现干部管理工作的程序化和标准化，并能够较好发挥相应作用。概括起来说，就是要发挥“四个作用”。

一是指挥棒作用。对干部管理工作的方向、目标、环节、程序和注意事项等，用规范化的静态书面形式，指挥干部工作中的动态实际。

二是推进器作用。为干部管理相关部门和工作者提供科学、明晰的指南，用规范化的干部管理机制，提高干部工作的准确性和高效性。

三是融合剂作用。科学规范的管理制度，可以营造良好的工作运行环境、顺畅的工作秩序，明确各部门工作任务，有效提升各部门之间的配合默契度。

四是标识牌作用。规范的干部管理体系，是干部管理规律认知的总结、是干部工作经验的汇集，是一个地区、一个部门干部管理水平、管理状态的体现，一定程度上反映出干部管理部门和干部管理者的工作层次。

总之，实现干部管理的科学化、规范化，目的是运用现代科学管理的理念、方法，结合本地区本部门干部工作的实际，因地制宜地创建出的干部管理体系，是推动实现科学管理、科学用人目标，深化干部人事制度改革，建设高素质执政骨干队伍的有效手段。

不知理解得对不对，有偏颇之处还望各位领导和同事们批评指正。

谢谢！

借鉴提示：

❖ 此番讲话，以事实为论据，比如列举了十八大后中央组织部门的高层干部组织任命和调动，由此联想到自己部门自己业务应该如何响应党的号召，与党中央指示精神保持同步；

❖ 分层论述，每层用形象且有韵律感的语言来表述，让人印象深，好记忆。比如："一是指挥棒作用；二是推进器作用；三是融合剂作用；四是标识牌作用。"这种语言组织的模式是脱稿讲话要借鉴的。

学习党的十八大报告的脱稿讲话范例我们参考完了，下面再来参考一下普通专题的讨论发言。假如您是某市扶贫办纪检领导，在讨论某领导讲话的座谈会上，基本思路应是什么？

友情提醒：此时，最好克制自己，先不参阅下面的范例，您打好腹稿后，再参阅范例，对自己的启发最大，效果更好。

参考范例：

各位与会代表，大家好！

今年3月25日，省委张书记就扶贫工作作了一番语重心长的讲话，不仅对我们奋战在扶贫战线上的工作者是巨大的鞭策和鼓舞，同时还对我们今后的工作提出了更高的要求和希望。我们备感自己肩上的责任重大。

书记的讲话，针对现实，引用实例，有很强的说服力。他虽然说的是××，却对全省的扶贫工作具有较强的指导意义，他既指出了扶贫工作存在的共性，又从××这样的"个性"出发，为我们的扶贫工作提出了方向性的指导意见，十分值得我们认真地学习和领会 。

作为扶贫战线上的一名新兵，我深深地感觉到，组织既然把我放到扶贫工作这样的岗位上，我就应该不遗余力，毫不保留地奉献出自己的一片真情，立足本职，真情倾注扶贫事业，脚踏实地作出成效，为彻底改变贫困地区的落后面貌，贡献出自己的力量。

当前，扶贫开发的总体形势是好的，国家实施西部大开发战备，给扶贫开发工作带来了良好的机遇。同时，扶贫开发工作也面临着一些困难和矛盾。主要表现在：

一是扶贫攻坚目标任务的艰巨性、繁重性与实现解决温饱、稳定脱贫的时间紧迫性的矛盾；

二是扶贫的政府行为与信贷资金商业行为之间的矛盾；

三是扶贫开发的长期性与项目安排短期行为的矛盾。

我市剩下的这部分贫困村还面临着三大制约因素，是难啃的“硬骨头”：

（1）生产生活基本条件差，基础设施薄弱；

（2）市场信息不灵，商品流通滞后；

（3）人的素质低下，文化、智力、科技落后。

上述三大矛盾和三大制约因素，在今后的扶贫攻坚中，应有针对性地调整思想、采取措施．确保扶贫开发目标任务的完成。今后一段时期，我们既要解决最后0.72万人的温饱和2.18万低收入人口问题，又要防止部分脱贫农户因灾因病致贫返贫，实现稳步脱贫、逐步致富，其难度可想而知。

漫漫征程，扬鞭催马，我相信有党中央、国务院对贫困地区的亲切关怀，有省委、省政府的正确领导，我们的扶贫事业将会取得长足的进步和发展。我当以百倍的信心和勇气，在扶贫工作的岗位上踏千山、走万水、访民情、真情倾注，为把我市的扶贫开发工作推上新的台阶作出自己应有的贡献。

谢谢。

借鉴提示：

❖ 作为对某一话题或专题的讨论，在思路构思时，首先要想到的是对讨论的话题或专题表明一下自己的总体观点，这是第一层要表达的意思。此范例的开头部分即是这样表达的；

❖ 讨论会上一些积极的、正面的言论，值得肯定和褒扬的，一定要说，有些存在的问题，中肯客观地提出来也是必要的，当然，有些比较敏感的建议或话题在表达时，要注意场合，以及表达的态度；

❖ 此范例整体构思，头、肚、尾，完整清晰，值得借鉴。

2. 欢迎会

欢迎会是工作和生活中经常遇到的礼仪场合之一，这类场合适宜脱稿讲话，因为脱稿讲话能调动气氛，拉近与现场人的感情距离。

假如您是某公司人力资源部负责人，需要在新员工入职的欢迎会上，对新员工说几句，您认为应该怎样构思？

友情提醒：此时，最好克制自己，先不参阅下面的范例，您打好腹稿后，再参阅范例，对自己的启发会更大。

参考范例：

各位新员工，大家上午好！

金风送爽，丹桂飘香。在这收获的季节，我代表鼎盛公司的全体员工对新同事的加入表示最热烈的欢迎！借此机会，我代表公司想对大家说三句心里话。

第一句，咱们公司致力于为大家搭建一个没有天花板的舞台。常言说，有付出才会有回报，有忠诚才会有信任。只要你有能力，只要你能为鼎盛公司的发展做出贡献，只要你为鼎盛公司付出了长期的忠诚，那么，鼎盛公司就一定会记住你，一定会给你所希望的薪水和荣誉。

第二句，咱们公司为有志之士打开一扇永不关闭的成功之门。希望大家进的来，留得住，共建我们鼎盛公司，向着“聚团队士气，创销售楷模”这一宏伟目标迈进！

第三句，咱们公司会为大家提供一个公平、公正的竞争环境。希望每一位同事都能尽快融入我们这个大家庭，成为鼎盛公司密不可分的一分子，同时也希望您在鼎盛公司的工作能够胜任、愉快和满意。

最后，祝愿大家从今天开始，脚踏实地，团结协作，奋勇进取，为我们共同的明天尽最大努力。

谢谢！

借鉴提示：

在欢迎会上，作为领导发言，简洁有条理为妙；角色意识要强，不忘站在公司的角度构思；表达三层意思即可，即：欢迎、希望、祝愿。您是这样构思的吗？

以上是某公司人力资源部负责人的发言，下面我们再假定一家医院，通过公开招聘，引进了一批医生和护士。在他们入职的欢迎会上，您作为医院领导该说些什么？构思一下，不要着急。

友情提醒：此时，最好克制自己，先不参阅下面的范例，您打好腹稿后，再参阅范例，对自己的启发最大，效果更好。

参考范例：

各位新老同事，大家好！

新同事的到来，给我们医院注入了新的血液！（掌声）掌声再一次证明，对于新同事的到来，我们是举双手赞成，热烈欢迎的！

大家都知道，从生理学上说，血液有O型、A型、B型和AB型之分。虽然我不知道在座的各位同事都是何种血型，不过，大家可以相信，从非生理学意义上说，作为社会组织中的一员，我们都是AB型，能接受任何“血型”；同时，我们又都是“O型”，能输给其他“血型”。在今后的日子里，我希望新老“血液”要交融好，融洽地相处好。据说，人体的心脏是世界上最卓越的“水泵”，每天泵出的血液达七八吨，新同事每时每刻泵出的“新鲜血液”与老同事原来的“血液”汇流在一起，无疑，我们的医院将从此更加充满生机！

长话短说，祝福大家在为病人看好病的同时，保护好自己的身体，家庭幸福，工作顺利！

借鉴提示：

❖ 以上的整体思路仍然是：欢迎——希望——祝愿；

❖ 值得借鉴的是，紧扣单位性质来提希望，让现场人感觉既有新意，又是说的内行话，让现场人感觉拉近了感情。实际是在说教，却又让人感觉不出是在说教，讲话的趣味尽在言语中；

❖ 写作中常有“神来之笔”一说，其实，脱稿讲话中也常会出现“神来之言”一说。比如，上面的范例中，第一段，发言者很好地抓住了意外出现的掌声，借“掌声”说“掌声再一次证明，对于新同事的到来，我们是举双手赞成，热烈欢迎的！”非常贴切，可谓难得的“神来之言”。

以上是欢迎会上作为领导讲话的范例，如果作为被欢迎者发言，又该如何构思，具体说些什么呢?

比如，假如您作为某方面的专业人才被某单位引进重用。在四月份的某一天，单位特为您举办了欢迎宴会，单位领导致欢迎词后，特邀您说几句，此时，您该怎样构思，又该说些什么呢?

友情提醒：此时，最好克制自己，先不参阅下面的范例，您打好腹稿后，再参阅范例，对自己的启发最大，效果更好。

参考范例：

尊敬的各位领导，在座的同事们，大家好！

常言说：“人间四月天，人间送温暖。”此时此刻，我不仅感受到的是四月天的温暖，听了刚才孙书记的一番赞美之词，更加感受到的是领导和同事们的温暖。我为今天能成为我们这个大家庭中的正式一员无比自豪！

借此机会，我想用桌上的三杯酒来提醒我自己：

先说这杯冰镇啤酒，喝下去那种清爽的感觉会让我时刻保持清醒的头脑，在今后的工作中让我充满理性，不骄不躁，认真履行好自己的职责；

再说这杯醇厚的白酒，喝下去那种浓烈的感觉会更加强烈地激起我今后的工作热情，永远铭记我们单位的使命感和创业这个永恒的主题；

最后说这杯晶莹剔透的葡萄酒，喝下去那种绵长的感觉引起我对我们眼下事业的憧憬和期盼，我坚信我们公司在孙书记的带领下，在大家的共同努力下，我们的事业会更加红火！

在此我提议，请在座的领导和同事们共同举杯，这酒里代表着我的感激之情；这酒里代表着我的期盼之意；这酒里更代表着我的信心和决心，祝福在座的大家身体健康，家庭幸福，工作顺利，为我们的共同事业干杯！

借鉴提示：

❖ 被欢迎者的讲话，同样以简短为妙；

❖ 这种场合构思不好，很容易说空话套话。避免的办法是，用眼、耳、身观察和感受现场，抓住某些具象表情达意，如范例中抓住的是“三种酒”。以酒为讲话的“红线”，贯穿上下。这样说起来言之有物，且有新意，让人耳目一新，不落俗套；

❖ 对照您的构思，看基本思路是不是：心情、表态、祝福这三层意思？

3. 欢送会

欢送会与欢迎会同属礼仪场合，通常情况下，领导、被送者要说几句，有时为表达惜别之情，作为同事也会被邀请说几句的。这时，作为三种不同的角色，在同一种场合，又该怎样构思呢？

假如您是某单位的老总，你们单位的一位副职要赴另一公司当正职。在他离职的欢送会上，您作为该部门的正职，该说些什么呢？

友情提醒：此时，最好克制自己，先不参阅下面的范例，您打好腹稿后，再参阅范例，对自己的启发最大，效果更好。

参考范例：

新春将至，我们欢聚一堂，怀着依依不舍的心情，为我们朝夕相处了12年的刘总举行欢送会，在此，我代表公司的全体同仁，向刘总致以崇高的敬意和衷心的感谢！感谢刘总多年来为我们公司的发展默默无闻，勤勤恳恳的付出！

刘总在我们公司工作了12个年头，这12年正是我们公司发展变化最大的12年，一切的一切，点点滴滴仍历历在目，过去的一切，就像发生在昨天，记得他刚来时，还是个风华正茂的小伙子，虚心好学，从基层做起，从一名普通的工作人员到项目主管；从科室主任到行政总监；一步一个脚印，成长到公司领导。在这个岗位上，刘总勤奋工作，诚恳待人，多少个节假日和晚上刘总还在办公室伏案工作；又有多少次让在学校等着的儿子饿着肚子，很晚才去接他回家。记得2012年元月，刘总的手臂粉碎性骨折动大手术住院的日子，也没好好休息。始终考虑的是公司的工作，病假没休完就匆匆上班了。为当年我们完成全年目标起到了很好的模范带头作用。

让我们欣慰的是，刘总的辛勤付出和出色表现与进步不仅得到了我们全体同事的肯定，更得到了上级主管部门的认可！如今刘总调离我们公司，荣升兴建公司的一把手，我们由衷地为他高兴，衷心地祝贺他，更衷心地祝福他。说实话，刘总的调离对我本人来说既高兴又难舍！高兴的是他走上新的领导岗位，又进步了，难舍的是，刘总毕竟和我们朝夕相处，同甘共苦了这么多年，他是我们的好同事，好朋友，好兄弟！

在这里我代表公司的全体同仁衷心祝刘总在新的工作岗位上，越来越辉煌！也真心祝愿刘总身体健康，家庭和谐，出入平安！更希望刘总别忘了我们曾一起奋斗过的战友们，常回家看看！

谢谢。

借鉴提示：

❖ 以上欢送会上领导的发言，适合两种情况下参考：一是朝夕相处的同事；二是比较大的正式场合；

❖ 其基本思路是：点题感谢——举例回忆——不舍心情——表达祝福；

❖ 这类发言的重点是“举例回忆”部分，要有事实，要有细节。一旦说好了，让当事人感动，在场人信服。

给朝夕相处的同事致欢送词的基本思路我们知道了，身在国家机关，有时对不太了解的下属又该如何致欢送词呢?

比如，经过某机关单位的培养，在上级组织部门的安排下，两名同志即将以新干部的身份赴任。在新干部赴任欢送会上，您是该单位的党总支书记，需要代表组织说几句。

友情提醒：此时，最好克制自己，先不参阅下面的范例，您打好腹稿后，再参阅范例，对自己的启发最大，效果更好。

参考范例：

同志们，大家好!

我们这个集体中优秀的张仕元和白颖二位同志，即将离开这块他们播下优良种子，洒下辛勤汗水的老单位，带着党交给他们的新任务启程去新的单位继续去拼搏开拓，此时此刻，作为他们的老领导、老同事，我不仅要为他们送上真诚地祝福，还要送给二位同志“三盆水”!

第一盆水——用来好好洗洗头，在当今发展社会主义市场经济的大潮中，每个干部要保持清醒的头脑，知人善任，戒骄戒躁，只有头脑清醒，才能在纷繁的世界中明辨是非，开拓进取建奇功。

第二盆水，用来好好洗洗手。手净才能气正。为官要廉洁勤政，两袖清风。常常洗洗手，才能在名利面前不动心，对不义之财不伸手。

第三盆水，用来好好洗洗脚。脚净才能腿勤。身为干部，要多往群众中跑，多往基层跑，办法是从群众中学来的，功业也是群众创造的，共产党的事业脱离了群众将一事无成。

最后，让我们再一次真诚的祝福、祝愿张仕元和白颖二位同志在新的岗位上再创辉煌!

谢谢!

借鉴提示：

❖ 以上的范例适合应用在国家机关或事业单位的党员干部中，且对送行的同事不太了解的情况下；

❖ 此种情况下，重点说希望，说希望时又要紧扣工作的性质和特点，比如上面的范例紧扣廉洁、勤政和亲民；

❖ 说希望时容易说空话套话，避免的有效方法之一是用比喻，如上面用的“三盆水”就很巧妙。

以上是作为单位领导在欢送会上的脱稿讲话参考思路和方法，那么，作为被送者当事人来说，如果让说几句，又该如何构思呢?

比如，您在某一单位工作了五年，即将调离本岗位奔赴新的单位，单位特为您组织了欢送会，领导发言完后，特意邀您也说几句，该怎样构思？又该如何说?

友情提醒：此时，最好克制自己，先不参阅下面的范例，您最好先打好腹稿，再参阅范例，对自己的启发会更大，效果会更好。

参考范例：

尊敬的领导和亲爱的同事们，大家晚上好!

昨天中午听说要专为我举办一次欢送会，心情就一直非常激动，昨夜一宿没睡，专等今晚聚会。刚才听了王局长热情洋溢的致辞，我感到既高兴又惭愧：高兴的是，临别特为我举办这么隆重的欢送会；惭愧的是，在过去的工作中我不像局长说的那么好。此时更加重了我的依依不舍。

海明威有一句诗：“假如你有幸在巴黎度过青年时代，那么无论走到哪里，巴黎都会在你心中，因为巴黎是一个流动的圣节。”而在我看来，如果在咱们局工作过，咱们局在我们心中就永远是一个流动的圣节，在这里工作过的人都会为之感动!

然而，她不只是一个流动的圣节，不只是一场嘉年华，也不只是一次欢乐的Party，她还是一个同事之间相互帮助，和睦友爱的大家庭! 2007 年 3 月 7 日，我第一次来咱们局报到时的情景依然历历在目。我见到了一张张陌生而又亲切的笑脸，知道自己的人生将在此转折，六年前自己稚嫩的样子在照片上还留有清晰的纪念。正是在这五年零一个月朝夕相处的日子里，在座领导和同事用你们宽广的胸怀和无私的爱包容了幼稚、懵懂、莽撞和无知的我，让我慢慢走向成熟！教我勇敢地面对人生。荀子曾说："蓬生麻中，不扶自直。"我觉得自己是一个站在巨人丛中的幸运儿！

此时，我的心中除了感激，还有憧憬。在新的工作岗位上，我绝不辜负领导和同事们多年对我的培养，将我们单位的优良工作作风带到新的工作岗位上，继续发扬光大，坚持党性原则，坚持要做事先做人的行为准则，不负众望，再创辉煌！祝福在场的所有亲人们好人一生平安！

谢谢！

借鉴提示：

❖ 作为被欢送者，在欢送会上的发言思路基本是：先谈离别心情——再表感谢之意——最后对未来表态和祝福；

❖ 此类发言，表达"感谢之意"部分是重点。范例中引用了海明威的一句诗，用文学语言回顾了领导同事们对自己的关爱和帮助。这是一种风格。另外，还可以用口语化的语言说说当年与领导和同事们曾经的一些具体事，这样会更能感动人，这需要在赴会之前稍作准备。

以上是被欢送者在欢送会上的参考范例，在这类场合中，除了领导和被欢送者发言外，有时还会有共事过的同事代表发言，假如您的一位同办公室的同事要调离，您作为一名普通同事在欢送会上该如何发言？想想看！

友情提醒：此时，最好克制自己，先不参阅下面的范例，您打好腹稿后，再参阅范例，对自己的启发会更大，效果会更好。

参考范例：

各位领导、各位同事，借此机会我也怀着依依惜别的心情来说几句。李处长来我局挂职两个月，我有幸与她同居一室，哈哈，白天。在同室办公的日子里，让我感受特别深的有三件事：

先说第一件，本来我以为自己是个挺爱整洁的人，一个星期要整理一下办公室，但李处每天又是抹桌子，又是拖地，把办公室弄得一尘不染，让我这个东道主，又是个大老爷们很不好意思。

再说第二件，本来我是个挺不自信的人，自从李处来后，不仅天天当我的面表扬我，有时还在他人面前暗地里表扬我，23 年前自从学校毕业后就很少听到过表扬，如此密集、重磅的表扬，严重摧毁了我的不自信，让我重新找回了曾经失去的自己。

最后一件是，自从李处来挂职，这一年来，早来晚走，从没因自己的事请过假，工作务实认真。有时我家里有事，本来想请假，连累得我也没好意思请一次。

当然还有好多件类似的事，因时间关系我就不再啰唆了。这样的好同志一旦离开，是我们工作的一大损失，更是我个人情感上的一次重大伤害！在此，我祝福好人一生平安，步步高升！

借鉴提示：

❖ 以上的范例随意中流露着睿智。他很好地运用了一些讲话技巧。比如：先抑后扬法，具体到范例中，就是“贬低”自己以抬高他人；还有用正话反说的措辞技巧，进一步增添了幽默感。用这样的调侃风格致送别词，能把离别的伤感冲淡，换来轻松和快乐。当然，这种讲话风格只适合被送走者本人和平级的同事；

❖ 作为欢送会上同事的发言，参考思路为：先谈离别之情——再念叨被送者的好处——最后说祝福；

❖ 三段式中，两头轻，中间重。说同事的好处越具体越好，切忌笼统。

如果您要离职，单位给您举行欢送会，不过是小范围的，不那么正式，比较随意，请参考范例：

尊敬的各位领导，朝夕相处的同事们，大家好！

今上午接到王局的电话，我就明白了，分别的那一时刻已经来临，没开欢送会时，我还自欺欺人地认为自己还是研究院的人，仿佛与咱们研究院还有那么多那么多的无法割舍的牵连，而开了欢送会，也就意味着，从此我就不再是研究院的人了，我是真正地“被”欢送出去了。

四年的时光匆匆流逝，仿佛还是昨天，我们一起搞科研，一起开展各种活动，任何集体活动都是精诚团结，任何一次对外的比赛，我们都努力争第一，总让其他部门“胆战心惊”。在我们这个集体里，我度过了青春最美丽的年华，在这里，我得到了一生中最有益的锻炼，在这里，我结交了一生中最重要的良师益友。在以后的人生中，我会始终以能有这样的一段经历而感到自豪！

相聚不知珍惜，离别才感情重。不坐到欢送席上，没有成为被欢送者，是很难体会到此种心情，体会到此时的眷恋。还好，我即将要去的单位离我们不远，我会常回家来看看，我会永远祝福咱们院，祝福在座的每一位。让我们的友谊地久天长！

谢谢大家！

再比如，某医院医师，荣升上级医院科室主任，大家为他举办欢送会，作如下发言：

记得五年前，踏着皑皑的雪花，我进了暖融融的这里，而今即将伴着和煦的春风踏上新的工作岗位，此时此刻，我的心情很是复杂。追忆往事，我思绪绵绵，有太多的感慨和留恋。眼前有我朝夕相处的同事，有给予我关怀和帮助的领导，借此机会，请接受我这真诚的一躬，谢谢你们！

“人非草木，孰能无情”。如今将要离去，真可谓“别有一番滋味在心头”！但是我想，无论走到哪里，今后，咱们医院都将是我魂牵梦绕的地方，我都会带着大家的厚爱，努力工作，尽职尽责，不辜负大家对我的期望。我会时常回家看看。

再次谢谢大家！

以上是离职或调离时，欢送会上相关角色的脱稿讲话范例。如果参加就职仪式的场合，又该如何构思呢？

4．就职仪式

人在官场，如果您遇到晋升的职位比较高，在履职时通常会有个就职仪式，就职场合中被提拔者通常要进行就职演说，这类场合适宜脱稿讲话。一定要充分准备，并且要讲好。因为新单位的人不太了解您，通常会通过您的讲话“先入为主”。认知心理学学派认为，人的认知规律是由表及里，由点到面。“首因效应”，“晕轮效应”说的就是这样的道理。

比如，某部队指导员即将到某连队走马上任，开始自己新的军旅生活，假如您就是这位指导员，想想该如何构思？

友情提醒：此时，最好克制自己，先不要参阅下面的范例，您最好先想一想，构思一下，打好腹稿后，再对照范例，会对您的启发更大，效果也会更好。

参考范例：

各位战友，我一到这里就收到了大家这么多的礼物，而且，现在还在源源不断地送过来。你也许会纳闷：我没送你什么呢？的确你没送我有形的礼物，我收的“礼品”是你的目光！

目光？是的。我发现，大家向我投来了各种各样的目光：有信任的，有期待的，有友善的，也有温和的……我统统都收下了。谢谢大家！

诚然，来到我们连队，我深感责任重大，要解决大家一直牵挂的那些难题，实非易事。不过从大家信任、期待、友善的目光里，我看到了希望之所在，当然，也意识到压力之所在、责任之所在。不管压力有多大，困难有多难，我很自信，相信自己，相信战友，相信大家的力量和智慧，相信压力终会变成动力。我将认真履行自己的职责，保质保量完成训练任务，为保持我们连队的“钢铁连队”称号尽自己的最大努力！

借鉴提示：

❖ 这是一个小场合的就职演说，因此说得比较随意，其措辞构思轻松诙谐，小场合的就职演说可以借鉴；

❖ 思路是巧妙的，用“目光”比作礼物，在对大家肯定的同时，达到与大家拉近情感距离的目的；最巧妙的是用“目光”作为“红线”贯串上下，一次好的脱稿讲话，最好能找到一根“红线”。善用“红线”组织语言，一是能保证您的语言流畅，二是给听众的印象深，效果好；

❖ 最后是对今后工作的表态，作为战士的讲话，结尾简短有力为妙。

以上是部队的范例，下面再列举一个公司的范例。假如您新当选为某公司的董事局主席，需要就职演说，并且是脱稿讲话，您将怎样构思？

友情提醒：此时，最好克制自己，先不要参阅下面的范例，您最好先想一想，构思一下，打好腹稿后，再对照范例，会对您的启发更大，效果也会更好。

参考范例：

各位同仁，大家好！

今天，我当选为证达集团的董事局主席，这是全体股东和全体员工对我的信任和重托。在此，我表示真诚的感谢！

作为一名拥有12000名员工的领导者，我深感自己身上的责任与分量，更深感自身能力的有限和不足，我唯有兢兢业业，鞠躬尽瘁，不遗余力地做好各项工作，才能更好地回报广大的股民和全体同仁对我的信任和厚望。

董事局主席的任期是有限的，但责任是无限的，我决心从今天开始，用四句话来引导我今后的工作：一是以国家和股民利益为首任，把国家和股民利益作为一切工作的出发点和立足点。二是以经济效益为中心，千方百计地做好企业的经营管理工作。三是以严于律己为要求，建设一个高效、创新、务实、清廉的好班子。

当前，我们集团正面临一个加快发展的大好机遇，我相信有董事会的坚强领导，有广大股民和全体同仁的支持、配合和监督，有历届董事会打下的良好基础，我们有能力再创辉煌，有能力完成我们的中长期发展目标！

请广大股民和全体同仁监督我的工作！

谢谢大家！

借鉴提示：

❖ 此范例的语言组织思路为：感谢——责任——表态；

❖ 讲话内容紧紧围绕公司的现状，站在国家的高度责任感上，同时也站在股民的切身利益上，内容表达得准确到位，这叫角色意识强；

❖ 通篇讲话不是很长，简洁中又能表达全面，句句说在点子上，有时候，一次脱稿讲话讲得好与不好，不在长短。比如，林肯在葛底斯堡的演讲是南北内战中为纪念在葛底斯堡战役中阵亡战士所做的一篇演讲。是林肯最出名的演讲，也是美国文学中最漂亮、最富有诗意的文章之一，用时不到 2 分钟。

以上是位公司正职的就职脱稿讲话，下面再来参考一位事业单位的副职的就职讲话。假如您就是某公司即将上任的一位副总，结合本公司的实际情况，大概从哪几方面说起呢？

友情提醒：此时，最好克制自己，先不要参阅下面的范例，您最好先想一想，构思一下，打好腹稿后，再对照范例，会对您的启发更大，效果也会更好。

参考范例：

尊敬的省公司领导、尊敬的总经理、市局各位领导、同志们：

首先，是真诚感谢。感谢省公司领导对我长期以来的关心和关注。感谢市局领导班子对我长期以来的信任和培养。感谢在座的各位同事、朋友长期以来对我工作的帮助和支持。

在这里，我最想说的就是，今天的进步和成绩的取得，与各位领导、各位同事、各位朋友的理解、支持是密不可分的。

其次，是自我要求。新的岗位、新的职务是一个新的起点，但更是一个新的考验，在我的面前仍是挑战与机遇并存的，在这里我对自己提几点要求：

1. 始终坚持在省公司的正确领导下，积极主动地开展工作。

2. 始终紧紧团结在以局长为核心的班子周围，顾全大局，服务全局，团结拼搏，同舟共济，珍惜来之不易的大好局面，与大家一起把事情做得更好。

3. 始终牢记“职务就是责任，责任重于泰山”。多一次岗位、职务的变动，就意味着责任的重大。对我来讲，最重要的就是责任，就是全心全意把自己分管的工作做好。一定要对得起省公司党组的信任，对得起市局班子的支持，对得起广大干部职工的关心。

4. 始终保持谦虚谨慎，求真务实的工作作风。有什么样的作风，就会有什么样的精神面貌和效果，我要继承和吸收咱们公司多年来的优良传统和好作法，并注重创新，进一步探索更新的思路和方法。

最后，表个态，我将在省公司的正确领导下，在以局长为班长的班子的领导下，与班子成员一道，与广大干部职工一道，迎接挑战，战胜困难，抢抓机遇，顽强拼搏，取得胜利，以优异的工作实绩回报省公司党组的信任，各级领导和同志们的关心爱护。

谢谢。

借鉴提示：

❖ 这个范例可借鉴的地方是通篇的口语化，如：“首先，是真诚感谢……其次，是自我要求……最后，表个态……”非常口语化地把三层意思表达了出来；

❖ 讲话中的“挑战与机遇并存”；“职务就是责任，责任重于泰山”等语言的运用，让人感觉态度表达到位；

❖ 工作表态中到位而不越位，是我们在构思副职就职讲话时要注意的。

5. 开闭幕式

此类场合通常是指单位组织的文体活动及各种主题活动。在这类活动中主管领导一般都要在开始或结束的仪式上讲话，一般大型活动需要读稿致辞，以示庄重。一般相对小一点的活动，脱稿讲话为好，显得亲切自然，有水平。

假如您是某银行支行的一位副行长，支行要召开一年一度的田径运动会，需要您在开幕仪式上致开幕词，具体操办的同志告诉您，因为都是本单位职工，开幕式安排的也很简短，届时需要脱稿说几句就可以了，想想看，您将从哪几方面构思？

友情提醒：此时，最好克制自己，先不参阅下面的范例，您最好先打好腹稿，再参阅范例，对自己的启发会更大，效果会更好。

参考范例：

今天，阳光明媚，春暖花开。由工会组织的第12届员工运动会顺利召开了，在此，我代表支行领导对本届运动会的顺利召开表示热烈的祝贺！向为筹备本次运动会而付出辛勤劳动的同事们表示衷心的感谢！

一年一度的田径运动会是我们支行的体育盛事，也是全行员工展示风采，促进交流的舞台，更是对全行员工道德品质，思想作风，精神面貌和行纪行风的一次大展示！

参加本次运动会的运动员共有210人，裁判员和工作人员86人，比赛项目共22项。

希望所有的运动员要积极参与，奋力拼搏，公平竞争，严格遵守运动秩序，严格服从裁判，在努力争取优秀运动成绩的同时，讲文明，讲风格，讲团结，用大家无限的青春活力展示我们支行员工的新形象；希望所有的裁判员要认真负责，秉公执法，公正裁判，用你们的责任和汗水推动我们支行全民健身运动的健康发展；希望各个岗位的工作人员，坚守岗位，热情服务，切实保证运动员的安全，保证运动会的顺利进行！

最后，预祝本次运动会取得圆满成功！力争体育运动成绩和精神文明双丰收！

谢谢。

借鉴提示：

❖ 此类发言的基本思路是：点题祝贺感谢——阐述基本意义——介绍基本情

况——分别提出希望——最后预祝成功；

❖ 此类场合从谈天气引出话题比较自然。可是，好天气容易说，坏天气怎么说呢？比如，遇阴天。可参考这么说："今天，虽然阴云笼罩，但它罩不住我们健身强体的热情……"，再比如，遇天气阴冷有风。可参考这样说："今天，有风又阴冷，老天好像有点不太照顾我们，实际上，这是天赐良机。为什么这样说？这正是锻炼我们吃苦耐劳，克服困难，磨炼意志的大好时机……"

❖ 分别提出希望是指，分别对运动员、裁判员、工作人员，结合其任务性质提出希望和要求。此部分是开幕词的发言重点。

以上是某银行支行员工运动会的开幕词参考范例，又比如，假如您是某市烹饪协会的副会长，参加本协会组织的某某杯厨艺大赛，在开幕式上邀您说几句，请参考以上的范例构思一下您的脱稿讲话思路。

友情提醒：此时，最好克制自己，先不参阅下面的范例，您最好先打好腹稿，再参阅范例，对自己的启发会更大，效果会更好。

参考范例：

尊敬的各位领导，各位来宾，各位参赛选手，大家上午好！

今天我们在这里隆重举行第二届美食汇杯厨艺大赛，作为主办方，我们首先对各位领导和嘉宾的莅临表示诚挚的谢意！同时也对各位参赛选手致以最热烈的欢迎！

本次大赛是我市饮食服务行业传承祖国饮食文化的又一次盛会，也是推动本市饮食服务行业厨艺交流与进步的一个舞台，更是本市厨艺高手精湛烹饪技术，渊博饮食文化，良好服务风范的大展示。

参加本次大赛的选手共有217名，七名专业评委和两名特邀评委。本次比赛将历时一周的时间，本周末举行总决赛和颁奖典礼。

希望参赛选手们释放出你们的热情，做好充分的准备，展示出你们精湛的厨艺。也希望评委们，公正品评，严格要求，给予多多指导，留下宝贵的意见。希望负责本次大赛的工作人员坚守岗位，热情服务，一切方便参赛选手，一切保证大赛的顺利进行！

最后，预祝本次大赛取得圆满成功！相信我们的选手一定会创造出比去年更好看，更精致，更可口的菜肴！

借鉴提示：

❖ 开头语不一定都要从天气谈起。以上案例的开头简洁明了，也蛮好。

❖ 本案例的“点题祝贺感谢”换成了“点题谢意欢迎”。实际是一回事，一切要结合具体活动和角色来灵活调整。

❖ 本案例思路上是上一案例的克隆，相信您也能结合自己的身份和参加的活动，学会借鉴，举一反三。

以上是开幕词参考案例。闭幕式上的闭幕词又该如何构思呢？

比如，某机关举办为期三个月的读书节活动，在活动即将结束的闭幕式上，假如您是这个机关的负责人，如何脱稿为大家讲几句呢？

友情提醒：此时，最好克制自己，先不要参阅下面的范例，您最好先想一想，构思一下，打好腹稿后，再对照范例，会对您的启发更大，效果也会更好。

参考范例：

大家上午好！

今天是我们喜庆丰收的日子，我们为期三个月的读书活动节闭幕了，在此，我代表机关党委对本次活动的圆满成功表示祝贺！

常言说：“春种一粒粟，秋收万颗子。”在本次读书节活动期间，据不完全统计，每人平均阅读4本书，各部门共收读书笔记1387篇。共有132篇获奖，举办读书讨论会6次，平均每半月一次，老干部、名作家讲座4次，主题演讲比赛一次，评出一二三等奖6名。这些丰富多样的读书活动，不仅丰富了机关干部群众的业余文化生活，通过“爱读书，读好书”，提升了机关干部群众的整体素质，陶冶了我们大家的情操，增强了大家爱党爱国爱人民的民族主义情感，端正了机关工作作风。这些都是我们实实在在的收获！

虽然说首次读书节活动即将落下帷幕，但是读书不能停止，我们会将读书节继续办下去，还会有第二届，第三届，我相信“爱读书，读好书”这颗种子一定会在同志们的心田里生根、发芽，在不久的将来，定会开花结果，获得喜人的丰收！

同志们，与经典同行，为生命阅读。让朗朗的读书声伴随我们的工作和生活，成为我们机关各单位的一道美丽风景线，让我们在这美景中实践我们的科学发展观。让我们在这美景中享受我们的人生乐趣！让我们在这美景中憧憬我们的美好未来！

借鉴提示：

❖ 闭幕式上的发言思路为：点题祝贺——简要总结——要求表态——希望祝福；

❖ 整体思路中，第一部分“点题祝贺”中，根据实际情况，必要时还要表达感谢之意；另“简要总结”和“要求表态”两部分为讲话重点，内容要充实具体；

❖ 闭幕词中，通常带有号召、激励的意思。达成此效果，简便的方法有两个：一是讲话中在段落的结尾处用升调（案例中结尾用！的，易读成升调）；二是在最后一部分“希望祝福”中尽可能用一些排比句，可参考案例中最后一段。

6. 颁奖仪式

一次，哥伦比亚广播公司董事长杰科斯基去洛杉矶参加基督教和犹太人全国会议的颁奖仪式，在飞机上，他一直在准备获奖后的发言讲稿。第二天，娱乐大师唐尼·凯亚向杰科斯基颁奖。当杰科斯基拿着讲稿走向前台时，凯亚对他说：“不要念，把你此时的感受告诉大家就可以了”。说罢他就抢走了演讲稿。僵持了一会儿后，杰科斯基开口了，讲出了他的内心真实感受，结果非常成功。

再来听听我们学员的一次亲身经历：

有一次，我参加某一健身中心组织的“VIP会员大联欢”。现场举办抽奖活动，幸运的是唯一一个特等奖，价值5200元的笔记本电脑落在了我的头上。当时主持人让我说几句获奖感言，我说“没想到”，主持人还让我说，我又说“太幸运了”，说完了，主持人不让我下去，还让我说，最后我说，实在不知道要说什么了。他才放我回到座位上。现在想想，当时自己实在没思路，不知应该要说些什么，给人的感觉咱不明事理……

相似的经历，不一样的结果。人在职场，应该有所准备。此类场合中，通常需要两种角色说脱稿讲话。一是被邀请来的颁奖领导；二是获奖者。如果事先知道，有准备并不难，难的是事先不知道；比如，像杨女士一样参加一些娱乐类活动抽奖，有幸您是中奖者，意外获奖后让您说几句，一时就会脑子发懵，还有的词汇不丰富，从头到尾“一谢到底”，更有甚者丢三落四……，在这一类场合发言，作为颁奖领导或者获奖者，在有准备的情况下怎么构思？或在没有准备的情况下，又有什么规律性的思路可循？

假如您是某公司的高管，你们公司举办了一次职业技能竞赛。颁奖仪式上邀您说几句。想想怎么说？

友情提醒：此时，最好克制自己，先不要参阅下面的范例，您最好先想一想，构思一下，打好腹稿后，再对照范例，会对您的启发更大，效果也会更好。

参考范例：

同志们好！

我们公司首届职业技能竞赛历时两周，已圆满完成各项赛事，即将落下帷幕。在此，我代表公司党组和工会向取得优异成绩的选手和代表队表示祝贺！向为这次竞赛付出的全体工作人员表示衷心的感谢！

这次竞赛非常成功，非常圆满，赛出了风格，赛出了水平，达到了预期目的。概括起来讲有五个特点：一是组织工作深入，参赛选手广泛；二是参赛目的明确，积极性空前高涨；三是准备工作充分，组织实施严密；四是竞赛的示范作用强，效果好；五是竞赛体现了公平公正公开的原则。

同志们，人才支撑发展，发展孕育人才。培养职业技能人才，功在当前，利在长远。希望各部门各单位分工合作，各司其职，合力推进我公司职业技能工作，同时也希望这次获奖的技能人才增强责任感和使命感，……立足平凡岗位，为我公司新一轮大发展大跨越贡献自己的力量！

最后，再次对获奖者表示热烈的祝贺！

借鉴提示：

❖ 作为颁奖领导的发言思路为三段式：祝贺、感谢——肯定、意义——提出希望；

❖ 三段式中，“肯定、意义”和“提出希望”两部分为重点；

❖ 收尾，最好能呼应开头，如：最后，再次对获奖者表示热烈的祝贺！增强现场感。

以上是作为颁奖领导脱稿讲话的基本思路，作为获奖者的获奖感言，一般常见有三种表达法：一是真情实感法；二是个性诙谐法；三是关键词提醒法。

先说“真情实感法”，请参考已故相声大师马季先生在中国曲协举办的终身成就奖颁奖晚会上的获奖感言。

参考范例：

各位领导，各位嘉宾：

大家好！

人活七十古来稀，我没想到我七十之后我还有这样的机会，能在这里接受大家的祝贺，接受对我的鼓励。我要感谢国家，感谢曲协给我的荣誉。

其实说老实话，我除了在年龄上具备这次评比条件之外，其他条件相去甚远。我比起前辈差得很多，大家都知道相声有近二百年的历史，有近十代人，我是第七代。我前边六代前辈过着清贫的生活，他们没有接受过大奖，没有接受过这种鼓励，他们没有鲜花簇拥着，没有掌声鼓励着，但他们情愿把一生的精力都投入到地头上、茶馆里和小剧场上，因此没有他们，就没有相声的今天。

我愿意在这里表示，愿把我有限的生命和我们的同仁们，携起手来，为相声的尊严，为相声曾经有过的辉煌，为相声的美好的明天站好最后一班岗。吃了一辈子相声饭，享受了一辈子相声之乐。因为我愿用一颗纯洁的相声之心来维护相声之业。不管外界任何刺激，我永远做一个相声人。

借鉴提示：

❖ 用具体数字来表达真情实感。比如：大家都知道相声有近二百年的历史，有近十代人，我是第七代。我前边六代前辈过着清贫的生活，他们没有接受过大奖，没有接受过这种鼓励，他们没有鲜花簇拥着，没有掌声鼓励着，但他们情愿把一生的精力都投入到地头上、茶馆里和小剧场上，因此没有他们，就没有相声的今天；

❖ 结合自身实际表达真实情感。比如：人活七十古来稀，我没想到我七十之后还有这样的机会，能在这里接受大家的祝贺，接受对我的鼓励。……其实说老实话，我除了在年龄上具备这次评比条件之外，其他条件相去甚远。我比起前辈差得很多；

❖ 用严谨的思路表达真情实感。比如，感谢国家、曲协——感谢前辈——诚恳表态。感谢国家和曲协，体现的是识大局；感谢前辈，表达的是懂感恩，获奖后表态，显示的是明事理。

可能马季先生的获奖感言，让我们参考起来可能有些距离感，不要犯难，下面是某公司举办年度优秀基层管理干部评比活动，某获奖者作为获奖代表发言。望进一步体会真情实感的表达思路。

参考范例：

尊敬的各位来宾，领导、同事们，大家晚上好！

很高兴能够拿到这个基层优秀管理者奖杯，也很荣幸能够在今天这样一个场合代表获奖者说几句心里话。

这是我进入公司参加的第三个新年会。记得第一年，我坐在台下曾和同事们戏言“什么时候我也可以站在这个台上呢”；第二年，我站在了台上，不过是作为礼仪小姐为获奖者引路的，当然也很高兴能分享到获奖者的快乐。今年，我终于站在了台上，所以得到这份奖不仅仅是一份沉甸甸的荣誉，更是代表了公司对我，以及对我所在的团队在过去一年里工作成绩的认可。

首先，我想道一声感谢，感谢公司为我提供展示自我能力的平台，让我从青涩的大学生成长为一名基层管理者，在不断挖掘自身潜能中体现自身的价值。也要感谢在工作中给予我无比信任和支持的所有领导！感谢一年里和我同舟共济，荣辱与共的工作伙伴！其次，还要感谢我们的客户对我们的支持、鼓励和鞭策！压力和困难磨炼的是坚强的意志，集体的温暖和融洽，成就的是完美的信念。我想说，我们公司这个大舞台让我充满激情！

过去一年，金融危机的压力让我们如履薄冰，但也为我们提供了养精蓄锐的机会。新的一年，我们将蓄势待发，我将戒骄戒躁，努力拼搏。相信在集团领导的正确领导下，我们一定能做得更好，更完美！

最后，请允许我送上一份祝福，祝福我们集团，我们的公司基业长青，蒸蒸日上；祝福领导和同事们家庭幸福，工作顺利！谢谢！

再说“个性诙谐法”，比如哑剧表演大师王景愚先生，有一年在春节联欢晚会上，因演哑剧《吃鸡》而获小品类一等奖。在元宵节颁奖晚会的领奖台上，主持人让他说获奖感言，他接过奖杯后只是向观众鞠了一躬，任何话都没说。主持人看他没说话，提醒他说几句获奖感言，此时他又向前鞠了一躬。主持人问他为什么不说话。这时他说道：“我的获奖是因我一句话都没说而得，此时如果我说话了，怕你们把奖杯收回了。”引来现场一片笑声。再比如电影明星李雪健，当年因出演《焦裕禄》获得金鸡奖。手握奖杯他只说了两句话：“苦和累都让一个好人——焦裕禄——受了；名和利都让我这个傻小子——李雪健——得了。”还有已故电影明星傅彪，2000 年因演《甲方乙方》而获最佳配角奖。在领奖台上，他这样说：“今年中国有四件大事，大家知道么？第一件，是我们加入 WTO 了；第二件，是我们申办奥运成功了；第三件是我们的足球冲出亚洲了；第四件，是我傅彪得奖了。”

个性诙谐法，适合用在比较轻松的场合，抓住自身的特点，结合现场情况，捕捉到一时的灵感，就会说出意想不到的妙语。

最后再谈谈“关键词提示法”。此种方法适用于突如其来的场合，在没准备的情况下，临时让自己说几句时最管用。比如，您只记住三个词就可以了。这就是“感谢、自豪、行动”。无论什么场合，就说这三层意思，只是在内容上稍作调整就可以了。比如，某银行支行举办员工职业综合技能大赛，经过刻苦努力，一名新员工获得了季军，初次参赛能拿前三名，是他想不到的；更让他没想到的是，领奖台上还让他即兴说几句。就因为他事先掌握了这种关键词提醒法，于是，他就很从容地说出了下面的获奖感言。

参考范例：

尊敬的各位领导，各位来宾，同事们，大家好！

作为一名刚刚工作不久的新员工，有资格参加此次比赛，已经是幸运；想不到还能获奖，更是幸运中的幸运！很高兴，我也非常激动。此时此刻，我想用三个词来表达我的心情：

第一个词是感谢。我要感谢支行给我们搭建了这次平台，感谢单位领导和同事们对我的信任、支持和鼓励，我由衷的感谢你们！

第二个词是自豪。人们常说，一粒种子只有深深地植根于沃土，才能生机无限；而一名员工，只有置身于团结友爱的氛围，才能快速成长！我非常自豪在人生的韶华之年，来到我们支行这片沃土。在领导的信任和同事们的帮助下，小小的我才得以成长，我人生的画布上才涂下了这抹最绚丽的色彩。

第三个词是行动。为了感谢领导和同事们的信任，为了回报支行对我的培养，我将把这份感谢和感恩化作行动，将自己的精力和知识奉献给我们支行，勤奋敬业，激情逐梦。我知道，自己还有许多的不足之处，我要不断地自我完善，争取为我们支行的创优活动贡献自己的最大力量。

最后，再次谢谢评委，谢谢我的领导和今天现场的所有嘉宾！

7. 入党仪式

入党仪式上作为领导必然要讲话，新党员要表态；有时老党员代表也要发言，

假如您是某单位的党组书记，在新党员入党仪式上，需要发表讲话，最好脱稿表达党组织对新党员的欢迎和期许。那么，应该从哪几方面说呢？

友情提醒：此时，最好克制自己，先不要参阅下面的范例，您最好先想一想，构思一下，打好腹稿后，再对照范例，会对您的启发更大，效果也会更好。

参考范例：

今天，我们在这里隆重聚会，共同见证又一批先进同事光荣地加入了中国共产党。在此，我提议，让我们以热烈的掌声对他们的成长表示衷心的祝贺！

新党员们，今天是你们一生中难忘的时刻，因为从今天起，你们就是中国共产党党员了，这是多么令人激动和奋进的事啊！首先，我代表党总支部，行政班子，向你们表示热烈的祝贺和诚挚的欢迎！你们的加入为党组织注入了新鲜的血液，注入了新生的力量，使我们单位的党组织能因你们的加入而变得更加强大，更加充满朝气，更加富有凝聚力和战斗力！

同事们，今天你们就成为一名光荣的共产党员了，在这具有特殊意义的时刻，我代表党组织向你们提几点要求：一要树立远大理想，确立正确的世界观，人生观，价值观；二要珍惜机遇，发奋学习，积极进取；三是不仅要在组织上、思想上，更应该在行动上加入党组织，做同事们的好榜样。

今天，你们光荣地跨入了中国共产党党组织的大门，你们就充当了先锋，你们就选择了责任，责任重于泰山！你们是大家的楷模，党旗下的宣誓绝不能只挂在嘴上，而应该把它作为提升自己思想，规范自己行为的座右铭，真正做一名为共产主义奋斗终生的先锋战士，做一个有益于社会的好公民。

谢谢大家！

借鉴提示：

❖ 基本参考思路为：祝贺——意义——要求——希望；

❖ 其中“要求”和“希望”两部分为讲话的重点，这是角色的要求。其具体内容可根据自己的实际情况多说或少说；

❖ 作为领导，这种场合的讲话还是简短为妙。

假如您是一位新党员代表，需要您在入党仪式上代表新党员表一下态，这类场合讲话，最好脱稿，以表达自己最真挚的感情和对党的忠诚。想想应该说些什么？

友情提醒：此时，最好克制自己，先不要参阅下面的范例，您最好先想一想，构思一下，打好腹稿后，再对照范例，会对您的启发更大，效果也会更好。

参考范例：

各位领导、各位同志们：

大家好！

今天，我和各位新党员一起庄严举起我的右手，面对鲜艳的党旗宣誓的时候，我更加地感到万分的光荣。在党组织和同志们的帮助下，我成为了党这个大家庭中的一员，并能代表所有新党员站在这里发言，更感到无比的荣幸！在此，我代表新党员感谢组织多年来对我们的关怀和培养，感谢领导和同志们对我们的帮助和支持！

记得一位伟人说过：“人是要有一点精神的。”人生在世，总要有一种信仰支撑我们的内心大厦，正如必须有物质铸就我们的身体一样。如果没有食物，我们会感到饥饿；而如果信仰的柱石缺失或是被腐蚀，那最后精神大厦必将轰然坍塌。

九十年前，在中华民族危机和社会危机空前深重的时刻，中国共产党成立了，从此，担负起争取民族独立和人民解放，实现振兴中华的伟大使命，走过了九十年的辉煌历程。在中国共产党的领导下，中华民族以坚强的信念、钢铁般的意志推翻了压在中国人民头上的三座大山，完成了新民主主义的任务，实现了民族独立和人民解放，实现了由新民主主义到社会主义的转变，建立了社会主义制度，用信仰捍卫了民族的尊严！

今天，我们从组织上入了党，确定了人生的坐标。我们还要继续在党组织和同志们的帮助下，通过实践和不断加强党性修养，从思想上进一步入党，为党和人民的事业去奉献自己、燃烧自己，做一个高尚的人。我们每一位新党员为实现今天的誓言，决心在今后的生活、工作和学习中，不断加强对党的基本理论和党的知识的学习，不断加强党性修养，不断自我学习、自我提高、自我完善，提高政治思想素质，热爱党，坚定共产主义信仰，永远保持党员先进性。认真对待学习，自觉遵守公司制度，一丝不苟，为公司为自己争光。在党组织的领导下，分担党的任务，积极努力地完成党交给自己的工作任务，努力增强业务技能，提高业务水平，提高为人民服务的本领。认真履行党员义务，履行岗位职责，在各自的学习和工作岗位上勤勤恳恳、兢兢业业，自觉落实好、实践好“三个代表”要求。以优异的成绩来向党和社会回报，争做一名合格的中国共产党党员。

谢谢大家！

借鉴提示：

❖ 新党员代表发言思路：感谢——意义——表态；

❖“感谢”部分，要像范例的开头，用朴实的语言说说自己的心里话，语言越质朴越好，要有真情实感；

❖“表态”部分，是“三个紧扣”：一紧扣党的使命，二紧扣当前形势，三是紧扣本职工作。这样的表态，条理清晰，逻辑感强。

以上是新党员代表的脱稿讲话思路剖析，如果您被邀请作为一名老党员代表发言，想想怎样构思？

友情提醒：此时，最好克制自己，先不要参阅下面的范例，您最好先想一想，构思一下，打好腹稿后，再对照范例，会对您的启发更大，效果也会更好。

参考范例：

尊敬的各位领导、党员同志：

大家好！

今天，又有一批新同志光荣地加入到中国共产党这个伟大的组织中，在这里，请允许我代表全体老党员对新党员同志表示热烈的欢迎和衷心的祝贺！祝贺你们经过多年的自身努力和党组织的培养，使自己的人生理想变成了现实，使自己的人生价值得以升华。同时，为党组织增添了新鲜血液，增加了新的战斗力，我们全体老党员为有你们这样的好同志而骄傲，为有这样的新战友而自豪！

作为一名老党员，我深刻认识到党的目标和任务，我们要在工作中，带头搞好业务工作，认真对待工作中的每个细节，不断反思，不断学习，用自己的实际行动永葆共产党员的先进性。在新的形势下，为进一步把我们银行的服务和效益搞上去，我们更应该发挥共产党员的先锋模范作用，把"雄心壮志"和"脚踏实地"结合起来，把"忧患意识"与"拼搏精神"贯穿始终，扎扎实实地做好每一项工作。在银行这样一个特殊的服务领域，我们要有高度的事业心和责任感，要有淡泊名利，无私奉献的精神，为客户服务，为国家的经济建设保驾护航，为维护国家金融秩序的稳定贡献自己的力量。

新党员同志创新意识强，精力充沛，积极上进，我们将虚心向你们学习，弥补自身不足，做到与时俱进。同时，希望新党员同志把入党作为自己工作的加油站，再接再厉，时刻牢记自己在党旗前的铮铮誓言，为党和人民的金融事业贡献自己的力量。

最后，祝愿我们新老党员能发扬团队精神，加强团结协作，凝聚力量带动其他同志一起努力使我们银行以腾飞的姿态，奔向更加辉煌灿烂的明天。

谢谢！

借鉴提示：

❖ 老党员在新党员入党仪式上的发言思路：祝贺——表态——希望——祝愿；

❖ "祝贺"部分在表达祝贺的同时还要表达欢迎的心情；

❖“表态”部分主要表达出老党员以身作则的榜样示范作用；是发言的重点；

❖“希望”是对新党员的希望，话不在多，在精；

❖“祝愿”部分是结尾，代表新老党员共同表达对单位的祝福，联系实际最好。

8. 开竣工仪式

山东省淄博市某集团的汪总，2012 年 11 月，他们公司旗下的污水处理厂举行开工仪式，作为总裁，他要出席这家公司的“开业仪式”。通过熟人介绍找到了我们，他在电话里告诉我，“我创办公司最大的痛苦与一般人不一样，别人常常为缺资金，缺人才等等发愁。而我却是一直为脱稿讲话而犯愁，一想到要去现场脱稿讲话，心里就焦虑……”

不知有多少总裁或总经理，为了自己的面子，每次脱稿讲话还在焦虑着。尤其是项目的开工、竣工、大厦落成、公司开业等场合，主要领导要发言是脱也脱不掉的，因为这是一种仪式性场合。而且，脱稿讲话比较合适，读稿发言则显得太呆板。假如您是某公司的老板，在某项目开工仪式上，您会怎样构思您的脱稿讲话？

友情提醒：此时，最好克制自己，先不要参阅下面的范例，您最好先想一想，构思一下，打好腹稿后，再对照范例，会对您的启发更大，效果也会更好。

参考范例：

尊敬的出席仪式的各位领导、来宾和同事，大家好！

非常感谢各位在山东最寒冷的时节应邀出席我们公司的污水净化项目的开工仪式。从项目立项到今天的开工实施，得到了上级领导和相关设计和建设单位的大力支持和帮助，项目组也为项目顺利开工建设做出了艰苦的努力。在此，我代表公司向所有做出贡献的单位和部门以及同事们表示衷心的感谢！

从今天开始，污水净化项目将全面开工建设，我市环境治理的画卷上，将增添这浓墨重彩的一笔！我们项目组深知，作为积极贯彻落实国务院环境治理的具体措施项目意义重大，自己肩负的责任重大！我们不是在做一个单纯的工程项目，我们是在做一项造福子孙后代的大事！

我们十分幸运地迎来了龙年的第一场雪，常言说："瑞雪兆丰年。"污水净化项目占尽了天时、地利、人和。稍后，我们将请王书记启动控制按钮，打下污水净化项目的第一根桩基。在今后的15个岁月里，这里将变成一片繁忙的建设工地，明年6月，我们的脚下将崛起一片崭新的工厂，与我们现有的工厂珠联璧合，我市一座令人瞩目的现代化污水净化基地，届时将在我们手中被打造出来。我希望大家在今后的日子里，努力工作，兢兢业业，保质保量。桩深新业起，基实事业兴！让我们共同期待项目竣工的时刻。

谢谢各位！

借鉴提示：

❖ 领导在开工仪式上的发言思路：感谢——意义——期望；

❖"感谢"两部分人，一是到场的嘉宾；二是与项目有关人员，这部分一定要事先想得周全一些，尽可能不要落了应该提到的人。感恩是这种场合的重要内容；

❖"意义"部分主要谈项目的现实意义，根据实际情况，可详谈也可少说；

❖"期望"部分主要是展望未来和对项目工作人员的希望要求这部分简短具体即可。

以上是项目开工仪式上的公司老板脱稿讲话思路，如果说您作为某项目经理在某大厦开盘答谢酒会上的答谢讲话 ，应说些什么呢?

友情提醒：此时，最好克制自己，先不要参阅下面的范例，您最好先想一想，构思一下，打好腹稿后，再对照范例，会对您的启发更大，效果也会更好。

参考范例：

尊敬的各位领导、各位来宾、女士们、先生们：

大家晚上好!

今晚我们欢聚一堂，在这里举办晚宴。借此机会，我代表信达远有限公司的全体员工在这里，向在座的各位致以诚挚的问候和衷心的感谢!站在这里我只想说三句话:

第一是感动。大康国际汽车城经过前段时间的精心筹备之后，今天终于正式和大家见面了。这段时间对于我们来说是焦虑，是兴奋，是感恩，总之有太多的感受。今天在全体员工的共同努力下，在各位朋友的支持和关注下从诞生走向了成熟，从默默无闻发展，到成为备受多方关注的商业地产项目。今天，又有这么多位朋友齐聚一堂和我们在这里一起共同分享收获的快乐，大家说，我能不感动吗?

第二是承诺。大康国际汽车城承诺以保障每个客户的利益作为我们考虑问题的根本出发点。对于每一个投资大康国际汽车城的客户，我们都会充分地替您考虑到可能面对的所有风险和问题，并且我们会从操作模式上来充分保障您的收益。……我们的项目经营模式以及提供高质量的运营管理服务都是为了这一目标而服务的。

第三是感谢。感谢大家在百忙之中抽出时间和我们一起在这里共同分享大康国际汽车城成长的欢乐，更要感谢大家一直以来对大康国际汽车城项目的关注和厚爱。在此，我特别要感谢市委市政府的各级领导。感谢你们对我们的巨大支持，感谢你们为我们所做的一切。没有你们的支持，就不会有大康国际汽车城的今天，在这一年的时间里，你们深深的信赖始终是我们战胜一个个困难，精益求精、打造建筑精品的动力。

最后，再次感谢大家光临大康国际汽车城庆祝酒会，在不久的将来，我们会以项目的成功运作与良好的回报对每一个关注我们的客户做出回答。朋友们，让我们共同举杯共祝大康国际汽车城美好的未来，让我们共同举杯祝愿光临本次庆祝酒会的各位朋友身体健康，生意兴隆，万事顺利!

谢谢大家!

借鉴提示:

❖ 某项目开业这类场合的主要领导发言，最好是脱稿，这样显得有亲近感，符合喜庆的氛围；

❖ 一般从三个方面讲就可以了，比如范例的思路：感动——承诺——感谢；其中“承诺”部分是这种场合的讲话重点，应集中精力组织好这部分的内容。范例中这部分讲得并不太集中，实际应用时应加以注意；

❖ 这类场合讲话不宜过长，充分把这三方面意思表达完整即可。

假如您是主要领导人，项目竣工仪式上的脱稿讲话又该从哪几方面构思呢？

友情提醒：此时，最好克制自己，先不要参阅下面的范例，您最好先想一想，构思一下，打好腹稿后，再对照范例，会对您的启发更大，效果也会更好。

参考范例：

尊敬的出席仪式的各位领导、来宾和同事：

大家好！

天高云淡，清风送爽，在这金秋时节，我们相聚在齐国古都，隆重举行我市污水净化工程的项目竣工仪式。首先我代表董事会向为项目建设做出辛勤努力的第一线功臣们表示亲切的慰问，向参加今天庆典活动的各位领导、嘉宾以及新闻界的朋友表示诚挚的欢迎，向大家一直对我们的关心、支持和帮助表示衷心地感谢！

过去的成绩令人鼓舞，今后的发展任重道远。我市污水净化项目的建成投产，标志着我市环境保护，污水治理工作的又一重大突破，要进一步强化环境保护治理意识，废水再利用意识，以“营造一流环境，提供一流服务”作为我们工作追求的第一目标，大力引进环境污水保护治理项目，确保我市水资源的优质优量，造福百姓。

俗话说：“一个篱笆三个桩，一个好汉三个帮。”在我们公司今后的发展中仍需社会各界的支持和帮助，仍需全体同事们共同努力，仍需我们发扬艰苦奋斗的开拓精神，我衷心的祝愿一切顺利，祝福大家阖家幸福！

谢谢！

借鉴提示：

❖ 竣工仪式上的领导发言思路：第一层表达慰问、欢迎、感谢。第二层阐述项目的意义。第三层提出希望和祝福；

❖ 范例中先向第一线项目的建设者们表示慰问，体现的是对基层工作者的尊重；

❖ 希望祝福简短有力即可。

9. 主持会议

主持会议，要开好头，收好尾。若有几位发言者，中间还要学会做承上启下，穿插衔接性的发言，起一个引领的作用。一般会议主持，不宜读稿。

假如您是一位银行客服经理，贵行要推出一个新的理财产品，特意安排了一次说明会，请相关专业人士为客户作相关理财产品的介绍。您需要开场时说几句，把专业人士介绍出来。想一想您开场应说些什么？

友情提醒：此时，最好克制自己，先不要参阅下面的范例，您最好先想一想，构思一下，打好腹稿后，再对照范例，会对您的启发更大，效果也会更好。

参考范例：

新老客户，大家下午好！

新年伊始，万象更新。非常高兴由我来主持今天的“新春理财产品推介”说明会。

大家想过没有？今天，我们生活得不管有多好，我们都想生活得更好，是不是？我们大家手头都有些余钱，都想让他保值升值，增加收入，以此来改变我们及家人的生活品质，对不对？所以，为了这个共同的目标，我们大多数人都怀揣梦想，寻找各种投资渠道，可如今，投资房产受限；投资股市低迷；投资书画吃不准；投资期货门槛高；投资外币风险大……谈起投资这点事，可以说是酸甜苦辣咸，其中滋味只有自己知道，大家说是吗？假如有一个投资可多可少，风险又小，盈利又比现在市场其他理财产品多两倍的投资项目，大家有没有兴趣了解一下呢？

那好，今天我们有幸为大家请到了我行资深理财专家康有才。康专家88年人民大学金融系毕业，一直从事理财产品的研发和推介工作。有两本专著问世，先后参与和主抓了19个理财产品的开发和设计。专家很忙，极少参加我行的理财沙龙活动，今天，借他在我行调研的机会，被我们行长拦截下来，请他来和我们分享理财这点事儿，相信专家会带给我们多多的收获。

为了保证这次说明会的效果，下面有几点提醒请大家注意：

1. 我们的时间从下午2点至4点，两个小时；

2. 检查一下手机，是否在静音或震动状态；

3. 结束前，我们会有一个与专家互动环节，大家有什么疑惑可直接提问。

下面让我们以热烈的掌声欢迎康有才专家上场——

借鉴提示：

❖ 此种场合的主持为嘉宾主持，其发言的目的是告诉听众来听什么？为什么来听？主讲人是谁？听的时候大家要注意些什么？因此，其基本思路为：点题——缘由或意义——主讲人——现场提醒；

❖ 一开始点题，一是为自己接下来的讲话下一根定海神针，让自己不跑题；二是一部分懵懵懂懂的听众知道来干什么；说缘由或讲意义的目的是挑起听众的兴趣，主要说与他们有什么关系或听了对他们有什么好处；介绍主讲人，主要是增强听众的信任度和好感。做现场提醒是为了保证会议秩序和效果；

❖ 四部分内容中，“缘由或意义”和“主讲人介绍”两部分是重点，贴近大家的实际需求，用事实用数据来说，效果最好。

以上是会议主持开场白的基本思路，会议结束还要有一个总结性发言。这又如何构思呢？

友情提醒：此时，最好先克制自己，不要参阅下面的范例，您先想一想，构

思一下，打好腹稿后，再对照范例，这样做会对您的启发更大，效果也会更好。

参考范例：

让我们再一次以热烈的掌声感谢康有才专家的精彩分享！同时，也感谢大家刚才积极地参与互动！

通过与专家两个多小时的分享，让我们明白了这样几个道理：

第一，理财很重要，科学理财不是每个人都能做得到的，所以要做到科学理财必须多学习；

第二，银行理财在现代家庭中真的是不可缺少，康有才专家刚才推荐的这个高端计划，对于我们的养老理财有很重要的作用；

第三，刚才，我有意观察了一下现场，我看到朋友们频频点头，有的朋友还在做笔记，相信大家都有感触，对如何做出科学的规划有了更多的理解。

朋友们，我坚信，只要我们通过有效的科学理财规划，今后加以留意，加强学习，把闲钱、余钱按照我们理财专家讲的打理好，买好理财产品，用好理财产品，不懂就学，不会就问，我们的明天就会更美好，尤其是我们老年朋友，将来会借助理财产品，我们会老有所养，生活更有品质。

最后，让我们再一次以热烈的掌声对康有才专家和大家的到来表示感谢！

借鉴提示：

❖ 通常结束语的基本思路为：感谢——收获——相信——谢谢四层意思；

❖ 读者朋友们一般也能想到要说这几层意思，可能有两种情况会出现，一是说不全，比如，感谢里通常只想到感谢主讲人，不会想到还要感谢听众，二是最后“希望、相信”之类的话有时候会忽略说；

❖ 结束语不宜多说，说多就有喧宾夺主之嫌。话多不如话少；话少不如话巧。

以上是主持正规会议的讲话思路，如果是主持一些比较随意的活动又该怎样说呢？比如老同学聚会让您主持。

友情提醒：此时，最好克制自己，先不要参阅下面的范例，您最好先想一想，构思一下，打好腹稿后，再对照范例，会对您的启发更大，效果也会更好。

参考范例：

尊敬的王老师、白老师、亲爱的同学们：大家好！

三十多年前，怀着梦想，一起苦读，情结同窗；三十多年后的今天，我们相会在这里，追忆同窗之情，共叙分别之念。

此时此刻，我的心情和大家一样。在这个令人心潮澎湃的欢聚时刻，我们荣幸地请来了王老师和白老师。在此，我谨代表全体同学向辛勤培育了我们的两位老师，致以深深的谢意！（鞠躬）老师，您辛苦了！祝老师身体健康，工作顺利，阖家幸福，吉祥如意！（向老师献花）

师恩重于山，师恩永难忘。我们永远不会忘记老师当年对我们的良苦用心，永远不会忘记为我们呕心沥血和默默的付出，没有老师三十多年前的辛勤培育就没有我们的今天，所以在今天这个难忘的日子里，请我们的每位恩师再给我们上一节人生之课，让我们再一次聆听恩师的人生教诲，有请老师！

（老师讲话）……

感谢恩师又给我们上了一堂生动的人生课，让我们仿佛又回到了学生时代。老师的希望就是我们的奋斗目标，让我们牢记老师的嘱托与教诲，在今后自己的工作岗位上继续努力拼搏，争取在下次的聚会上让我们拿出更加辉煌的业绩向老师汇报！让我们以最诚挚的掌声祝老师们工作顺利！

这次活动是在王海、郭希希等同学的提议和筹备之下实现的，我代表全体同学向本次聚会的倡议者、组织者及筹备此次活动的同学们致以深深的谢意！同时，也向今天到场的同学致以热烈的欢迎和深切的问候！最后，还要向因故未能到场的同学们道一声珍重，祝福他们在异地他乡生活幸福、安康！

借鉴提示：

❖ 社交场合的主持可随意一些，发自内心地讲几句心里话就可以了，不过也要提前构思一下，先回忆同学之情，如果现场请到了老师，要给老师讲话的机会。

讲话者用了“在今天这个难忘的日子里，请我们的每位恩师再给我们上一节人生之课，让我们再一次聆听恩师的人生教诲，有请老师!”把老师引出来，非常巧妙，这样的说法给老师莫大的尊重；

❖ 做这样的场合主持，一定要想得全面一些，要把方方面面该要照顾到的人物在现场点一下，因为人人都有受尊重的渴望。比如结尾处提到的“这次活动是在王海、郭希希等同学的提议和筹备之下实现的，我代表全体同学向本次聚会的倡议者、组织者及筹备此次活动的同学们致以深深的谢意！同时，也向今天到场的同学致以热烈的欢迎和深切的问候！最后，还要向因故未能到场的同学们道一声珍重，祝福他们在异地他乡生活幸福、安康!”

10. 动员会

动员会，是指单位要组织开展某项活动，启动之前，为了统一思想，振奋精神，提升士气，宣布统一实施计划等所召开的会议。在这种会上，通常有主抓领导发言，还有基层代表发言。例如：某医院要申报“三甲”医院，各项计划准备工作就绪后，决定召开创“三甲”医院动员大会，假如您是该院分管领导，需要在这次会上讲话。从哪几方面讲？又该如何去说呢？

友情提醒：此时，最好先克制自己，不要参阅下面的范例，您先想一想，构思一下，打好腹稿后，再对照范例，这样会对您的启发更大，效果也会更好。

参考范例：

同志们，今天，风和日丽，鸟语花香。在这样一个祥和的日子里，我们相聚在一起，召开医院全体职工动员大会，标志着我院创建三级甲等医院工作的正式启动！

我们召开此次大会，目的是要动员大家坚定信心，鼓足干劲，全员参与，积极投入到创建“三甲”医院的工作中去，力争在省厅要求的时限内完成申报工作。确保我院创建“三级甲等医院”顺利通过！

概括地讲，我希望全院同志做到以下几点：

第一，要提高认识，统一思想，全员动员，集中精力，做好准备。这次评审是一次难得的机遇，更是一个巨大的挑战。目前我院离“三甲”标准还有很大的差距，因此，我们要提高认识，统一思想，全员动员，把全部精力投入到创建“三甲”上来。

第二，要不断提高医疗质量，切实保障医疗安全，这是完成“三甲”目标的重要措施，大家应该清醒地认识到评审不是评比，而是对医院在保质保量，保证安全，提高效率等一系列措施落实的认证。

第三，要提高服务质量，加强行风建设，这是实现“三甲”目标的重要保障，服务质量关系到医院的社会效益和形象，行风建设关系到百姓的切身利益，这也是目前百姓普遍关注的热点问题，要实现“三甲”目标，我们必须努力提高服务质量，加强行业作风建设。

同志们，“三甲”医院迎评工作极其艰巨，这是对我们领导班子和全体职工的严峻考验！我坚信，我们有各级领导的大力支持，有一个团结和谐的领导班子，有一个不怕吃苦，乐于奉献的职工队伍，只要我们团结一致，齐心协力，努力拼搏，一鼓作气，我们的目标一定能实现！

谢谢！

借鉴提示：

❖ 动员会上领导的发言，其基本思路为：强调主题——说明目的——提出要求——寄予希望。

❖ 四部分中，“提出要求”部分要重点陈述，要结合单位的实际，说得越具体越好。

❖ 发言中的语音语调要激情一些，起到感染大家的效果。

以上是领导的发言，作为职工代表的发言，要从哪几方面说起呢？假如您就是该院的一名普通医务工作者，想想看？

友情提醒：此时，最好先克制自己，不要参阅下面的范例，您先想一想，构思一下，打好腹稿后，再对照范例，这样会对您的启发更大，效果也会更好。

参考范例：

尊敬的院领导，同事们，大家好！

刚才听了王院长一番激情四射的动员报告，相信现场的同事们也和我一样，都被深深地感染着，打动着。在此，我代表全院职工表个态。

首先，积极响应院领导申报“三甲”的战略目标，坚决拥护院领导为申报“三甲”制订的工作部署和计划。增强干好工作的责任感和使命感。

其次，要锁定目标，坚定信心，确保优质高效地完成各部门应完成的工作，要做到统筹规划，强力组织，确保各部门工作的协调有序。

最后，要精细管理，创新举措，在保证现有医疗工作量的基础上，努力工作，不抱怨，不折腾，不怠慢，全力以赴，切实将各项工作目标落到实处。不拖申报工作的后腿。

同事们，我院申报“三甲”的号角已经吹响，计划在眼前，困难在后面，攻坚的阶段尚未到来，相信我们有信心，有能力，打赢申报“三甲”这场硬仗。以一流的医疗管理，以一流的医疗水平，以一流的医疗服务，以一流的工作效率，为申报作出积极的贡献！

大家说是不是?!

谢谢大家！

借鉴提示：

❖ 动员会上职工代表发言的基本思路：肯定领导的倡议——代表职工表态——号召提升士气；

❖ 三部分中，“代表职工表态”是重点内容，从三个方面说即可；

❖ 整个发言中，要激情饱满，话语抑扬顿挫，有节奏感，充满号召力。

11. 生日聚会

这类场合的发言角色通常有主持者和寿星。作为主持者，一开场要先说几句，假如您为父亲祝寿，请来了领导和亲朋好友，寿宴开始之前您要说些什么呢?

友情提醒：此时，最好先克制自己，不要参阅下面的范例，您先想一想，构思一下，打好腹稿后，再对照范例，这样会对您的启发更大，效果也会更好。

参考范例：

尊敬的各位领导，各位长辈，各位亲朋好友，大家好!

今天我们欢聚一堂，高兴地迎来了我敬爱的父亲88岁生日。在此，我代表我们兄弟姐妹和我们的子女共17人，对所有光临寒舍参加我们父亲寿宴的各位领导、长辈和亲朋好友，表示真诚的欢迎和衷心的感谢!

我们的父亲几十年含辛茹苦、勤俭持家，把我们一个个拉扯长大，常年的辛勤劳作，脸颊挂上了岁月的年轮；头上镶嵌了春秋的霜花。所以今天在这喜庆的日子里，我们首先要说的是感谢您和母亲的养育之恩!

同时，我们家的和睦兴隆，家庭兴旺，更是离不开在座的各位领导，各位长辈和亲朋好友长期以来对我们的关爱和帮助，在此深表谢意!

我们相信在我们兄弟姐妹的共同努力下，我们的家业一定会蒸蒸日上，我们的父母一定会健康长寿，老有所养，老有所乐。

在此我提议，让我们共同举杯，祝我们的父母健康长寿，祝在座的各位家庭幸福，工作顺利，事事顺心！干杯!

借鉴提示：

❖ 这类讲话的基本思路为：欢迎感谢——祝福父母养育之恩——对领导和众亲友表示感谢——代表兄弟姐妹表态——敬酒祝愿；

❖ 祝福父母养育之恩和感谢众亲友为这类讲话重点，列举一些实例最好；

❖ 此类讲话宜短不宜长。

以上是子女为父母祝寿的主持思路，假如您是单位的现任领导，受邀为老领导祝寿，在场的嘉宾除众亲友外，都是老领导的部下。那又该怎么说呢？

友情提醒：此时，最好先克制自己，不要参阅下面的范例，您先想一想，构思一下，打好腹稿后，再对照范例，这样会对您的启发更大，效果也会更好。

参考范例：

各位亲友，各位来宾，各位同事，大家好！

今天是我们的前辈王书记的生日庆典，受邀参加这一盛会并讲话，我深感荣幸。在此，请允许我代表在座的众位并以我个人的名义，向王书记致以最衷心的祝福！

王书记是我们单位重要的领导之一，他对我们单位的贡献大家已有目共睹，他那份“平等对待每个人”的真诚与热情，更是多次打动我们的心灵，他对事业的执著令我们晚辈为之感叹；他的领导有方更是我们后辈的榜样！

在此，我们衷心祝愿王书记青春常在，永远年轻！更希望看到王书记步入金秋后，仍将傲霜斗雪，流光溢彩！让我们共同举杯，为王书记的64华诞干杯！

借鉴提示：

❖ 根据现场来人情况，分类问好，以显尊重；

❖ 此类讲话宜短不宜长，三层意思即可：向寿星祝福——赞美过去——祝福干杯；

❖ 对长者祝寿用“衷心祝福”替代“生日快乐”较合时宜。

以上是作为现任领导参加老领导生日晚宴时的讲话思路，假如作为丈夫为妻子举办生日酒会。大家要你开场说几句，您怎么说？

友情提醒：此时，最好先克制自己，不要参阅下面的范例，您先想一想，构

思一下，打好腹稿后，再对照范例，这样会对您的启发更大，效果也会更好。

参考范例：

各位朋友，晚上好！

感谢大家百忙当中来参加我太太的生日酒会！首先祝太太生日快乐！

菜已上齐，酒已斟满。本来没想说，大家建议让我说几句，那我就借此机会说“三句话”吧，第一句叫“心里话”，第二句叫“感谢的话”，第三句叫“祝愿的话”。

先向我太太说几句心里话，老婆，从咱们结婚到现在，我的工作一直都那么紧紧张张，忙忙碌碌。你一个人承担起了我们家大大小小的事情，向来都是任劳任怨，一直在默默地支持着我的工作，歌词里说：“军功章”里有你的一半，而我今天的进步，有你的一大半。老婆，辛苦了！

这第二句感谢的话是对咱们在座的大家说的，是你们无论在工作中还是在生活里给了我和我们这个家巨大的支持，我们才得以有今天这样幸福的日子，借机会说声谢谢了！

第三句话是祝愿大家的话。祝愿在坐的各位家庭幸福，和和美美！愿我和太太漫步人生路，慢慢变老，直到哪里也去不了，你还是我手中的宝！

来，干杯！

借鉴提示：

❖ 这类场合的基本思路为：先感谢大家来捧场，祝福寿星生日快乐；再分三层，一感谢寿星平时对自己工作的支持，这部分最好说得具体一些；二感谢大家平日里的帮助；第三层是祝福的话。

❖ 此类话越朴实越好。

以上是丈夫在妻子生日酒会上说几句的基本思路，假如您参加老朋友的生日酒会，让您作为老朋友代表说几句，又该怎么说呢？

友情提醒：此时，最好先克制自己，不要参阅下面的范例，您先想一想，构思一下，打好腹稿后，再对照范例，这样会对您的启发更大，效果也会更好。

参考范例：

各位来宾，各位同事，晚上好！

桌上的烛光辉映着我们这张“老脸”，耳边的歌声荡漾着我们的心潮。披着这柔和的灯光，伴着这优美的旋律，今晚我们又“厮混”在一起，共同庆贺刘凯的生日，在这里我谨代表共事多年的好兄弟，祝刘凯生日快乐，永远幸福！

有人说，这个世界上，人不可以没有父母。我说，同样也不可以没有朋友，尤其是刘凯这样的好哥们，大家说是不是?！有人说，没有朋友的日子犹如一杯没有加糖的苦咖啡；我说，我们没有刘凯在我们身边，就像菜里少了盐，大家说有没有同感?！通过与刘凯的长期“厮守”，我深深地感受到，朋友是冬天里的一杯热茶；朋友是夏日雨中的一把伞；朋友还是春天里的一丝暖风；朋友更是收获季节里的一杯美酒……

来吧，朋友们，让我们捧着茶，撑着伞，迎着春风，为我们的友谊，端起眼前这杯酒，为今天的寿星祝福吧！祝刘凯在今后的日子里，数钱数的手酸疼；小日子过得热腾腾！干杯！

借鉴提示：

❖ 因为是代表老朋友发言，又非正规场合，讲话可以随意一些。所以，从看到的，听到的，感受到的说起，用“老脸”寓意老朋友，“厮混”替代相聚；不说“相处”而说“厮守”等等，正话反说，诙谐的表达，为的是逗乐；

❖ 在表达的过程中，用了几次设问，如“大家说是不是?”“大家说有没有同感?”为的是增强与现场的互动，活跃气氛；

❖ 作为老同事的讲话基本思路为：先祝生日快乐——再念叨念叨朋友的好处——最后送祝福。其中，说朋友好处时，既可以举实例说细节，也可以像案例一样用调侃的口吻来表达。

以上是作为老朋友代表发言，如果是为老师祝寿，您作为学生代表该如何发言呢？

友情提醒：此时，最好先克制自己，不要参阅下面的范例，您先想一想，构思一下，打好腹稿后，再对照范例，这样会对您的启发更大，效果也会更好。

参考范例：

各位来宾，各位老同学，值此尊敬的老师八十五华诞之时，我们欢聚一堂，庆贺恩师健康长寿，畅谈离情别绪，互勉事业腾飞，这一美好的时光，将永远留在我们的记忆里。

现在，我提议，首先向老师敬上三杯酒，第一杯，祝贺老师华诞喜庆！第二杯，感谢老师恩深情重！第三杯，祝愿老师健康长寿！

一位作家说，“在所有的称呼中，有两个最闪光、最动情的称呼：一个是母亲，一个是老师。老师的生命是一团火；老师的生活是一首歌；老师的事业是一首诗。”那么，我们的恩师——尊敬的李老师的生命，更是一团燃烧的火！李老师的生活，更是一首雄壮的歌！李老师的事业更是一首优美的诗！李老师在人生的旅途上，风风雨雨，历经沧桑85载，他的生命，不仅限于血气方刚时喷焰闪光，而且，在壮志暮年中流光溢彩！老师的一生，视名利淡如水，看事业重如山！

回想——恩师当年惠泽播春雨；喜看——桃李今朝九州竞争艳。最后，衷心地祝愿恩师福如东海，寿比南山！干杯！

借鉴提示：

❖ 代表同学在老师生日聚会上的发言思路：点题并简述意义——向寿星敬三杯酒——说几句感恩老师的心里话——祝愿；

❖ 给长辈祝寿，开头先敬酒，以示尊重；

❖ 感恩部分的话是重点要说的，要么像以上案例说出文采，要么说出具体的感恩细节，以打动他人。

以上是作为同学代表为老师祝寿的发言，如果是自己过生日，作为寿星的讲话思路又该怎样说呢？比如“大钊脱稿讲话训练”231 期“应酬招待实战训练课程”学员李先生，来北京 5 年，工作中结交了许多好朋友，朋友为其举办生日酒会。假如是您，端起酒杯该怎样表达一番此时的心意呢？

友情提醒：此时，最好先克制自己，不要参阅下面的范例，您先想一想，构思一下，打好腹稿后，再对照范例，这样会对您的启发更大，效果也会更好。

参考范例：

各位来宾，各位朋友：

大家好！

人海茫茫，我们只是沧海一粟，从陌生到相遇，从相遇到相识，我珍惜我们大家的缘分？感谢在座的各位今天的到来！

有人说：有一种花，枯萎了也舍不得丢；有一种伞，雨停了也不肯收；有一种朋友，从青丝到白发都想一直拥有。今天在座的大家就是我这样的朋友。我今天在这里感恩大家长期以来对我的关照和帮助！

忘不了我刚踏进北京时海燕对我的帮助；忘不了我当年生病住院时小娟的看护；忘不了生意难做时永珍的倾囊相助……

路漫漫，岁悠悠，我真诚地希望我们能永远守住这份珍贵的友情！在此，请大家共同举杯，为我们的真诚友谊，为我们大家的美好明天，干杯！

借鉴提示：

❖ 作为寿星发言没必要长篇大论，尤其场合比较小时，轻巧一点好，李先生做到了；

❖ 在表达中，有意识用些优美的词句表达内心真情，更让人感觉文采四溢，说些过往有交集的事情，能迅速拉近朋友间的情感；

❖ 寿星发言的基本思路为：感谢——感恩——祝福。

12. 婚礼庆典

婚礼是人生经历的重要场合，现在办婚礼，场面越来越大。对现场发言者的压力也越来越大。需要发言的角色通常有证婚人、父母、单位领导、家族中的长辈代表以及新人等。下面是一位机关领导在女儿的婚礼上的脱稿讲话。如果您也是一位机关领导，正好有儿子或女儿也要结婚，构思一下，想想怎么说？

友情提醒：此时，最好先克制自己，不要参阅下面的范例，您先想一想，构思一下，打好腹稿后，再对照范例，这样会对您的启发更大，效果也会更好。

参考范例：

感谢和欢迎各位亲朋好友参加今天李力和徐珊的婚礼，今天是个好日子，6月8日。6和8代表顺利和发展。之所以选择今天，就是希望在座的每一个人天天喜庆、事事顺利、年年发展；当然，也希望他们小两口事业发展、经济发展、情感发展、家庭发展，在这发展过程中，充满着顺利和喜悦。

我们常说，婚姻是个缘分，我琢磨这个缘分是什么呢？缘分就是两个字："信息"。

信息的第一层含义，就是信息产业。女婿搞的是网络技术，女儿搞的是软件技术，都是信息产业；媒人和证婚人俩人都是市信息化办公室主任，区别是一个退休了，一个还在位；他们的领导，许彬先生，王建文先生都是有名的信息领域专家。坐在嘉宾桌上的各位大多数是从事信息产业的，这就是第一层意思，信息产业。

第二层含义是情感信息。有人原来也给他们介绍过对象，但他们俩都说"没有感觉"。春节前，许主任给他们介绍，一见面就一见钟情，感情迅速升华。两个多月就去办了结婚证，4个多月就举办了今天的婚礼。为什么这么快？因为他们有情感信息。徐姗说："我喜欢他的性格。"李力说："我们俩生活品位相同。"他们俩事业相同、性格相似、爱好相近，甚至家庭背景也相同。

第三层含义是延伸。今天我们大家坐在一起是我们两个家庭的延伸。今天我们共同庆祝他们俩人的婚礼，同时也搭建了一个信息平台，让我们大家交流信息，沟通信息，有好事大家共同享受；有困难大家共同帮忙。我知道今天在座的里边还有几位大龄青年，大家可以帮忙。我希望我们国家的信息产业更加发展；希望他们的情感信息更加巩固；希望大家利用今天的信息平台，更加广泛、深入地交流信息。

谢谢大家！

借鉴提示：

以上范例，虽说是一次婚礼上的发言，带给我们的启发却很多，概括起来讲有“五性”：

❖ 有思想性。不管在什么场合发言，都要讲出一些思想，让人听了受启发，受启发就是一种精神享受。以上范例中主要突出了两个内容：一是6月8日的发挥；二是婚姻是个缘分的深度分析。一般人只停留在“缘分”的层面，而本范例在“缘分”上大做文章，给人一深层次的解剖，体现的是思想性。

❖ 有针对性。讲话必须针对听众的需要和心情。对不同的对象，同样的内容可以用不同的方式来表达。只有紧紧抓住听众的心理需求，您的讲话才能吸引听众，不打瞌睡，顺着您的思路听下去。这次讲话的听众都是亲朋好友，因此，要紧扣“亲朋好友”这个对象。第一段讲话中，“希望在座的每个人”和“也希望他们小两口”就是扣住了“宾”和“主”的对象。讲信息产业一段话中，既讲到了女婿和女儿（主要对象），也讲到了媒人和证婚人，还讲到了两位新人的领导，同时讲到了父母，这一段话把第一桌上的主要嘉宾点到了，扣住了嘉宾对象。在讲第三层意思“家庭延伸”这一段中，将所有到场的双方亲戚和朋友点到了。当然，在这种场合点“对象”，要体现感谢和欢迎的心情。

❖ 有条理性。讲话要有条理。要使听讲话的人按您的思路走，讲话要有框架结构，这个框架结构要有内在的逻辑关系，有了框架，中间的内容可以随时发挥。

本范例的中心内容是两个，6月8日和缘分。讲6月8日时，一句紧扣一句；讲缘分时，一层紧扣一层。比如，6月8日，第一句话中提到“今天”，第二句话把今天具体成6月8日，第三句话说6，第四句话说8，紧跟着又是两个层面，一是对所有在座的人，二是对两位新人。

讲缘分时，分三个层面，第一层面为“信息产业”，这种分析是结合现场主要嘉宾的职业特点；第二层面为“情感信息”，是根据小两口的职业共性；第三层面讲“家庭延伸”，联想到的是“信息平台”、“信息交流”。这三个层面，把现场的人全照顾到了而且有层次感。

在最后结束讲话时，讲了三个希望，“信息产业发展”、“情感信息巩固”、“信息平台交流”则是对缘分三层含义的小结，这样的提法，一是思想性有高度了；二是条理性的逻辑更严谨了。

❖ 有简练性。讲话要简练，以最短的时间给人以最多的信息。以最明快的语言给人以最强烈的信号。范例的开头，开门见山，没有大家常说的客套，第一句话就表达了“感谢和欢迎”的意思，同时提到了主要嘉宾和是什么场合。口语和文字相比，不要求很准确，用0868，现场听众能听明白，知道什么意思即可。为的是力求简练。在提到现场的嘉宾时，没有一一介绍他们的头衔，一律从简，婚礼上的讲话，不管哪个角色，都不适合讲长话。

❖ 有生动性。就是要把听众的情绪调动起来。脱口秀，要让听众时时爆笑；讲话要让听众时时为您鼓掌。通常现场的掌声响起，一般有三种情况：一是引起共鸣，讲话者的内容确实打动了现场的大多数听众，听众发自内心给以掌声；二是礼节尊重，绝大多数场合，听众都会自发地在开头和收尾给予掌声，开头的掌声表示欢迎，收尾的掌声表达谢意；三是被动从众，这类掌声主要是发生在主讲人讲的过程中，主要是被领掌人带动的。

要想赢得掌声，上面提到的思想性、针对性、条理性、简练性，都是引发共鸣掌声的引爆点。另外，还有一些表达生动的技巧和方法。比如，要尽可能地用顺口的排比句。如“天天喜庆、事事顺心、年年发展”，这里用的“天天、事事、年年”，比较顺口，而且应对了前边提到的数字，构思巧妙，这种地方容易引爆掌声；“事业发展、经济发展、情感发展、家庭发展，”也是一个排比句，比较顺耳，而且在表达中注意了顺序，重要的先说，事业是重要的，家庭发展暗喻早日生贵子，这类表达比较艺术。在说到两位新人时，用了“事业相同、性格相似、爱好相近”这也是一个排比句，都用了“相”字，但词组有所变化，显得语言变化丰富。在结束时用了“三个希望”，结尾干净利落，比较顺口。

为了增强脱稿讲话生动性的效果，仅仅在表达上用排比句是不够的，还必须加以运用语速和快慢、声音的高低、手势的运用等。比如，范例中的第一句，讲完了后，稍微停一下，大家才容易鼓掌，如果很快接第二句，就不容易让听众鼓掌了；最后结束时，声音提高，大家明白了您的意思，也容易鼓掌，这都是制造生动的需要。

通过对以上范例的剖析，阅读到此，您发现此中的规律了吗？也许您会说要想举一反三不容易。下面的范例即是我们的一位学员作为长辈，在朋友儿子婚礼上的讲话，其思路就是根据上一个范例举一反三来的：

今天是个好日子。10月4日选得好，这个饭店有4家举办婚礼足以说明。

10月有两层意思，10月是国庆，含义是喜庆；2012年是十八大召开年，喜庆年，可见2012年10月是喜上加喜，双喜临门，“十”代表十全十美，非常完美。这对新人事业相同、学历相似、年龄相近、身材相配、情感相融，情人眼里是完美，所以，十月就是喜庆加完美。

4日也有两层意思。4就是2+2之“和”。这第一个2，就是新郎、新娘两人结成一个新家庭；第二个2，就是双方父母两个家庭。今后又合二为一。“和”对小两口来说要“和善”、“和好”，百年好合；小两口对父母要“和气”、“和睦”，孝敬父母。对两个家庭延伸出的所有亲朋好友要和蔼，关系处理要和谐。这个“和”就是以和为贵，百年和好。4的第二层意思是，我是上海人，上海人把4说成“哆来咪发”为“发”，就是希望小两口今后在工作和生活中要事业发展、经济发展、情感发展、家庭发展。也希望在座的亲朋好友在事业上兴旺发达，在经济上经常发财，在生活上大家和谐发展。

谢谢。

借鉴提示：

❖ 模仿从时间上做文章，重点扣住“十”和“四”做发挥。

❖“十”突出十全十美，用五个“相”：相同、相似、相近、相配、相融等来集中表达小两口的特点。

❖“四”分成两个层面，一是两个 2，即小两口和双方父母家庭。2+2＝4，突出“4”是2+2 之“和”。

❖“和”字又分三层，第一层是小两口要和善、和好；第二层是对双方父母要和气、和睦；第三层是对亲友要和蔼、和谐。

也许，您会说有时有些时间不好联想，再说有的人的认识水平，联想水平达不到这么高的层次，在时间上做文章不好想。这没关系。您也可根据自己的构思发自内心地说几句。假如您的侄子结婚，让您作为家族中的长辈发言，想想该如何构思?

友情提醒：此时，最好先克制自己，不要参阅下面的范例，您先想一想，构思一下，打好腹稿后，再对照范例，这样会对您的启发更大，效果也会更好。

参考范例：

花团锦簇，春意盎然，良辰美景，天作之合。在这大喜的日子里，我能代表老李家所有的亲友，向这对珠联璧合的新人献上温馨的贺词，感到十分高兴。首先让我们以热烈的掌声向这对新人——我侄子和侄媳的美满结合表示真诚的祝贺!

在这里我向两位新人提几点希望，常言道：百年修得同船渡，千年修得共枕眠。从今天起你们将成为人生漫漫路途中的伴侣，希望你们倍加珍惜这千年修来的姻缘，相亲相爱，用勤劳智慧之手创造灿烂的明天。

我们经常说，生我者父母，育我者长辈，助我者朋友。希望你们不要忘记双方父母的养育之恩，先辈的提携之情，朋友的相助之心。同时希望你们事业上相互支持，相互勉励，生活上相互关心，相敬如宾，在单位尊敬领导，团结同事。

最后祝大家新春愉快，全家吉祥!

借鉴提示

❖ 长辈的发言基本思路为：高兴、祝贺——希望——祝福。

❖ 中间希望部分为重点，先说新人，再说父母，最后说工作。

❖ 语气语调要高昂一些，与喜庆场合相协调。

以上是作为长辈在晚辈婚礼上的发言，如果您作为单位的领导，在下属的婚礼上作为证婚人发言，又该如何构思呢？

友情提醒：此时，最好先克制自己，不要参阅下面的范例，您先想一想，构思一下，打好腹稿后，再对照范例，这样会对您的启发更大，效果也会更好。

参考范例：

各位来宾，朋友们，大家好！

我是新娘红缨的领导，但我今天的角色，既非领导，也非同事，而是光荣神圣的——证婚人！

此刻，我作为在场每一位贵宾的代表，向全世界60亿人宣布：李平和红缨结婚了！从此，唐山人民又多了一个好女婿，祖国母亲大家庭中又加了一个新单元，神州大地又多了一份喜气。首先，让我们为二位新人表示衷心的祝福！

说到这里，我不知道新郎新娘是否感受到了婚姻之重。你们的父母、亲友、同事以及一切关心你们的人，从此刻起，都会充满期待地注视着你们的婚姻之路，你们已经告别过去，走上了精彩的人生新舞台，在这个舞台上，你们将扮演丈夫、妻子、父母、儿媳、女婿等多种角色，同时，你们也肩负着时代给予你们的重托。我在这里作为证婚人，能够代表大家给予你们的，仅仅是“祝福”二字，祝福你们能够相亲相爱！和和美美！白头偕老！不要辜负家人，不要辜负朋友！更不要辜负全世界所有关心你们并对你们寄予浓重祝福的60亿人民！

谢谢！

借鉴提示

❖ 婚礼场合讲话的角色强调很重要，突出角色意识，讲话的效果就会好。本范例一开始就强调角色，并紧紧把握角色，思路开阔，贴切中肯，例如第一、二自然段。

❖ 婚礼讲话中善用排比句和并列语，容易渲染气氛，效果好，本范例这方面就比较突出。如："……从此，唐山人民又多了一个好女婿，祖国母亲大家庭中又加了一个新单元，神州大地又添了一份喜气。不要辜负家人，……不要辜负朋友！更不要辜负全世界所有关心你们并对你们寄予浓重祝福的60亿人民！……你们的父母、亲友、同事以及一切关心你们的人，……你们将扮演丈夫、妻子、父母、儿媳、女婿等多种角色，……"

以上是单位领导作为证婚人的发言参考范例，假如您作为一位父亲，在儿子的婚礼现场要说几句，怎样构思呢？

友情提醒：此时，最好先克制自己，不要参阅下面的范例，您先想一想，构思一下，打好腹稿后，再对照范例，这样会对您的启发更大，效果也会更好。

参考范例：

各位来宾，各位亲友：

大家好！

今天是我儿子张扬和儿媳李娜结婚的大喜日子，作为父亲我说几句心里话，咱们长话短说，重点说三层意思，六个字：

一是感谢。感谢我们的亲家，培养出了这么优秀的女儿，这么好的儿媳；感谢这么多年来关心、帮助和支持过我们的众亲友；同时也感谢一双儿女的单位领导和同事们，他们现在所拥有的一切，一路上多亏有你们的帮助、支持和陪伴！

二是希望。作为父母，今天我们也算完成了一个光荣而艰巨的任务。当着现场的众亲友，我想对儿子说：儿子，从今天起，你对李娜常说的六个字是："我承认我错了"，五个字是："你做得很好"，四个字是："你觉得呢?"，三个字是："麻烦你"，两个字是："谢谢"，一个词是："我们"。一次牵手就是一生的契约。希望你们不断进取，勤奋工作，用实际行动来回报社会。

三是祝福。祝天下所有的家庭和谐吉祥，幸福美满，祝我们的祖国风调雨顺，繁荣昌盛；最后，不忘一句老话，粗茶淡饭，请吃好喝好！

谢谢！

借鉴提示

❖ 作为父亲在婚礼上的讲话，首要的是真诚、质朴和照顾全面；范例中的父亲做到了。尤其在全面上，逐一都照顾到了，如：亲家、领导、亲友、儿媳、儿子、祖国以及吃好喝好等等。

❖ 婚礼上的讲话宜简洁不宜冗长。这位父亲用六个字重点表达了三层意思，简洁而又全面。总的时间不长，话很到位，听者不累。

❖ 这位父亲在讲到“希望”和“祝福”两层意思时，内容不俗，话很新颖，尤其对儿子说的几句话，其实同时也对儿媳说，构思很高明。最后的祝福构思也巧妙，祝天下所有家庭，捎带小两口。不是祝福儿孙满堂，而是不忘祝福国家。

以上父亲在儿子婚礼上的讲话，是朴实风格的范例；如果想让自己的讲话增加些文采，其构思又是怎样呢？

友情提醒：此时，最好先克制自己，不要参阅下面的范例，您先想一想，构思一下，打好腹稿后，再对照范例，这样会对您的启发更大，效果也会更好。

参考范例：

各位亲朋好友，大家好！

今天是我女儿部丽娟和女婿乔和平喜庆的日子，首先我代表我们全家对众亲朋好友的到来，表示热烈的欢迎和真诚的感谢！

常言说：“男大当婚，女大当嫁。”在这庄严而热烈的婚礼上，作为父母，我向两个孩子说三句话。

第一句，是一副老对联：上联是“一等人忠臣孝子”，做这样的人让人瞧得起；下联是“两件事读书耕田”，做这样的事有饭吃。横批是“心往一处”，才是幸福。

第二句，也是一句老话："浴不必江海，要之去垢；马不必骐骥，要之善走。"什么意思呢？就是做普通人，做普通事，可以爱点小钱，但必须有大胸怀。

第三句，还是句老话："执子之手，白头偕老"。在往后的日子里，要相互磨合、理解、鼓励，共同经营好自己的婚姻。这样我们做父母的才放心。

最后，再一次感谢在座的每一位众亲友，借着今天的喜气祝福全场的亲朋好友身体健康，家庭幸福，工作顺利！

谢谢大家！

借鉴参考：

❖ 这位父亲用了三句古话，表达了对新人的希望，用古人话表达希望，不仅有厚重感，也显文采和底蕴，值得借鉴。

❖ 通篇讲话简洁明了，不落俗套，"文"、"白"柔和中透着韵味。

13. 联谊活动

联谊活动是指同学之间，各类同行之间为了增进感情而组织的聚会活动。在这类活动中，有时您可能要作为组织者说几句话；更多时候，会作为参与者的身份说几句。假如您阔别 13 年回到中学母校，作为校友参加学校组织的校友联谊活动，有机会让您说几句，您该如何构思？又讲些什么呢？

友情提醒：此时，最好克制自己，先不参阅下面的范例，您打好腹稿后，再参阅范例，对自己的启发最大，效果更好。

参考范例：

带着渴望、带着期盼，怀着激情、怀着敬意，我们回到了阔别 13 年的母校来参加二中首届毕业生同学聚会。

在这个举家团圆的冬季，母校以一副清新典雅的姿态，迎接我们这些昔日的莘莘学子。

踏进校园，那遥相呼应的楼舍，相映成趣的花石；那古色古香的长廊，碧绿如茵的草地，都令我们耳目一新，激动不已。当我们漫步在这风景如画、具有现代气息的校园，我们内心里涌动着对往日中学时代无比眷恋的激流。

浮云一别后，流水已数载。想当年，为了求知，我们相聚；为了追求，我们分离。曾记否，我们是二中建校时从全县范围内首招的学生，是1998年秋季进校的。我们还依稀地记得学校初建时，环境还很艰苦。我们是住在学校临时搭建的低矮的草房内，我们的教室是最北边的一排平房，生活依靠每月100元钱的伙食费……总之，在我们的记忆里，母校的怀抱格外温馨，母校的一草一木，都让我们流连忘返，梦牵魂绕，多年来就想有一天重新回到母校的怀抱。

这一天终于来到了，今天我们在母校举办同学会是一次难得的聚会。久别重逢的师生欢聚一堂，促膝话旧，诉离情，谈友谊，在我们自己的良辰吉日，尽情地谈笑风生。

尽管宝贵而令人留恋的学生时代已成为过去，尽管我们已不再是昨天的我们，但我们仍能像学生时代那样充满激情和自信，在工作中展示我们的胆识和刚毅，在事业中焕发青春的活力和朝气，在生活中保持昂扬饱满的情趣。而立之年的我们，将会更加聪明，更加成熟，更加年青！

昨天的回忆，让我们珍惜，因为它曾留下我们青春的足迹和身影；今天我们铭记，因为它又增添了真挚的师生情谊；明日的憧憬，更让我们向往，因为明天的朝阳更加绚丽，更加灿烂！

可亲可敬的师长，相知相爱的同学！今天我们刚刚聚首，知心的话语还没有说够，明天我们又将分手。然而，沟通的金桥已再一次架起，我们将永远心连着心、肩并着肩、手携着手！母校，请相信，我们会以对事业的钟爱，对人生的追求，在不同的工作岗位上为国家作出更大的贡献，来报答母校的深情厚谊！

我们期盼母校更加辉煌，我们祝福母校更加兴旺！愿母校永远年青，永远充满活力，蓬勃向上！

尊敬的老师，亲爱的同学！相聚虽短暂，友情却永远！青山在，人未老，来年再相邀。既然分别不可避免，就让我们把满怀的思念，付托给明朝重逢的喜悦！

谢谢大家！

借鉴提示：

❖ 此篇范例，思路开阔，条理清晰，逻辑感强，先点题说来做什么；再谈进校门后的眼前感受；接着回忆过去的校园时光；再聊老同学见面后的心情；最后对未来进行了展望。几个方面，天衣无缝，谈得非常全面。

❖ 此篇范例还有个特点，词句对仗，朗朗上口。如："带着渴望、带着期盼，怀着激情、怀着敬意，……踏进校园，那遥相呼应的楼舍，相映成趣的花石；那古色古香的长廊，碧绿如茵的草地，都令我们耳目一新，激动不已。……浮云一别后，流水已数载。想当年，为了求知，我们相聚；为了追求，我们分离。……久别重逢的师生欢聚一堂，促膝话旧，诉离情，谈友谊，在我们自己的良辰吉日，尽情地谈笑风生。……昨天的回忆，让我们珍惜，因为它曾留下我们青春的足迹和身影；今天我们铭记，因为它又增添了真挚的师生情谊；明日的憧憬，更让我们向往，因为明天的朝阳更加绚丽，更加灿烂！"脱稿讲话中适当说些短词短语，且对仗的话，给听众美感，也增强自己讲话的韵律感。

以上是作为参与者参加联谊会的发言参考范例，如果您有幸被推举为联谊会的"领导者"，又该如何发表这种非正式场合的就职演说呢？

友情提醒：此时，最好克制自己，先不参阅下面的范例，您打好腹稿后，再参阅范例，对自己的启发最大，效果更好。

参考范例：

各位领导、各位来宾、各位校友：

你们好！

在今天这个难得的、校友们盼望已久的、相聚的日子里，我说五句话：

第一句话：说句套话也是句真话。

受学院的委托、受校友们的拥戴，我在这种如此简单的民主路线上担当了校友会联谊会的会长这个正职，深感庆幸又感不安。

庆幸的是我终于有了学院给我的一个正职。三十年工作以来，我历任副班长、副书记、副科长、副处级、副总经理、副司局级企业干部，一直都是副职。这次当会长，是正职，真的值得庆幸！因此要谢谢你们，还要请你们多给予鼓励！

但又不安，不安的是这种简单的民主形成会掩盖真正人才的发掘，小的方面会影响咱们校友会的工作，大的方面会影响整个社会的民主建设，影响社会进步。为此我要向您们说明，我只能干这一届，算是一个过渡，在过渡期以后，让我们真正以民主形式选出我们大家心目中最优秀的会长，这是我开场要说的，这也是我要求自己和大家今后一起要做到的。

第二句话：说句明白话也是心里话。

我为什么要同意担当这个联谊会会长，原因有三点：一是确实受学院领导重托、授权，责任在肩！二是校友们在市场高度竞争的社会瓶颈下，大家靠自己的拼搏考到中国最早开放的南部，一方面我为你们敢闯敢拼的优秀品质感到自豪，一方面又为你们长期沉降在基层未被当局引起重视而深感不公，非常期望大家能互相帮扶，有所突破，以图所为。三是这种民间组织，会长只是个义工，既要尽义务，还要讲义气，所以我没有推辞。有道是：三十而立，四十而不惑，五十而知天命。我今年五十一，年过半百。我知道我应该抓紧做点什么，特别是该为我们曾经生长、学习过的“母校”做点什么。可能做不好，这是我的自知之明；但一定要努力去做，这也是我的自知之明。

我的工作经历：农民——工人——警察——教师——省纪检——律师

从我学习的经历和工作的经历中，所积累的知识经验能证明我现在的想法可能没错，所积累的社会阅历和技能也可能使我能为你们做些正确的事，或正确地协助你们做些正确的事，请你们多多支持，我会努力去做！

第三句话：说句笑话也是实话。

人过五十了，夕阳无限好，要抓紧时间搞！搞什么呢，我当过农民、工人、警察、教师、纪检干部、律师，都搞过了，现在又在江湖能搞点儿啥呢？为校友们做点儿事比较好。长期无组织不行，人还是要有组织的，现在想来，校友会可能是我们老了以后最值得信赖的组织了，我们就干这个吧！有一位校友参会前给我回复短信说：“想念校友，是他最美丽的工作；梦见校友，是他最甜蜜的睡眠；陪伴校友，是他最快乐的时光；拥有校友，是他最幸福的理想。”不知他所说的校友是我们所有校友，还是说的他心中的那个女校友，但我为他的这种校友态度和乐观精神所感动。我决心把那位女校友找到，把他们一同吸引到校友会工作。其实我也有很浓很浓的校友情结，我告诉您们，我最“后悔”的是：三十年前没有胆量去拉女校友的手（我最爱唱的歌就是那首《说句心里话，我也想她》）；我最“痛苦”的是：我现在回学校讲座，碰到女校友她叫我伯伯；最“尴尬”的是：女校友叫我老师而男校友叫我师兄。孟子说：“君子敬而无失，与人恭而有礼”，农民说：“叫人不舍本，舌头打个滚，礼多人不怪”，相互尊重会少一些尴尬。五十岁啦！尴尬啊！痛苦啊！老啦！还能干点儿啥呢，就在校友会为你们当几年义工吧。

第四句话：说句原则话也是要落实的话。

我个人交友的原则：总的原则是看对方对四种人的态度，一是父母，二是子女，三是老师，四是配偶。如果一个人对这四种人不好，这个人是不可交的，因为他对这四种人不好，他就不可能对您好。因此，看校友会的成员也是可以以此借鉴，对老师不好可能对母校也不好。儿不嫌母丑，狗不嫌家贫，何况我们学院很辉煌！我在今后的校友会工作中，主要抓好以下几个方面的工作：

1. 办好校友迎新会（关心帮扶新校友）。校友会主要通过见面会、介绍会等方式使新校友与校友会取得联系，并给需要帮助的校友提供必要的帮助。

2. 组织好校友联谊会（穷联合、富联谊）。校友联谊会主要是为了给广大校友提供更多的交流平台，进一步促进校友情。

3. 建立好校友互助基金（帮扶伤、病、残、弱校友）。校友基金应区别于会费，原则上三年新生不交会费，基金自愿，会费自用，基金用于联谊会活动。

4. 建立继续教育基地（学历提升教育）。这个工作主要有两个方面：一是讲课安排，邀请资深的教授或优秀校友定期或不定期到学校交流；二是协助院招生，积极争取为院校友及其朋友完成更高层次的学历和学位的晋级教育提供帮助。

5. 英模实务讲师团巡讲（警务专家型人才）。这项工作主要是通过组织校友中的英模和优秀人才到学院去讲课，相互交流，加强学校与校友、校友与在校学生间的交流。

6. 图书捐赠互动活动（自出、他出、捐出）。这一活动是与讲师团活动配套进行的，主要是鼓励校友将自己出的书、自己的旧书或者任何有价值的书都捐赠给母校。

7. 优秀校友评比。为了使我们的校友活动丰富多彩，也为了见证校友会的发展历程，我们会定期举行优秀校友评比活动。

8. 学院与实务交流挂职（既可老师挂职，也可由校友到学校挂职）。理论永远不能离开实践，特别是对我们院而言，更是如此。因此我们要积极展开学院与实务交流挂职的活动，缩短理论与实践的鸿沟。用此提升我们校友，也提醒校友工作单位的领导重视我们的校友。

第五句话：讲一句圈子内的话，也是我结尾的话。

大人物卡耐基说："人生事业的成功，取决于85%的人际关系和15%的专业技能。每个人都很难独自成功，建立或加入一个良好的圈子，将对您的一生产生重要的影响。"

小人物我说："生活就是钻圈子，从一个圈子走出来，又套进另一个圈子，人生有许多圈子，最重要的还是与工作、事业、生活情况有关的圈子，只有你把握住了这个圈子，你就有了自己的位置和很好地提升自己的位置"。××学院是一个很好的圈子，在家靠兄弟，出门靠校友，我们团结在一起，我们可以一起奋斗，可以做很多事，也可一起享受。

相信我们明天会更美好！谢谢！

借鉴提示：

❖ 此篇范例，以朴实诙谐为特色，层次构思的非常巧妙，说的五句话，既让人感到实在，又让人明白事理。是一篇非正式场合就职演说脱稿讲话的参考范例。

❖ 说的话语中俗雅结合，听起来能调气氛，这正是社交活动应提倡的讲话风格。如：我最"后悔"的是：三十年前没有胆量去拉女校友的手（我最爱唱的歌就是那首《说句心里话，我也想她》）；我最"痛苦"的是：我现在回学校讲座，碰到女校友她叫我伯伯；最“尴尬”的是：女校友叫我老师而男校友叫我师兄一样。孟子说：“君子敬而无失，与人恭而有礼”，农民说：“叫人不舍本，舌头打个滚，礼多人不怪”，相互尊重会少一些尴尬。五十岁啦！尴尬啊！痛苦啊！老啦！还能干点儿啥呢，就在校友会为你们当几年义工吧。……大人物卡耐基说：“人生事业的成功，取决于85%的人际关系和15%的专业技能。”小人物我说：“生活就是钻圈子，从一个圈子走出来，又套进另一个圈子，人生有许多圈子，最重要的还是与工作、事业、生活情况有关的圈子，只有你把握住了这个圈子，你就有了自己的位置，和很好的提升自己的位置”。

以上的范例是作为昔日的校友，回自己的母校，在老师、校友面前的脱稿讲话；作为昔日曾经同甘苦共命运的知青战友，多年后相聚在一起，如何构思？怎样发自内心地表达此时此刻的心情呢?

参考范例：

一名曾经的北大荒女知青，经过个人的奋斗成长为某军职领导，在赴北大荒四十周年聚会上，该领导发表了即席讲话，怀念在北大荒度过的青春岁月。

昔日的同窗，往日的战友，同经历共患难的兄弟，姐妹们：

你们好！今天我和大家一起怀着欣喜、期待的心情来到这里，共同纪念我们生命中一个重要的日子：赴北大荒××周年庆。

风雨如磐，往事如烟。当年青春靓丽，身形矫健的我们都已容颜苍老，两鬓斑白。光阴似水，人生易老，真是不胜感慨。值此××周年庆的重要日子，更是禁不住心潮起伏，思绪万千。

自步入中年后，我就会经常回忆，也常想一个问题。这就是：

从1969年到1979年。十年间3600多天。在北大荒我们每日从事的是令人疲惫不堪，腰酸腿痛的重体力劳动。每日摄入的是土豆、白菜、黄豆老三样。遭受的是风霜雨雪、酷日严寒、蚊虫叮咬的轮番侵袭。付出的是无法计价的青春年华，而得到的是每月32块钱的酬劳。收获的是伤、亡、病、残、困惑、迷茫。

从经济学家角度，这付出与得到太不公平，太不合理。

从文学家的笔下，也是伤痕 、蹉跎、悲壮、莫衷一是、无法评说。

我作为亲历者也确有同感。可奇怪的是我和许多亲历者一样却得上了同一个病症，叫做北大荒情结。

北大荒，我们为之付出了许多，失去了许多，却像欠了它许多。

我们想他：坑洼起伏的沙石道，一望无际的田野，白桦组成的防风林，低矮的房舍，豆田锄草，麦地挥镰，场院扬锨。那一幕幕场景，连长、排长、班长、老同志、知青战友、一个个鲜活的身影，早已刻进了心里，数不清多少次夜半梦里回。

我们关心他：电视里，报纸上，只要和兵团沾光沾边的新闻就会睁大眼睛看，竖起耳朵听，遇到点多少知情的人，就赶紧上前打听。

我们爱他：常常在心里祈祷。祝愿他风调雨顺、政通人和、地产丰富、人人生活提高。

这是为什么呢？我经常想，也许是：

一、这段历程发生在我们从学校走向社会。从稚嫩单纯走向成熟的重要人生节点，因而尤为深刻。

二、北大荒的土地有我们挥洒的汗水，青春的足迹。人往往是这样，付出的越多，爱的就越深。与抚育孩子同理。

三、10 年的磨难，浴火重生，铸就了我们吃苦耐劳，坚韧不拔的品格。为面对今后人生的种种挑战奠定了坚实的基础。这是北大荒回馈给我们的精神财富。

四、为当年纯朴的人际关系感到温暖。只需努力工作。不必费其他心思，便可获得称许。遇到困难时身边的战友，老同志会用最质朴，最实用的方式来帮助你，这种帮助对我们这些远离家乡、亲人，只身在外的人来说，足以让你温暖一生。

这些都是，但不尽然。一定会有更多的理由，让我们在座的人不约而同地患上同一个病症，并久治不愈，历久弥新。多少天前就期待，期待这场四十周年的聚会。

今天，我们真的又到了一起，像离群的飞雁又聚拢到一起。惊喜的招呼，忙不迭地问候，执手相对，千言万语，兴奋喜乐的心情难以言表。

在这幸福的时刻，我们要向为筹备这次聚会而四处奔走，多方准备的全体人员表示深深的感谢。谢谢你们！你们辛苦了！

这真是一次难得的聚会。让我们开怀畅饮，互诉衷肠。彼此间送上诚挚的问候和美好的祝愿。为我们的心田再添一份温馨的回忆。

最后我提议：共同祝愿祖国繁荣昌盛，北大荒兴旺发达。我们及家人平安健康、幸福美满。

谢谢大家。

借鉴提示：

❖ 阅读中感觉得出来，这番话是饱蘸深情说出的，虽说我们不是在现场，从字里行间，似乎看到了讲话者的澎湃激情，更感觉到的是真诚。因此，老战友老同学聚会发言，你可以没有文采，也可以啰唆一点，但不能不饱蘸深情，社交聚会中的脱稿讲话真诚是首要的。

❖ 这种场合的讲话要学会煽情，比如，一上来的称呼她用“昔日的同窗，往日的战友，同经历共患难的兄弟，姐妹们：”一开口就拉近了距离，拉回了从前，挑起了大家共有的那根神经。还有如“风雨如磐，往事如烟。当年青春靓丽，身形矫健的我们都已容颜苍老，两鬓斑白。光阴似水，人生易老，真是不胜感慨。”这类话无不能引起大家的共鸣；因此，老战友老同事聚会讲话，问候的话可以忘说，报喜的话可以忘说，大家都有共同感受的话千万不能忘记说。

❖ 回忆是种情感的链接，心灵的交流。因此，在老战友老同学老同事聚会上尽可能地要回忆具体的，有画面感的话说。比如：“坑洼起伏的沙石道，一望无际的田野，白桦组成的防风林，低矮的房舍，豆田锄草，麦地挥镰，场院扬锨。那一幕幕场景，连长、排长、班长、老同志、知青战友、一个个鲜活的身影……”

14. 单位年会

年末岁尾，各个单位都要开年会，会上免不了主要领导要讲几句。如果您能一改过去写讲稿、念讲稿的老方式，在会上脱稿讲话，不仅能拉近与下属的距离，讲好了还能增添自己的人格魅力。假如您是某事业单位的领导，在年会上该如何脱稿讲话呢?

友情提醒：此时，最好克制自己，先不参阅下面的范例，您打好腹稿后，再参阅范例，对自己的启发最大，效果更好。

参考范例：

下面是某广播电视局党委领导在某年迎春联谊活动上的脱稿讲话：

时光飞逝，上次我们踏雪而聚，已经被牢牢定格在2012，今天我们再次聚首，已站在2013征程的起点。同样是辞旧迎新，但回顾刚刚走过的2012，它却是显得如此的不平凡。

一年来，我们直面金融危机以来等前所未有的挑战与考验，按照科学发展观的指引，紧紧围绕市委市政府中心工作，导舆论、创精品、推网改、办赛事、展形象，凝心聚力，克难奋进，各项工作逆境攀升，成效喜人。基本完成网络改造，正式启动数字电视建设工程，大幅提升了节目容量和信号质量。场馆运作卓有成效。全年举办央视明星主持人慈善足球赛、全国女篮甲级联赛、中超乒乓联赛、中国斯诺克职业赛总决赛等一系列国际、国内赛事，对外展示了形象，对内掀起了群众体育运动的高潮，启动了文体消费市场。

时光无语，岁月有痕。2012我们已经走过，留下的是凝聚着所有全市广电人心血与汗水，智慧、力量与勇气的坚实脚印，是你们风雨无阻，辗转全市各地，奔波城镇乡村；是你们甘当基石，默默奉献，坚守幕后岗位；是你们书写了并在继续书写着全市广电的历史。在这里，我代表××广播电视局党委行政，向你们道声：辛苦了！感谢了！

昨日的成绩已成追忆，未来的征程刚刚起航。2012，我们将继续坚持“以导向为第一生命，以发展为第一要务，以改革为第一动力，以管理为第一抓手”的办台理念，把加强新闻宣传作为提高广电舆论引导力的重要抓手，把打造品牌作为提升广电核心竞争力的根本措施，把精品创作作为扩大广电产品吸引力的重要手段，把实施网络改造、数字电视平移等重点工程作为夯实广电基础的强大平台，把推进门户网站、文体产业经营等跨领域扩张作为加快广电产业发展的有力途径，把管办分离和分配机制创新作为推进广电效能建设的制度保障，全面推动广电事业新发展。我们相信，具备了勇于开拓、敢于拼搏的创业精神；默默无闻、不求名利的奉献精神；不怕艰险、孜孜以求的吃苦精神的你们是不可战胜的，我们可以预见，我们广电系统必然会在2013的新征程上实现新跨越。

回望2012，我们未来的脚步将更加有力、前进的方向将更加明确。展望2013，我们将付出更多智慧、拥抱更多真情、收获更多感动、品味更多欣喜、留下更加坚实的人生足迹。

最后，衷心祝愿大家新年快乐，阖家幸福，期待我们的工作再上台阶！

借鉴提示：

❖ 领导在年会上的发言，整体构思即三大部分：回顾过去，展望未来，祝福大家。其中，回顾过去是“重点”，最好列举工作中的成绩，给以肯定；展望未来是“亮点”，把新的一年工作思路与新打算说清楚，让大家眼前一亮，对未来抱有希望。

❖ 这类脱稿讲话不宜太长，短小精悍为妙，遣词造句多用短句。比如：“紧紧围绕市委市政府中心工作，导舆论、创精品、推网改、办赛事、展形象，凝心聚力，克难奋进，各项工作逆境攀升，成效喜人。”

以上是某事业单位的领导在年会上的脱稿讲话，如果您作为政府机关单位的领导在迎春联谊活动上，该如何构思您的发言呢?

友情提醒：此时，最好克制自己，先不参阅下面的范例，您打好腹稿后，再参阅范例，对自己的启发最大，效果更好。

参考范例：

下面是某市商务局领导在迎春联谊活动上的脱稿讲话 。

各位领导、同志们：

大家晚上好！

新春伊始，大地回暖，万象更新，很高兴今天我们大家能够相聚在这里，商务局与工商局共同开展这次迎春联谊活动，旨在希望通过这个平台，在我们两局之间架起一座沟通的桥梁，能够更直接地联络感情，加深了解，加强合作，增进友谊！在这里，感谢大家给予活动的大力支持和热情参与，同时也对取得好成绩的获奖选手表示热烈的祝贺！

工商与商务同宗同源，本是一家。一年前，中心农贸市场实施“管办脱钩”，这一嫁一娶，加强了彼此的联系，密切了之间的配合，从此两家亲上加亲。2012年是我们商务工作进入21世纪以来，最为困难的一年，面对外贸出口的严峻挑战，利用外资的艰巨任务，扩大内需的巨大压力和市场整治的复杂矛盾，商务系统干部职工在市委市政府的正确领导下，团结一心，负重加压，沉着应对，破解难题，化解矛盾，完成进出口总量1．244亿美元，位居全省第三；实际利用外资5057万美元，位居全省前七；实现社会消费品零售总额32亿元；实现境外投资1000多万美元，取得了十分可喜的成绩！在分享过去一年丰硕成果的时候，我们不会忘记老朋友——市工商局，是你们的大力支持，我们才有了上述成果，是你们的无私配合，我们才有了中心农贸市场的平稳发展，是你们和我们并肩作战，患难与共，相互支持，协调各方，才得以成功化解家居建材市场整治中的各种矛盾，取得了整治的初步成效。为此，我代表市商务局全体干部职工向你们表示衷心的感谢！

作为市工商局的老朋友，我们也注意到，2012年，市工商局在吴局长的带领下，获得了骄人的成绩，你们创新服务方式，帮助企业脱困解困，扎实开展了“工商帮扶进万家”活动，帮助企业融资2．8亿元，并且获得了“全国工商系统商标工作先进集体”荣誉称号，这些成绩的取得是来之不易的，凝聚了工商局领导班子的智慧，展示了工商人的精神风貌，我们为你们而喝彩！在今后的工作中，我们将学习你们兢兢业业的工作精神，认真谨慎的工作作风，创新求实的工作理念，在2012年里，希望商务局和工商局一如既往，携手共进、共同发展，为我市经济发展贡献自己的力量！

现在，我非常荣幸地邀请市工商局吴局长和我一起举杯为大家祝福。为在座的各位及家人身体健康，工作顺利，阖家欢乐干杯！

借鉴提示：

❖ 有一种年会，是以联欢、宴会的形式，几家单位在一起联合搞，以上范例即属这一情况，如果您作为本次活动的致辞嘉宾，脱稿讲话内容中除了总结本单位过去的成绩，还要不忘把联谊单位过去一年的交集之处盘点一下，比如："作为市工商局的老朋友，我们也注意到，2012 年，市工商局在吴局长的带领下，获得了骄人的成绩，……"

❖ 此种场合的祝词，最好恰到好处地用一些年末岁尾的时令词，如："新春伊始，大地回暖，万象更新，很高兴今天我们大家能够相聚在这里，……金龙腾飞，银蛇起舞，在这欢声笑语的时刻……"。这种话一说，让人感觉应情应景。

15. 论坛活动

当前经济形势活跃，各行各业连接紧密，国内国际各领域各种专业的论坛也纷纷设坛开讲，各种活动也在纷纷举办，如果您被邀请参加某个论坛或活动，以领导人的身份发表讲话，将如何准备，又该怎样表达呢？

下文是 2012 年 12 月 20 日国务院副总理王岐山在出席美国商贸团体主办的晚宴上的脱稿讲话。

非常感谢刚才几位演讲的，无论是布兰克代理商务部长还是柯克大使，还是麦睿博主席，感谢你们。但是说真的，我觉得你们是在给我出难题，把我捧得太高，人家说——中国话嘛，中国这个字也是这么写的，一个叫"捧杀"，一个叫"棒杀"，正好这两个字一个是木字旁，一个是提手旁。

我一个朋友办了个公司，他有一次跟我讲，他说我公司这些小青年在背后议论被他不巧听到了，说咱们这个董事长净喜欢听好话，咱们就把他捧晕，捧晕了他就好办了。所以说实话，生命难以承受其捧。

比如说我现在面对的难题就是，你看前面布兰克部长和柯克大使把中美商贸联委会这次会议的情况都讲了，说实在我们开了一个很好的会，今天下午新闻发布会（相关内容）我想都已经发布了，关乎着在座中美商界的朋友们的切身利益、共同利益。

我们这个委员会实际上就是给大家服务的，就是帮助中美商界能够创造一个更好的行政环境，因为任何政府都有服务和管理的职能，那么我们这个政府为市场最重要的就是我们在法规的制定上，在法规的执行上，能不能够为市场中的组织、群体和个人，让他们有一个良好的环境，我想这就是中美商贸联委会这个平台搭建的初衷。所以我们这次会我看实现了这个目的，应该说来自于我们双方团队的努力，来自于美方布兰克部长和柯克大使强有力的领导，他们代表美国企业界，可以说从昨天晚上在宴会上就开始给我提出了很多很多的问题。

而且柯克大使还特别说了一句话，他说能不能咱们这是最后一次，咱把中美商贸之间已经摆到桌上的问题，咱们通过明天全给它扫光。扫光之后呢，我们给今后的人不留下问题。所以他刚才说我是一个很难对付的好人，我不能说他是一个很好对付的坏人，我得说他是真正的不好对付的好人。

所以，我想实际上我今天准备一个稿子我也没法用，我很多话都让他们前面的人说了，我就想讲一个，就讲一个承诺和期盼，这个词非常容易懂，但是做到很难。我常说在一个家庭里头，当孩子小的时候，大家有时候就要给他一个承诺，晚上讲个故事，周末去趟动物园，这就叫承诺。一旦有了承诺呢，孩子就认真了，如果到时候你没兑现，你晚上没回来，或者星期天你要加班，这就不好办了，一次可能是一般性的失望，如果要是连续几次，就绝望了。

那么说句实话对一个孩子都这样，何况要对一个大人，何况要对一群人，家都如此，何况要对一个国家。我想说我们今年中美两国重要的政治议程都已经顺利地结束了，也就是说你们的总统选出来了，是连任的奥巴马总统，我们执政党的总书记也选出来了，是今年初来访问的习近平副主席，现在是我们的总书记。

我仔细一想奥巴马总统有很多对美国人民乃至世界人民的承诺，而习近平总书记代表中国共产党最高的领导层，对党和中国人民乃至世界也有着许许多多的庄严的承诺。现在可能所有的人都把这种承诺变成了一种期盼，美国人是如此，中国人是如此。说实在的，这种期盼是承诺者，应该可以说，是生命不能承受之重。

所以，我们现在很小的一个事情，你比如说我们确定的中国特色的社会主义道路，我们确定的2020年全面实现小康，我们确定的坚定不移地走改革开放之路。所有的这些承诺，都变成了期盼，很多国外的朋友，为这个承诺，欢欣鼓舞，但是呢随之而来的就是你的投资环境怎么样，你的贸易规则的遵守怎么样。开放不是句空话，扩大开放他和刚开始打开门不一样，现在这些美国朋友、企业家已经不满足于你让我进来，他更多的要求是什么呢，我进来以后你怎么对待我。

很重要的一个承诺就是国民待遇，WTO规则，你的很多规则是不是有歧视性。刚才就这么短短的时间我就听到有的企业家跟我在这儿谈这个环境问题，实际上布兰克部长刚才在发言中和柯克大使今天在谈判中很重要的就是谈规则标准，那么刚才我也碰到我们中国的企业家，他就那么一会儿和我握手的时候他说王副总理我在这儿还可以，我们公司还可以，但是说真的，比较难，人家对我们还是不大信任，我就没来得及（回答），我想在这个台上跟他说，你来的时间太短，你还不知道艰难困苦，玉汝于成，没有一个企业不是经历过多少磨难才建立起长久的信用的。

但是话又说回来，也有另外的问题，有一个我们中国企业到美国来时间短的问题，但是你们也不能否认，美国有的人对中国不了解，但是呢他有成见。也就是说戴着那个有色的眼镜在看待中国，这也存在。对我们的企业，你们美国能不能够不要做政治背景的审查，你们可以做安全审查，你们怎么能审查他是共产党或者是什么党，好像美国没有这样的审查。

所以这是我们在中美商贸联委会向布兰克部长和柯克大使提出来的，这也是实事求是的。所以呢，我总觉得我举这个例子都是为了说明我们现在都给自己的人民有一份很高的庄严的承诺，而人民对我们这种承诺又有着更高的期盼，这样就必须倒逼我们去攻坚克难，去迎接挑战，真正地实现你的承诺。

所以我在这儿体会，中美现在的经济关系谁都离不开谁，在全球现在不确定的（经济环境下）可以确定的是，未来的三到五年，全球经济复苏低迷是确定的。所以中美之间的经济关系就尤其重要，所以为了我们那份对自己人民的承诺，我们两国应该加强我们的经济关系，应该顺应这个谁也离不开谁的客观事实，排除一切困难，真正实现我们两国元首确定的，就是胡锦涛主席和奥巴马总统确定的，相互尊重，互利共赢的合作伙伴关系。

最近我们的习近平总书记在前面还特别加了攻坚克难，要创新，还加了一个要增加正能量，为实现这个关系。我这两天理解他这个增加正能量，我说我这次到美国来就是增加正能量，为中美关系，我和布兰克部长和柯克大使，和我们的双方团队，和在座的所有的人，就是为了这份我们中美关系这种相互尊重、互利共赢的全面合作伙伴关系增加正能量。

因为我们新的规定也是一份承诺，一般讲话不要念稿子，我这人原来就怕念稿子，现在倒得了济了，但是这个场合不念稿子还是挺危险的，再加上前面那些人再一捧我下不来了，所以我就没念稿子，稿子在这儿呢，谢谢大家。

借鉴提示：

❖ 正规场合轻松说，是这篇脱稿讲话稿的突出特点，比如讲话中提到的“棒杀和捧杀”；还有讲的故事“一个朋友办了个公司，他有一次跟我讲，他说我公司这些小青年在背后议论被他不巧听到了，说咱们这个董事长净喜欢听好话，咱们就把他捧晕，捧晕了他就好办了。”用朴实的语言表达了深刻的寓意。

❖ 整个讲话紧紧围绕“承诺与期待”这一点集中论述，重点突出，观点鲜明，是脱稿讲话的很好借鉴。有些场合不宜把话题展开太宽，太宽容易说散，尤其要注意。围绕一米宽，往一百米深说下去，能说透彻说深刻，给人印象深，还不容易出差错，值得借鉴。

❖ 整个讲话运用了一种脱稿讲话技巧——“现挂法”，即用在现场听到的，看到的，感觉到的作为讲话的素材，让听众感觉到新鲜，好听好玩有味道的同时，又能表达一些观点。比如：在共同主持多届中美商贸联委会之后，柯克与王岐山这两位老对手之间显然已有默契，他在致辞时形容王岐山是一个很难对付但又很公平的谈判对手。王岐山就借着他的话说“柯克刚才说我是一个很难对付的好人，我不能说他是一个很好对付的坏人，实际上他才是真正不好对付的好人呐。”王岐山这席话再次引来阵阵笑声。在一番幽默开场白后，王岐山进入了脱稿演讲的主题，他用两个词加以概括——“承诺和期盼”。

论坛上的领导讲话，语言组织，思路表达，不是一成不变的，应是根据不同的主题，自己的身份和讲话的目的，有不同思路上的差异。比如，在第十届全国村长论坛开闭幕式上，李源潮发表了脱稿讲话，其语言组织结构上又是用了另一种语言组织思路，请鉴赏：

各位村干部、同志们：

今天，第十届全国村长论坛在华西举办，我代表中央组织部向你们表示热烈的祝贺。刚才我们在照相的时候，我看到全国的各地的明星村的这些领导都来了，我看到除了华西村，还有安徽的小岗村、山西的大寨村、江西的进顺村、浙江滕头村、云南的福宝村、浙江的花园村、上海的九星村、河南的南街村、北京韩村河村、江苏的蒋巷村、山东寿光的三元朱村、河南的刘庄村等等，可以说这一次的村长论坛是群英荟萃，我觉得这些先进村、明星村是全国农村科学发展的旗帜，是我们全国农村全面小康建设的示范，是中国农村走向现代化的尖兵，因此我要趁这个机会，向全国先进村的领头人表示敬意，向与会所有村干部表示亲切的问候！

村长啊，这是我国农村最基础的干部，是农民群众的当家人，村民富不富，关键看支部，班子强不强，先看领头人。早上我们经过华西的走廊，这个走廊呢，记录了华西的发展历史，也可以说是一个教育长廊。从这个走廊上的照片，我们可以看到，在1961年华西村刚刚建村的时候，到处还是茅草屋，是泥垛墙，但是大家已经看到，现在家家住别墅，村庄像花园。老书记早上说，我们这里比城里还要好，我认为这是实在的。华西有今天，靠的是什么？靠的是老书记吴仁宝和支部的一班人，带领村民们艰苦创业，勤劳致富。再比如说，山东寿光的三元朱村党支部书记王乐义同志，今天他也来了，他带领村民种大棚蔬菜，不仅使三元朱村摘掉了“要饭村”的穷帽子，而且还带动了全国许多地方的农民走上致富之路。这些事实都说明，一个明星村的创业史，也是一个好村长的奋斗史，有一个好书记就能带动一班人，致富一个村。

农业是国民经济的基础，农民是我国人口的主体，没有农民的小康，就没有全国人民的小康，没有农业和农村的现代化，就没有全国的现代化。村官虽然小，但是责任很大，村庄虽然小，但是影响很大。我们只要想一想，是小岗村的大包干拉开了中国改革的序幕，是苏南的乡镇企业开启了农村工业化、城镇化的先河，是吉林梨树沟的村官海选探索了农村基层民主发展的道路。现在全国有60万个村，有400多万村干部，如果在这中间有一大批勇于改革、勇于创新的村级组织带头人，我们国家的农村乃至整个社会就会更加充满活力。如果有一大批像华西村、南山村、刘庄村、蒋巷村这样率先发展致富的社会主义新农村，我国的农村乃至整个国家的实力就会大大地增强。

这一次的论坛来了几百位大学生村官，我认为这是第十届村长论坛的标志之一。所以在这里我也要跟大学生村官讲几句话，为了加强农村的发展骨干的配备，也为了培养来自农村和农民的干部人才，中央启动了“十万大学生当村官”工程。这几年来，一批又一批的大学毕业生响应党的号召，志愿到农村干事创业，目前已经有20万大学生到村级任职。虽然时间不长，但是现在已经有26000名大学生担任了村两委的负责人。事实证明，到农村当村官是当代大学生锻炼成长的一个正确选择。我相信，在这几十万人中间，会走出一批熟悉农民、热爱农民、和农民有感情的党政干部的人才。刚才薛正红同志已经宣读了全国村官创先争优的倡议书，我觉得这个倡议书很好。我们会全力支持全国村官的创先争优活动。现在我国农村改革发展正处在关键阶段，村干部肩上的担子很重，希望大家向吴仁宝、王乐义、沈浩同志学习，还有向今天来的老模范申济来、郭凤莲同志学习。我们全国的村长，包含现在的村书记和村主任，我们全国的村干部都要向他们学习，带头创先争优，富民强村，要始终把发展、富民作为中心任务，因地制宜地拓宽增收渠道，带领大家致富。要公道办事，民主理事，妥善解决村民矛盾纠纷，维护农村的和谐安定，要把人民幸福放在身上，放在自己的心上，真心实意地为村民办实事，解难事。还要严格要求自己，以集体和村民的利益为先，做清清白白的当家人。在创先争优活动当中，还要抓住机遇，抓好村党支部和党员队伍的建设，增强村党支部的创造力、凝聚力和战斗力。党中央对村干部十分关心，胡锦涛总书记多次强调，要真正重视、真情关怀、真心爱护农村基层干部，要抓好农村基层党组织带头人队伍的建设。根据胡锦涛总书记的指示，我们在2008年年底中央专门出台了《村党支部书记一定三有》的政策，村党支部书记的待遇和其他村干部的待遇有了明显的提高，为村干部包括我们各类村长办事创业提供了重要保证。我今天再强调一下，我们各级党委和组织部门要认真落实中央的政策，全力支持村干部的工作，充分调动他们服务农民、发展农业、建设新农村的积极性和创造性。

最后，我希望在全国农村的创先争优活动当中，有更多的农村成为华西这样的科学发展先进村，希望有更多的村干部成为像吴仁宝同志这样一心为民的优秀村干部，中国农村现代化的希望寄托在你们身上。

我说完了，谢谢大家！

借鉴提示：

❖ 从讲话中的语言内容组织，明显感觉得出来是即兴脱稿讲话。即兴脱稿讲话怎样才能边讲边说还说不乱，其中巧妙构思的一个方法是以眼前所看到的为主线，站在自己的角色上，紧紧围绕论坛的主题，截取几个重要的点，由此展开来说即可。比如此篇脱稿讲话——

先从现场看到的与会代表说起，如他说："刚才我们在照相的时候，我看到全国的各地的明星村的这些领导都来了，我看到除了华西村，还有安徽的小岗村、山西的大寨村、江西的进顺村、浙江滕头村、云南的福宝村、浙江的花园村、上海的九星村、河南的南街村、北京韩村河村、江苏的蒋巷村、山东寿光的三元朱村、河南的刘庄村等等，可以说这一次的村长论坛是群英荟萃，……"点出了这次论坛的性质，同时引出了向本次论坛祝贺的礼貌敬语；接着又围绕看到的，如讲到："早上我们经过华西的走廊，这个走廊呢，记录了华西的发展历史，也可以说是一个教育长廊。从这个走廊上的照片，我们可以看到，在1961年华西村刚刚建村的时候，到处还是茅草屋，是泥垛墙，但是大家已经看到，现在家家住别墅，……"指出了"村长是农民群众的当家人，村民富不富，关键看支部，班子强不强，先看领头人。"这一观点。之后又从看到现场来的大学生村官说起，如说道"这一次的论坛来了几百位大学生村官，我认为这是第十届村长论坛的标志之一。所以在这里我也要跟大学生村官讲几句话，……"

最后提出希望。通篇脱稿讲话思路清晰，逻辑严谨，贴近现场，并且言之有物，没有空话套话，是各级领导讲话的好范例。

以上是几位领导人在论坛上的脱稿讲话范例，单从内容上说政治性比较强，下面再鉴赏一位某法律界领导应邀出席某论坛时的脱稿讲话：

诸位好：

这本应是青年的讲坛，这当然属青春的领地。然而我，一位执业已十八年的老律师却斗胆、冒昧地站到了这里。我敢于站到这里的唯一理由是——

我也曾年轻！

正因为我也曾年轻，我已有的阅历要让我说——在我们为权利而斗争的时候，面对社会不平之事，我们既要有拍案而起、仗义执言、慷慨陈词的豪气和激情，但更应有审慎处事、追求实效的智慧和理性。没有这样的激情，我们的执业活动就会失去正义和良知的动力，然而，激情失去了理性为依托，就会成为于事无补，恣意宣泄的汪洋。

激情因理性而厚重，理性因激情而生辉！正因为我也曾年轻，我已有的阅历还要让我说：青年律师——中国律师的未来；青年律师——构建和谐社会的生力军！和谐社会，一个时代的话题；和谐社会，为我们律师业带来了新的发展契机。

面对时代的呼唤，老夫聊发少年狂，欲与青春比高低！何以如此多情？因为我看到，尽管征途仍漫漫，险阻还重重，但，我们的律师事业，我们的律师队伍，毕竟——花是正红，山已青！

谢谢。

借鉴提示：

❖ 这篇脱稿讲话谈论的话题是关于“激情”，语言组织紧紧围绕“激情因理性而厚重，理性因激情而生辉！”这一辩证的观点展开论述，重点突出，讲话不散。这是我们在一般论坛发言应借鉴的，就某一观点，从两方面辩证的表述，不仅不容易使自己的观点太偏激，还容易论述得比较深刻。

❖ 通篇讲话运用的是短语短句，多说短语短句，讲话给人感觉有节奏感，冲击力强，另外，从遣词造句，语气语调我们感觉到的也是“激情”。这叫表里如一，往往这样的讲话最能打动人，影响人；另外，论坛上发言，只要您不是主角，说的短比说的长效果要好，应借鉴。

以上是论坛上的脱稿讲话思路剖析，作为活动的倡导者，在这类场合的脱稿讲话又该如何构思呢？下面鉴赏韩启德任欧美同学会理事会会长时在赈灾募捐公益活动上的脱稿讲话：

各位学长，五天以前玉树发生了特大地震，地动山摇，家园破损，我们又一次体会到人在大自然面前是如此的无奈，如此的脆弱，但是我们也又一次体会到人的精神有多么伟大，人的潜能有多大，我们的爱有多么的无疆。

刚才大家看到了片子里重现的镜头，又有那么多的生命在地震中逝去了，那么多的兄弟姐妹遭受痛苦，那么多的房屋倒塌，我和大家一样无比心痛。片中我们也看到来自祖国四面八方的救援队伍和志愿者，不顾强烈的余震危险和高原反应，昼夜奋战，在废墟下救出一个又一个生命，创造了一个又一个生命奇迹，展现出我们中华民族在灾难面前不屈不挠的伟大精神，我们不能不为之动容。

主持人说让我做抗震救灾的动员，我说根本不需要动员。刚才有记者问我，这活动是怎么组织起来的？我说，我们根本不需要刻意组织，这是我们的学长们发自内心的要求，今天大家自发地聚集在这里，就是要奉献出我们留学回国人员一份特殊的情感和爱心，为玉树的抗震救灾活动贡献出一份力量。玉树人民的灾难就是我们的灾难，玉树人民的所需，就是我们的所急。所以说，我们只是给大家搭建了这个平台，来表达我们的情感，来给大家创造一个为玉树做贡献的机会。

刚才有记者问我：你们募捐有没有目标，会募捐多少钱？我还没来得及回答，我想募捐多少钱并不是最重要的，我们主要是要表达我们对玉树人民的这份感情。现在是救灾的关键时期，虽然离震后救人 72 小时的黄金时间已过，但是我们不会放弃任何一个救人的希望，我们盼望着不断有奇迹出现。同时，灾后恢复生产，重建家园，将是更艰巨的任务，还会面临着更多的困难和问题。在国家需要我们，玉树人民需要我们的时刻，我们留学回国人员该做些什么呢？一方面，我们要尽我们所能捐款捐物，今天募捐活动只是开始，今后我们还会不断地捐献。另一方面，欧美同学会作为高层次知识分子群体，我们更要为玉树的抗震救灾建言献策，这是非常重要的。如何科学高效地实施救援？如何重建玉树家园？如何让玉树的人民尽快地从灾难当中走出来，并过上更好的生活？这些都既要有政策，也要有具体的措施。为此，广大留学人员应该发挥我们的专长，为国家和政府提出一些切实可行的意见和建议。

同时留学人员有广泛的联系，特别是与海外的联系，我们还有一份责任，就是要做好宣传工作，向海外的留学人员，向海外的国际朋友宣传玉树地震发生以后的一切，宣传我们人民在中国共产党领导下与灾难作斗争的真实情况，向国际社会宣传中国特色社会主义的优越性和中国各族人民之间的大团结。每当灾难发生时，也会有各种各样的误解和一些不正确的说法，我们要以事实做好宣传和解释工作。我想这是我们留学人员一项特殊的任务，也是我们能够做到的事情。

我衷心感谢今天来参加募捐活动的各位学长，也希望大家在抗震救灾中作出更大的贡献。

谢谢大家。

借鉴提示：

在构思倡议募捐类的脱稿讲话时，虽说是源于一种爱心和诚心，作为讲话者也常常会为既不想说得太直白，也不愿过于含蓄地说，如何拿捏好度而想来想去。通过自己的真心表达让人人都献出一份爱心，是需要语言组织艺术的，这篇脱稿讲话我们可借鉴之处是讲话者用了从现场看到的；听到的讲话素材，很自然地借此引出了自己想要表达的目的，非常巧妙地表达了自己的倡议，很值得借鉴。比如："刚才大家看到了片子里重现的镜头，又有那么多的生命在地震中逝去了，那么多的兄弟姐妹遭受痛苦，那么多的房屋倒塌，我和大家一样无比心痛。片中我们也看到来自祖国四面八方的救援队伍和志愿者，不顾强烈的余震危险和高原反应，昼夜奋战，在废墟下救出一个又一个生命，创造了一个又一个生命奇迹，展现出我们中华民族在灾难面前不屈不挠的伟大精神，我们不能不为之动容。

再比如：主持人说让我做抗震救灾的动员，我说根本不需要动员。刚才有记者问我，这活动是怎么组织起来的？我说，我们根本不需要刻意组织，这是我们的学长们发自内心的要求。"

又比如："刚才有记者问我，你们募捐有没有目标，会募捐多少钱？我还没来得及回答，我想募捐多少钱并不是最重要的，我们主要是要表达我们对玉树人民的这份感情。"

16. 晋升乔迁

晋升乔迁这类场合，是指因自己晋升了职位或职称、孩子金榜题名以及乔迁新居等宴请亲朋好友，宴会开始之前主人通常要说一番祝酒词，宴会过程中有时候客人也需要即兴说几句。场合有场合小的说法，场合大有大的构思。

假如您凭着自己出色的工作表现，年底业绩突出受到表彰和晋升。为了答谢领导和同事，专门举办了答谢宴，想想怎么表达您的感谢之意？

友情提醒：此时，最好克制自己，先不参阅下面的范例，您打好腹稿后，再参阅范例，对自己的启发最大，效果更好。

参考范例：

尊敬的各位来宾、朋友们：

大家晚上好！

非常感谢大家能在百忙之中，抽空来参加今晚的晚宴，在这里，感谢公司给我这样的机会，更要感谢在座所有的客户朋友们，是因为有你们的支持与帮助，才有我今天这样的机会和成绩，谢谢你们！

回首两年的保险职业生涯，有成功的喜悦，也有心酸的泪水，要感谢的话很多很多，不知道从何说起，那我用简短的时间，从头说起吧！

首先，要感谢的是我的推荐人，是她把我带到了这个行业。可惜她今天没来，也借大家的掌声谢谢她；

其次，感谢我的领导赵经理，是她耐心的引导，把我从一个单纯不懂事的家庭主妇，锤炼成一位独立的职业女性，不敢说自己有多么能干，但这几年来，真的成长了很多很多，也借大家的掌声，谢谢您经理！没有完美的个人，只有完美的团队，所以还要谢谢团队里的每一个同事，谢谢你们！

最要感谢的是在场的每一位客户，是你们一张一张的保单，让我收获信心，是你们的信任，更让我感到肩上沉甸甸的是责任我有责任坚持在这个行业，我要为客户的保单负责，我不能轻言说放弃！谢谢你们，是你们教会了我，做人更多的是责任感，和更多的爱！这里面所有的荣誉都是你们给的，我记得我的第一个客户让我永久难忘……

当然我所有的成功都少不了家人的支持。我要感谢我的老公，是他让我认识了在座的很多朋友，是他在我遇到困难的时候来安慰我，让我慢慢地成长起来，因为有了他我才会越走越顺。还有我的婆婆，是她让我不用操心家里的所有事务，是她帮我把小孩照顾得很好，是她每天很早就起来帮我煮早餐，是她在我很累的时候想休息了帮我带女儿出去玩，不让女儿吵我，是她让我没有埋怨，是她让我安心地工作。她是我心目中最好的婆婆 ，在此我想对她说“妈，您辛苦了！”

今晚，更让我感动的是，今天从上海飞回来的亲朋好友能前来祝贺我，但我未能亲自接机，在此说声抱歉。今天大家能来，我真的真的很激动。

总之，谢谢大家，在我生活与工作中给予我帮助与支持，我也会秉着感恩的心为大家带去我力所能及的全部。愿与大家一起度过一个美好而难忘的夜晚！最后，祝愿在座的嘉宾，平安幸福，合家安康！

借鉴提示：

❖ 自己设宴答谢的场合，话说得越朴实越好，范例即是如此。

❖ 话可以朴实，但方方面面都要说到，照顾到，否则，话说不到位，宴请的意义就有损失。

❖ 范例就照顾得很全面，连老公、婆婆都说到了，这叫礼多人不怪。

假如您是位某地方事业单位领导，女儿成功地考上了理想的大学，在女儿的升学宴上该如何表达心意呢?

友情提醒：此时，最好克制自己，先不参阅下面的范例，您打好腹稿后，再参阅范例，对自己的启发最大，效果更好。

参考范例：

尊敬的各位来宾和亲朋好友们：

大家中午好！首先让我代表全家向光临的各位来宾及亲朋好友们表示热烈的欢迎和衷心的感谢！

作为父亲，我为女儿实现自己的梦想而无比激动和高兴。所以我今天宴请各位，请各位来分享我们全家的幸福和快乐。希望大家能开怀畅饮，共同度过一个美好而快乐的时光！

女儿能够取得今天的成绩，是和她恩师的谆谆教诲，和在座的亲朋好友的鼎力相助分不开的，所以我还要郑重地向大家说声：谢谢你们！

有诗云：芳林新叶催陈叶，流水前波让后波。女儿的进步让我感到自豪和骄傲。金榜题名也只是她人生旅途步入社会所踏出的第一步，希望她在今后的人生路上认认真真做人，踏踏实实做事，在学业上百尺竿头，更进一步，学业有成，一路高歌！

最后让我再次向各位多年来对我关心和帮助的来宾和亲友们表示衷心的感谢，并祝福你们家庭幸福、永远健康，事事如愿！万事通达！同时也衷心感谢为庆典忙碌的主持人、琴师、歌手、摄影师，还有酒店的工作人员！

在此我想说的还有很多，但千言万语化做一副对联送给大家：

上联是：吃，吃尽天下美味不要浪费

下联是：喝，喝尽人间美酒不能喝醉

横批是：吃好喝好

谢谢大家！

借鉴提示：

❖ 这类场合脱稿讲话最适宜，看着大家说，发自内心地说，有助于表达真情实感。

❖ 语言组织的思路分三部分讲即可：第一层感谢，要表达两层意思，一是亲朋好友百忙中前来祝贺；二是他们多年来对女儿和家庭的关心和帮助。第二层表达对女儿的希望，也要分两层表述，一是做人上；二是学业上。第三层再次表达对亲朋好友的谢意，同时不要忘了在场的所有人，如：为庆典忙碌的主持人、琴师、歌手、摄影师，还有××酒店的工作人员等；这类场合属礼仪性讲话，礼仪性讲话最讲究礼貌周到。

❖ 如果在讲话中引用几句诗文俗语，会给自己的讲话添加些文采和趣味，比如：芳林新叶催陈叶，流水前波让后波。”用在这里，非常恰当。

还有位父亲在女儿升学宴上的致辞是这样说的，请参考：

尊敬的各位来宾、各位亲朋好友：

你们好！

首先我代表全家向光临的各位来宾及亲友们表示热烈的欢迎和衷心的感谢！

金玲考入了厦门大学财政学院，作为父亲我为女儿实现自己梦想而无比激动和高兴。女儿能够取得今天的成绩，是和在座亲友的鼎力相助分不开的，所以我还要郑重地说声谢谢你们，同时希望你们在以后的岁月里一如既往地支持金玲以及我们全家。

女儿的进步让我感到自豪和骄傲。金榜题名也只是她人生旅途步入社会所踏出的第一步，希望金玲在今后的日子里百尺竿头，更进一步，学业有成，回报社会，不辜负亲朋好友对你的殷切希望！

最后我再次向多年来关心、帮助我们全家的来宾和亲友表示衷心的感谢，薄酒素菜不成敬意。希望大家能开怀畅饮，共同度过一个美好的中午时光。在此我提议，让我们共同举杯，祝福各位家庭幸福、永葆康健，事事如愿，万事通达——干杯！

借鉴提示：

❖ 这种场合的讲话构思，不要想得太复杂，表达三层意思即可。一是对众亲友的到来和过去的帮助表示感谢；二是对女儿提出父辈的希望；三是祝福大家。

❖ 最后结尾时语音语调要高扬，挑起气氛，把氛围引向高潮。

以上是父亲在升学宴的祝酒词，下面听听学生在这种场合是怎么说的？

尊敬的各位师长及亲友：

大家好！

感谢大家在百忙之中抽时间来参加我的升学答谢宴！为了金榜题名的这一天，我为此付出了十二载的心血，其间的艰辛让我铭记在心。但更让我永生难忘的是为了我的成功而给予我帮助的人们：我辛勤的父母，教学有方的老师，关心我的长辈，还有与我一同走过这段光辉岁月的同窗们，因为有了你们，我才能有今天的成功！

今天我非常高兴，不仅是因为我迈进了向往已久的象牙塔，还因为我又踏上了新的征程，我将更加努力地为新的目标而奋进。

因为，我要报答为我付出一切的父母；因为，我不会辜负你们的期望；更因为，在那遥远前方，有我不懈追求的理想！

最后，祝愿各位来宾身体健康，工作顺利，生活幸福！

借鉴提示：

作为晚辈，这种场合讲话宜少不宜多，语言越朴实越好，表达三层意思即可：一是感谢大家的到来；二是感恩众亲友，老师的帮助；三是在大家面前对未来表个态。

再听听另一位同学的表达：

各位叔叔 阿姨：

大家好！

感谢大家来参加我的升学宴，为我庆祝。

我觉得今天这里好隆重，这个隆重不是指场面有多大，菜肴有多丰盛。而是今天来了这么多人来为我庆祝，为我高兴，我觉得自己应该感到很荣幸。

但在这个喜悦背后，我需要感谢太多人了，这包括我的父母，家人和一直以来默默支持我关心我的叔叔阿姨们。你们都是我坚实的后盾，我把你们称为后援团。尤其是我的父母，为我付出的太多了，对我倾注了全部的心血，在物质上和精神上也倾其所有。让我没有后顾之忧。可以说在学业上没有老爸含辛茹苦的培养，我不可能获得今天的成绩，至少说我不可能站在今天这个起点上。我的妈妈也放弃了很多物质上的享受。

对于这份恩情，我觉得用语言来表达都是苍白的。我想我更努力更好的生活是他们最愿意看到的，也是我对他们最好的报答。我应该感到很幸福，因为我身上凝聚了太多人的爱。这让我觉得在世界上人可以缺少金钱缺少物质基础，但是不能缺少这份爱，因为它是我前进的动力。我承载这么多的爱，即将步入大学，它对我来说是一个新的领域，我把它当成新的起点，也期望自己能有更大的突破。

最后恭祝叔叔阿姨们：

事业蒸蒸日上，家庭美满幸福，身体健康！

借鉴提示：

作为孩子，这样的表达最让人感觉到你内心的真诚，无需太多美丽的辞藻，这样真情表达最好。

下面再参考某医院外科主任在乔迁答谢会上的答谢讲话：

首先我要代表我的家人，对各位的光临表示由衷的谢意！谢谢、谢谢你们。

俗话说，人逢喜事精神爽。提到喜事，咱们中国人日常生活中，有许多值得祝贺的喜事。从传统的角度来讲：洞房花烛夜，金榜题名时，是人生的两件大事。而在今天对于生活在大都市的现代人来说，解决住房，装饰一个温馨舒适的家，已成为不亚于嫁娶的大事。君不见，朋友相逢谈论最多的就是房子问题么！也就是说，今天人们的生活中又多了一喜，那就是乔迁之喜。本人就正沉浸在这乔迁之喜的喜气之中。

知道我装修新房，有同事和朋友很早就打招呼：喂，什么时候“燎锅底”？搬没搬呀？喝你的酒可真不容易啊！听了朋友们的问候，我是既感动又惭愧。感动是：同事们，朋友们的问候充满了真诚；惭愧的是这些年，也确实欠下了大家不少的酒债。

其实我是很喜欢酒的，尽管我不能喝。我也很佩服会喝酒的人。因为酒是人们生活中的一部分。酒能振奋人的精神，李白不就曾经斗酒诗百篇么！酒还能缩短人与人之间的距离，一席酒能使陌生人成为朋友，一席酒能让朋友增进情谊。酒更能为人们的生活增添喜气，不然怎么会有美酒之称呢！

只是以前，由于心居寒舍，身处陋室，实在是不敢言酒。更不敢邀朋友以畅饮。因那寒舍太寒酸了，怕朋友们误解主人待客不诚；那陋室太简陋了，真怕委屈了如归的嘉宾。今天不同了，因为今天我已经有了一个能真正称得上是家的家了。这个家虽然不如杜甫老先生追求的那么广大，这个家虽然谈不上富丽堂皇，但这个家，它不失恬静、明亮，不失舒适与温馨。更重要的是，这个家洋溢着、充满着爱！有了这样一个恬静、明亮、舒适、温馨的家，心情能不高兴么！能不舒畅么！人一高兴、心情一舒畅，浑身就洋溢着喜气。伴着喜气去喝舒心的酒，那会是一种什么样的滋味呢？我想，一定会又美又醇！

今天特意备下美酒，就是要把我乔迁之喜的喜气分享给大家；更要借这席美酒为同事、朋友对我乔迁的祝贺表示我最真诚的谢意；还要借这席美酒，祝各位生活美满，工作顺利，前程似锦！

借鉴提示：

❖ 这类场合的讲话越交心越好，发自内心地说几句心里话，越会让人感觉到您的诚意和热心。

❖ 以上的讲话从“人逢喜事精神爽”说起，谈到当今“乔迁”也是一喜。又提到朋友问道：什么时候“燎锅底”？实实在在地说出了自己对朋友之间喝点小酒的真实想法，语言组织上不落俗套，没有过多的感谢和客套，调侃中又透着文采，值得借鉴。

乔迁新居的祝酒词思路，可以参考以上的范例，作为客人即兴说几句又该如何构思？说些哪方面的话适合这类场合呢？下面是我们一位学员在班上的课后实践供大家分享。

参考范例：

背景：大学宿舍孙同学（宿舍排行老大）买了新房，复式楼，特设家宴邀请同宿舍4位同学及家人，在春节前举行家庭聚会。各位同学均从商，其中以孙成绩最大。酒菜上桌，宾客落座，主人简单说了两句后，各位同学依次讲几句，学员张向南是宿舍年纪最小的，最后一个讲话。

非常感谢孙老大给宿舍兄弟欢聚一堂提供了难得的机会，感谢大嫂盛情安排和张罗了这么丰盛的家宴。更要以最大的热情，祝贺孙老大和大嫂乔迁新居。以前你们就住着大房子，现在换了复式楼，标志着老大和大嫂不断地从成功走向了更大的成功，我由衷地为你们感到高兴，因为根据以往的经验（注：孙在宿舍同学中无论事业还是爱情都先行一步），你们的今天就是兄弟们的明天。

我是宿舍兄弟中唯一尝试从政的，这么多年工作学的是马列主义，当的是无产阶级的公仆。今天来到老大的新家，才深切地感受到资产阶级是怎么过日子的。而且老大大嫂还是一对很有品味很有文化的大资产阶级。一进门的这个照壁就是中西合璧，整个房间的色调明黄搭配淡蓝和淡粉，华而不奢，大到家具、小到盆栽，无不透露出主人高雅的情趣和对生活品质的追求。特别是老大还把宿舍兄弟们的合照放在书房最显眼的地方，显示出这个资产阶级有情有义，苟富贵，勿相忘，心里还惦记着无产阶级的兄弟们。

工作十年多来，各位兄弟投身商海，在不同的岗位上打拼出来自己的一片天空，都已经独当一面。我虽然走上了不同的路，但你们一直是我学习的榜样。特别是老大，刚毕业的时候加班加点，走着路都能睡着，把头都磕破了。我一直记着这件事，每当我想偷懒的时候，就告诉自己要向老大学习，向各位兄弟学习。十年的时间，老大实现了当初的梦想，白手起家，有了自己的公司，实现了财务自由。这是他刻苦努力和奋斗的结果，也与他有一位贤内助密切相关。大嫂不仅在自己的事业上取得不俗成绩，而且为家庭作出了很多牺牲，这是我们有目共睹的。老大大嫂相亲相爱，举案齐眉，值得我们大家学习。

各位兄弟在各自的岗位上也是捷报频传，相信很快大家会步老大后尘，换更大的房子，我也会接二连三不断地见识大资产阶级的生活。

春节快到了，我倚小卖小，越俎代庖，提议大家举杯，共祝老大大嫂再创新辉煌，祝各位兄弟事业再上新台阶，祝兄弟之情天长地久！干杯。

借鉴提示：

❖ 乔迁新居是喜庆之事，客人说些让主人高兴的话是最适宜的。但不能空空地说些赞美之词，而应句句有实证，字字有根据，让主人感受到的是您的真情实感，比如范例中的“……一进门的这个照壁就是中西合璧，整个房间的色调明黄搭配淡蓝和淡粉，华而不奢，大到家具、小到盆栽，无不透露出主人高雅的情趣和对生活品质的追求。特别是老大还把宿舍兄弟们的合照放在书房最显眼的地方，显示出这个资产阶级有情有义，苟富贵，勿相忘，心里还惦记着无产阶级的兄弟们。”“特别是老大，刚毕业的时候加班加点，走着路都能睡着，把头都磕破了。我一直记着这件事，每当我想偷懒的时候，就告诉自己要向老大学习，向各位兄弟学习。”

❖ 讲话的措辞和内容要根据关系的远近而灵活调整。因为是熟悉的老同学，这类场合说话随意一些，调侃一下会更有气氛。比如：“我是宿舍兄弟中唯一尝试从政的，这么多年工作学的是马列主义，当的是无产阶级的公仆。今天来到老大的新家，才深切地感受到资产阶级是怎么过日子的。”

17. 视察调研

身为领导有时需要视察调研。这种场合讲话，不能事先准备好讲稿。因为视察调研讲话需要结合调研的情况，联系实际来表达观点，这样才更有针对性，让听众听到的不是套话官话。根据调查后实际情况组织的语言，表达的观点，听众才愿意听，讲话才有实效。下面是某市人大副主任在某调研会议上的脱稿即席讲话：

参考范例：

同志们好！

通过现场参观企业、听取部分企业汇报和今天志祥同志的介绍，我对国有企业改革发展有四点体会：

盛大国有企业为什么能够起死回生、脱胎换骨？为什么能够返老还童、焕发生机？为什么能够生机蓬勃、充满希望，成为我省经济发展的中流砥柱，成为我市的“第三财政”？除了市委、市政府的正确领导，特别是王市长的引领，再加上国资委一班人领导集体具有很好的执行力以外，我认为，盛大国有企业快速健康的发展，还得益于“四个有”。

一是有一个好的带头人。从我们所接触、所看到的，首先是国有企业有一个好的董事长、好的总经理、好的厂长，带领着一支好的领导团队。这非常重要，因为政治路线确定之后，干部就是决定因素。

二是有一套好的机制。在盛大国有企业改革发展的进程中，机制的优越性发挥了非常关键的作用。所谓机制，我认为就是企业在发展过程中，不断地适应市场经济的变化和要求，按照现代企业制度的运行模式来强化对企业的规范、有序的运营和管理，充分发挥企业的市场主体作用。

三是有一系列好的产品和品牌。正因为有一系列好的产品和品牌，才使我们的国有企业永葆活力，在激烈的市场竞争当中披荆斩棘，获取胜利。

四是有一支负责任的队伍。在这个新时代，责任问题尤其重要。一个企业、一个团队、一支队伍如果没有责任心和责任感，必将一事无成。盛大国有企业这支队伍确实没有逃避责任，而是去拥抱责任，去履职尽责。实实在在地说，在这方面，他们比民营企业做得好。不管是社会责任，还是其他责任也好，包括职工对企业的责任，企业对社会的责任都履行得很好。国有企业这支队伍真正把它的积极性调动好、利用好了，就能够为企业利益、国家利益作出无私的奉献，能够尽职尽责地把很多事情做好。在市场经济的条件下，这种主人翁意识和主人翁作用的发挥是非常关键的。也就是说，人的主观能动性如果能够得到充分的发挥就没有干不好的事情。

因此，通过调研的实际情况再次告诉我们，国有企业快速健康发展的前景是美好的，我们对国有企业的改革是充满信心的。

谢谢。

借鉴提示：

❖ 脱稿讲话贵在“言之有序”。范例中的领导讲话层次感很强，用“四个有”统领全篇，这就启发了我们在调研讲话的构思中，要善于组织语言。

❖ 通篇讲话的思路结构为：启“通过现场参观企业、听取部分企业汇报和今天志祥同志的介绍，我对国有企业改革发展有四点体会……”；承“盛大国有企业为什么能够起死回生、脱胎换骨？为什么能够返老还童、焕发生机？为什么能够生机蓬勃、充满希望，成为我省经济发展的中流砥柱，成为我市的‘第三财政’？”转“除了市委、市政府的正确领导，……我认为，盛大国有企业快速健康的发展，还得益于四个方面”；合“因此，通过调研的实际情况再次告诉我们，国有企业快速健康发展的前景是美好的，我们对国有企业的改革是充满信心的。”

下面再听听某干部在某地调研时的脱稿即席讲话，其语言组织的思路又是怎样的？

同志们好！

今天和李谦同志带领大家来乌市调研，主要是了解党代会之后你们所做的工作，以及今后的工作思路、工作打算。下午看了一些现场，刚才又看了乌市发展战略规划片，听了邢强同志关于乌市发展情况和今后发展思路的汇报，所见所闻，感到非常高兴。总的看来，思路比以前更清晰，抓落实的办法比以前更多，发展的氛围也比以前更浓厚，所有这一切都预示着乌市在未来的几年当中将会有一个跨越式的发展。我在工作中经常讲三句话，即思路决定出路、细节决定成败、激情决定效率。今天再讲这三句话，既作为对乌市近期工作的评价，也作为对乌市未来工作的期望。

第一句话，思路决定出路。一个地方要实现跨越式发展，首先必须要有一个正确的、跨越式发展的思路作引领。刚才，我们看的乌市战略规划专题片，对乌市的发展定位、优势和劣势、如何整合自己的资源、如何推进工作，讲得非常清楚，而且很到位，很有前瞻性，把我今天本来要讲的很多话都讲到了。你们提出的要建成现代化中心城区的目标，确定的行政中心、文化中心、资源集聚高地、环境生态高地“两个中心、两个高地”的基本定位，实施“工业化、城市化、生态化”三大主战略，以及着力打造“都市工业集聚区、现代服务业核心区、科教文化先进区、特色山水生态区”的工作思路，我觉得都非常好，也很切合乌市实际。特别是大家清醒地认识到要融入全市发展大局，顺应全市发展大势，找准乌市自己的位置，趁势而上，顺势而为，这非常正确。我觉得有一个正确的思路是你们的优点，思路决定出路，一个地方思路不清晰，或者说主要领导思路不清晰，就不可能有大的发展。这次最高兴的是看到乌市有一个跨越式发展的正确思路，思路不但清晰，思维还很宽广。

第二句话，细节决定成败。思路出来了关键是怎么干，用心干与不用心干是不一样的，用心做是一个层次，不用心做也是一个层次。比如说，建设都市工贸园区，做一般水平园区也是做，真正做一个有水平、科技含量高的都市型工贸园区也是做，关键是怎么做。今天到奔腾公司去，我觉得产业选择非常正确，而且各方面考虑具有现代性，关键是要真正把这样一个走在前面的产业做起来。城市建设也是如此，市中区是全市行政、文化、教育中心，当前是坐守老城，还是既拓展新区又去提升老城？现在思路已经很清楚，你们提出既建设新区，又加速旧城改造提升档次，这个我觉得很好，所以市委赞成你们把行政中心搬出去，做东河新城，既带动周边发展，又能支撑科教园区的发展。上次我们到连云港去，连云港市的行政中心规划水平非常高，我们看了很受震撼。我们也有自己的优势，决不能在路边孤零零地做行政中心，而是要配套，同时，新城开发必须要有一流的国际化水平的规划。老城改造同样如此。无论是新区建设还是旧城改造都要做成精品，要采取市场化运作手段，一片一片精心研究，一片一片做到位，眼界要进一步提高，至少能保证20年、30年甚至50年不落后。比如绿化工作，不是每年都要投入很大来搞的，那也不现实，而是要花小钱办大事，做到精致建设、精细管理，尤其要做好后期的管护工作，确保栽植一片，成活一片，见效一片，美化一片。中心城区三产也很重要，城市发展不光靠工业，工业是要抓上去，没有工业肯定不行，关键要把抓落实的每一个环节都把握好，把推进工作的每一个细节都考虑到，才能取得良好的功效。如果不注重细节，工作抓不细，决策就会落空，事情就很难办成。

第三句话，激情决定效率。做任何事情都要有责任感，有兴趣，有激情，三者缺一不可。对乌市来讲，目前面临何等重大的战略机遇！市中区要想在几年的时间内城市面貌发生巨大变化、经济运行质量和老百姓生活水平得到较大提高，在乌市崛起腾飞征程当中勇挑重担，需要通过全区干部的辛勤工作，靠干部责任感、靠干部工作兴趣、靠干部工作激情去做，这样才会一步一步地实现长远目标。因此，市中区所有领导、机关干部、方方面面都要心往一处想，劲往一处使，团结起来，投入到火热的发展当中去。我希望全区所有干部都能够按照党的十八大代表大会提出的目标任务，集中精力，狠抓落实，踏踏实实为老百姓多做点实事，使老百姓通过发展能够得到更多实惠。

关于王局提出的两个具体问题。郑康同志都讲了很好的意见。一是关于乌市都市工贸园区问题。可以与开发区相对接，就叫乌市开发区新沂工业园，实行“一区两园”，统一规划，分别运作。关键是要使工贸园真正后来居上、真正把品位档次做高。二是关于新城开发问题。希望尽快把市中区行政中心建设好，通过行政中心建设带动周边地区发展。请林建同志负责牵头，市各有关部门要全力支持市中区行政中心建设，乌市新城建设要与整个花果山片区开发同时推进，迅速启动。

总之，我觉得乌市现在有了一个良好的开端，并且有了一个非常好的战略规划，下一步关键是要按照既定的思路、目标、任务，一鼓作气抓好落实。你们对市里有什么要求，需要市里做的，市里一定会全力以赴帮你们做到位。希望大家心往一处想、劲往一处使，为乌市长远目标的实现多做努力。

借鉴提示：

❖ 通篇讲话，整体构思以对近期工作的评价和对未来工作的期望布局，用了三句话作为层次的引领语，通俗贴切，如：“第一句话，思路决定出路；第二句话，细节决定成败；第三句话，激情决定效率。”再次提示我们，调研类即兴脱稿讲话首要的是要条理清晰。

❖ 这三句话虽说并不新鲜，可以说在当下是“老调重弹”。但每一句后面加上了调研看到的、听到的实际情况后，并不觉得是在“老调重弹”，恰恰给我们感觉言之有物，很有信服力。由此可见，调研类讲话能不能讲好，除了清晰的思路外，把看到的听到的恰到好处地运用到自己的讲话中很重要。

18. 竞聘述职

目前，不管是各级政府机关、还是企事业单位，都在实行竞聘上岗，有的单位要求竞聘者，不仅要写好竞聘述职报告，还要求当众脱稿陈述。做好一次竞聘述职，不仅竞聘报告的内容要书写全面、得体，还要现场陈述得效果好。竞聘述职报告的内容应包含哪几部分？假如您是一位国家机关公务员，要参加竞聘某处室的副处长，要从哪几部分内容写起呢？

友情提醒：此时，最好先克制自己，不要参阅下面的范例，您先想一想，构思一下，打好腹稿后，再对照范例，这样会对您的启发更大，效果也会更好。

参考范例：

尊敬的各位领导、同志们：

大家好！首先感谢中心给我提供了这次竞争上岗的机会，同时也衷心感谢各级领导和同志们对我的关心和帮助。

下面，我主要从四个方面向各位领导和同志们进行汇报。一、主要经历；二、新职认识；三、竞任理由；四、工作设想。下面我先汇报我的主要经历：

我叫郑霞，1976 年 11 月生人，籍贯安徽，大学学历。1997 年参加工作，曾先后在安徽省六安市发改局担任党组成员、副局长兼政府驻京办事处书记、副主任职务。2001 年 8 月加入中国共产党，2007 年 9 月调入中国水科院工作，同年 11 月到部委机关办公室工作至今。参加工作十多年来，我曾经多次获得先进工作者称号。以上是我的主要经历，下面我再谈一下我对新职的认识：

我竞任的岗位是办公室副主任。办公室这个岗位既是个“管家”，又是领导的“参谋”，还是连接各个职能部门的桥梁，同时它又具有服务协调的职能。因此，这个部门是非常重要的，办公室副主任就是辅助主任承担起以上办公室的功能，很好完成上级交代的各项任务，做到“到位”而不“越位”，做好主任的助手共同完成领导交办的各项任务。

基于以上的认识，下面我把我的竞任理由简述如下：

一、本人爱岗敬业，具有办公室工作的经验。2007 年到机关服务中心后，一直在办公室从事秘书工作，主要承担日常公文运转和参与大型会议的生活保障服务。三年来，在大家的指导帮助下，工作上认真负责、任劳任怨，较好地完成了各项工作任务。先后参与组织了每年一度的全国计划工作会议、部委党组扩大会议，以及第 32、33 期“办公室主任暑期研究班”等活动。在日常工作中，我收发文件、信件和报纸等共计约 6 万余份，还负责中心党支部的党费收缴、各种补贴、出入证的发放等工作。此外还较好地完成了领导交办的其他工作。通过三年来的锻炼积累，我熟悉和掌握了办公室的工作性质、职能和工作流程，具备了积极开展工作和解决各种问题的能力。

二、政治坚定，具有较为丰富的基层经验和组织协调能力。来部委工作前，我曾在基层发改局和政府驻京办事处担任班子成员。基层工作经历对我而言是一笔宝贵的财富，他不仅使我树立了正确的人生观、价值观和较高的政治敏锐性，而且锻炼了我的基层行政工作能力，特别是组织协调能力，更重要的是培养了我严谨、稳重的作风。在办公室以来，我一直秉承诚实做人、踏实做事、和谐共事的理念，较好地完成了各项工作。

三、注重学习，具备一定的文字水平和综合素质。干一行、爱一行、专一行是我们的优良传统。以前在基层工作时自己以身作则、严格要求，来到中心工作后我深知自己还是一名新兵，要不断加强学习，向领导和同事们请教。因此，在做好本职工作的同时，我还通过上辅导班等方式认真学习一些理论、写作等方面的知识，经常浏览一些专业网站，阅读政治、经济类书籍和文章，提高认识问题和分析问题的能力，不断加强自身修养。8 月份参加的访日研修活动，更是使我进一步开阔了视野，学习了先进的管理经验，明确了今后努力的方向。

以上是我的主要工作经历，下面我把对工作的设想，陈述如下：

如果这次我能够竞任成功，我将按照尽职尽责、把握自己的角色，工作做到“到位而不越位”的思路开展工作。

一、加强学习，勤奋工作。新时期对办公室的工作有着更高的要求：当好助手、搞好协调、做好服务。新的岗位需要有更强的事业心和责任感，需要有更强的工作能力和知识水平。这就督促我不断地加强学习，向书本学习、向实践学习、向领导和同事们学习。工作上要努力做到“三勤”：一是腿勤。无论是领导交办的任务，还是同事托办的事项，不怕多跑路、舍得花气力，把工作做实做细。二是脑勤。勤学善思，注意发现和解决工作中存在的难点、热点问题，为领导当好“参谋”、多出思路。三是嘴勤。多向领导汇报工作情况，加强与其他处室沟通、配合，提高工作效率。

二、找准位置，按岗行职。在主任的直接领导下，做到办事不越位，工作不拖沓，矛盾不上交，责任不推诿，注意当好“副手”。在做好本职工作的同时，充分发挥自身优势，协助主任做好工作，发挥参谋助手的作用，努力做到让上级放心、同事们顺心。

三、开拓创新，搞好服务。在今后的工作中，我将继承优良传统、不断开拓创新，强化服务意识、政治意识、责任意识，努力做到“不以事小而不为，不以事杂而乱为，不以事急而盲为，不以事难而怕为”，努力做到让领导和同事们满意。

以上我分别向各位领导和评委汇报了我的主要工作经历；对新职的认识；竞任理由以及对今后的工作设想等，无论此次竞岗结果如何，我都将以此为新的起点，加强政治理论和知识学习，提高思想修养和综合素质，一如既往地做好本职工作，以更加饱满的热情和更加优异的成绩回报领导和同志们对我的关心和厚爱，借此机会，我也向你们表示衷心的感谢！

谢谢！

借鉴提示：

❖ 以上竞聘报告内容包括：主要经历；新职认识；竞任理由；工作设想以及最后对结果的表态五个方面。应该说是比较全面又得体的。讲述的整体框架为：总、分、总的结构形式。

❖ 因为是国家机关，工作性质决定内容倾向于政治学习、思想品德、组织协调、开拓创新等内容。

❖ 每部分之间，就像范例中一样，要有过渡语，比如：“基于以上的认识，下面我把我的竞任理由简述如下……”，这样脱稿讲起来，容易上口，连贯流畅。

以上是政府机关公务员的竞聘述职报告书写思路参考范例，如果您身处某企业，正要想竞聘主管技术质量的副总经理，其内容又该如何准备呢？

参考范例：

尊敬的各位领导及在座的同事：

大家好：

首先感谢集团公司领导为我提供这次展现自我，公平的机会，我叫王艺霖，毕业于哈尔滨工程大学（原哈尔滨工程学院），在本单位担任过专业负责人，总师办副主任，现任电气副总工程师，总师办主任，期间工作认真负责，严把设计产品质量关，曾多次获得上司的表扬。今天，我竞聘的是主管技术质量的副总经理一职。

首先，我觉得作为一名副总经理既要协助好总经理工作，又要管理好下属。副总经理肩负着上传下达的重要使命，他既要执行好上面给他传达的指令，将指令安排到各个方面，把每一份工作分配到相应的职工手上，同时，又要兼顾职工的能力和要求，加强团队建设，协调好与职工的关系，提高各个部门的工作效率，以达到公司的生产目的。

其次，公司副总经理要具备相应的知识。作为副总经理，除了具备较强的业务、管理、分析等能力之外，还应该掌握一定的文字综合和策略制定等方面的基本知识，这样，才能更加透彻地了解企业的文化和公司章程，以迎合企业的发展方向，为生产出更高质量的设计产品奠定基础，这些都有利于提高企业的市场竞争力。

再次，副总经理要有勤快廉洁的品质。副总经理在员工面前要起到带头的作用，不要求他事必躬亲，但一定要以身作则，勤快廉洁，给广大职工起到一个很好的榜样。不能只追求自己的利益而弃职工利益于不顾。只有将职工的利益放在首位，才能赢得她们的信赖和支持。人们都说：“得民心者，得天下”，这句话就很好地体现了这一点。

最后，要将公司的利益当做自己的利益，热爱本职工作。既然在一个公司里工作，就要把公司当做自己的一样去管理和经营，把公司的利益当做自己的利益。同时，要对自己的工作饱含热情和激情，兢兢业业，不和职工计较太多。工作中不辞辛苦、不讲报酬、无私奉献，严明的组织纪律性、吃苦耐劳的优良品质、雷厉风行的工作作风，这是干好副总经理工作所必不可少的。

以上这些是作为一个优秀的副总经理所不可或缺的品质。在过去的工作中，我也积累了很多关于这方面的经验，本身也具有一些自认为可以胜任副总经理这一职务的特征：

我具有很好的口头表达能力和社交能力，我是一个比较活跃，喜欢与人交往，接受新事物比较快，注意细节，有较强的创新意识和超前意识的人，这有利于开拓工作新局面，搞好与职工之间的关系，这些尤其适合在激烈市场竞争条件下的企业管理工作。我可以利用自身较好的口才和人脉在最短时间内打通与各个相关部门的关系，及时了解社会上的最新动态，以制订更合理的发展计划和生产计划，为公司各项工作开展打下良好的基础。

我有创新和积极研发精神。创新，是发展的源泉，是一个民族发展的不竭动力，没有创新，就没有企业的发展。特别是对于我们设计企业，在设计出高水平的工程外，还要积极创新，拓展新的领域，这样才能提高市场竞争力和影响力，扩大我们的市场占有份额。

我具有较强的管理能力和处理事情时的应变能力。副总经理这一职位，即是一个执行者，又相当于一个管理者，这就要求我们具有很强的管理能力。在满足上级领导提出的要求的同时，又要处理好与职工的关系兼顾各方面的利益。一旦遇到紧急情况时，还要求我们具备较强的应变能力，这样才能做到处变不惊，为公司谋利。

我具有技术质量和科研管理工作方面的经验。我曾有担任总师办主任三年的经历，有从事电气专业副总工程师七年和从事电气设计工作二十年的基础。在担任总师办主任期间我能紧紧围绕把好质量关，抓好协调、服务大局这个工作主线，立足本质。工作中我能把行政管理和技术支撑有机结合起来，把完善质量管理、规章制度建设，确保质量管理体系有效运行工作抓出了成效，并通过展开质量月活动、补充完善《质量手册》、项目评优、质量专项整改等一系列活动，进一步加大了抓质量管理工作的力度，扩大了影响，使全院上下的质量意识、忧患意识、责任意识有了极大提高。

我相信，以上的这些实际情况让我具备了能够更快地进入主管技术质量的公司副总经理的角色的能力。如果我能够竞争上副总经理这项工作，我将在陈总的带领下，发挥自身的能力：

第一，我会尽快融入副总经理这一角色，工作到位而不越位。与全体公司员工共同努力，共同探讨，发挥整体优势，为公司的利益和前途奉献自己的力量。同时我还会努力完成上级领导的指令和目标，为公司的发展铺设道路。

第二是实现思维方式的转变，主动寻求开拓工作新局面的思维方式，围绕提高技术质量、开拓新的技术领域，结合实际制订分管工作计划，有安排、有检查，保证各项工作落到实处，确保企业健康有益地开展。

第三，做到两个提高。即提高员工的工作效率和执行力。要做到以身作则，为员工创造一个和平安稳的工作环境，只有这样，才能更好地发挥他们的潜力，设计出高质量的工程。要很好地落实工作方案，提高员工的执行能力，首先要以身垂范，将工作细分，抓住重点，有计划、有步骤、有检查，面面俱到，这样才会达到预期的效果。对落后的要及时提出有效的改进措施，有奖有罚，充分调动员工的工作热情。

各位领导，各位同事，作为这次竞聘上岗的积极参与者，我希望在竞争中获得成功，我有信心、有决心履行好这一职责，与大家携手共创公司辉煌灿烂的明天。不管最后结果如何，我仍将一如既往地努力工作，为公司奉献自己的微薄力量，谢谢。

借鉴提示：

❖ 企业单位的述职报告其总体内容框架与机关事业单位一样，只是内容因单位性质的不同有些差异；制造企业注重质量、效益、安全等。在准备时尤其要注意。

❖ 范文内容中对新职认识这一模块谈得比较全面、深刻。这一部分说得好，显示的是工作水平；工作设想讲得好，显示的是工作能力。因此，作为述职报告应重视这两部分的表述。

以上是企业单位的参考范例，如果您是某银行的职员，又如何准备您的竞聘述职报告呢?

参考范例：

这是一位某银行的副处长，他想竞聘金融同业处（部门二级处）处长，来参考一下他的述职报告：

尊敬的各位领导、评委：

上午好！

首先要感谢行里为我提供了此次竞聘的机会。我是来自资金营运部资产管理处的张扬，目前主要负责资产管理及贵金属自营交易业务。我在2003年入行，之前一直在金融同业处工作，2008年转岗到了资产管理处任副处长。

在我看来，我行的金融同业业务在今后一段时间的发展过程中，将不仅仅是业务收入的重要来源，它的另外两个特点今后也会越来越突显出来：

第一，它具有桥梁纽带作用，推动行内其他业务的发展。通过更广泛、更紧密的同业合作，能够促进其他业务条线的发展与合作，充分发挥协同效应，带来更多的利润增长点。

第二，它是业务创新的源泉。金融创新很多时候就是监管套利，同业间合作以及集体智慧的发挥，能够带来更多的业务创新及利润增长。

就我个人而言，应聘这个岗位，我觉得自己有三方面的优势，那就是有责任心、有能力、有业绩。

先说有责任心。无论是在金融同业岗，还是在资产管理岗，我经办的每笔业务，做的每笔交易，都可以说问心无愧，都尽最大可能地实现了我行利益最大化。我尽职尽责地完成了领导交办的每项任务，业务档案没有缺失，所经办的业务也没有一笔应收未收利息。

再说有能力。一是专业能力。在这些年的工作中，我积极学习本部门各业务条线的知识，并在实践中摸索运用，专业能力都得到了很大提升，目前还是总行贷审会专职委员。同时，在工作之余，我时刻不忘记提升自己，用三年的业余时间通过了 CFA 三个级别考试，取得了 CFA 资格。二是管理能力。在金融同业岗，我曾经长期管理过 10 多家分行联系上报的同业融资业务，为领导提供了及时的价格信息，把握住了市场机会。

最后说说有业绩。在金融同业岗位，我先后经办了当时存量中接近 1/3、近亿的业务，同多家全国性及地方性商业银行、外资银行及非银行金融机构等同业客户保持着良好的客户关系；在资产管理岗位，我主要负责我行部分理财产品的资产配置及日常流动性交易，我所管理的理财产品均实现了预期收益，产品的流动性也得到了很好的支持；同时，在从事贵金属自营业务的第一年，通过自己的不断学习和探索，管理的账户当年实现了 13% 的收益率。

如果此次我能够竞聘成功，我会从以下三个方面做好相关工作：

第一，继续加强对分行相关业务人员的培训。很多分行的金融同业从业人员在财务报表分析、业务流程、客户关系发掘等方面的知识都还比较欠缺，多开展培训能够更有利于业务发展。

第二，继续维护好现有的客户资源，并积极开发更多的优质客户资源，寻找更多的业务合作机会，加强业务创新能力。

第三，积极发挥金融同业业务的业务协同效应，争取能创造更多的利润增长点。

如果此次竞聘我没有被选上，而是选上了更有能力的同事，我会继续干好本职工作，服从领导安排。

谢谢！

借鉴提示：

❖ 整体内容结构框架还是与上两篇一样，因行业性质的不同，作为银行类的竞聘述职报告，尤其是竞聘岗位是业务口的，要多说客户资源、效益增长点、多用数字说话以及创新能力等。

❖ 此范例语言朴实，听起来实在，系可借鉴之范本。

以上都是成人职场中的竞聘述职范例，下面可参考一位在校学生竞选学生会主席时的发言：

同学们：

大家好！

春天来了，我也来了。我驾着踌躇满志的春风而来，来竞选学生会主席。

这，便是我给您的第一印象：戴眼镜，很健康。我是高一（3）班班长，同学们都认为我感召力和工作能力强。简介，您大概看过吧，不知为我喝过彩没有。不过，千万别喝彩，因为那是美好的往事，光辉的历史或说是为了忘却的回忆。我需要的是未来的成绩。

毕竟，为同学服务锻炼了我，紧张的学校生活造就了我，我觉得自己有勇气、信心与能力。戴尔·卡耐基先生曾说："不要怕推销自己，只要你认为自己有才华，你就应认为自己有资格担任这个或那个职务。"我认为我准行。以前，有人对我说，你就别当什么干部了，当学生官吃力不讨好，干不好还要招惹风凉话。我承认，这是事实，但我又认为"走自己的路，让别人去说吧。"正因为这样，我才说我有勇气去面对现实，有勇气去改变现实。

我相信，我能胜任学生会主席，我将用旺盛的精力和清晰的头脑，认真出色地工作。假如我落选了，我将带着微笑走向明年，养精蓄锐以待东山再起！当然，"落选"就像沙漠里下暴雨，其可能性很小，同学们，此时此刻，您是否看到了我头上正有一股自信之气在升腾。

我想，既然是竞选，就该谈点任职后的工作计划。我想组织一些活动，如演讲与朗诵比赛、辩论会、联欢会、球赛等等，并重振文学社。以上仅作为我的宏观的工作计划。当然，也少不了具体的实施计划和详细的方案措施。在此，我就不细说了。我想，大家需要的是实干家，让时间和事实考验我吧！

诸位，支持我吧，别忘了，投我一票，您给我一次机会，在以后的岁月里，我将还您一份惊喜！

借鉴提示：

别看是学生，这篇竞聘讲话内容具体扎实，气势不凡。全篇条理清晰，表达顺畅，且不乏诙谐幽默。这是一次成功的“自我表现”，在竞选中表现出这样的自信和气势是必要的，这是场合的需要，也是角色的需要。不足之处是对当选后的工作构想表述得简单了些，这部分内容说得具体实在，且具有可行性，展现的是竞选者的能力，让听众感受到的是，为自己树立威信所作出的努力。竞选的作用也正是如此。

19. 年终总结

年终总结，即年终工作总结，有的也叫年终述职报告。两种叫法有同也有异。相同之处都是对一年来工作进行一个盘点和总结；不同之处工作总结通常是写出来交上去，供上级领导看的，有的也要当众陈述；而只要叫述职报告，通常是要当众陈述的。这也像竞聘述职报告一样，一方面要写好，另一方面也要陈述好。需要说明的是，大部分是代表个人，有的是部门或处室负责人，他们的述职则是代表着部门或处室。

如果您是某事业单位处室或部门的负责人，代表处室或部门，该如何准备您的年终总结或述职报告呢？

参考范例：

尊敬的各位领导、同事们：

大家好！

今天，非常高兴代表我们部门在这儿向各位领导汇报一下我们一年来的工作。

一年来，在公司领导的正确领导下，在相关部门的积极配合下，在部门员工的团结努力下，我们认真履行了本部门的岗位职责，完成了年初的各项计划任务。下面我从三个方面分别作一陈述：

一、工作完成情况。可概括为：一二三。

一是指一个把握。年初，上级领导召开了全员岗位责任制实施动员大会，并内部颁发了文件。会后组织本部门专门召开了专题讨论会，结合每个岗位的具体要求，重新核实、整理。紧紧把握住本部门是公司基础部门这一定位，大家认真履行其岗位职责，本年度无任何大小失职情况发生。

二是指两大收获。年内公司给我们下达的业务量是，首播节目要占全频道60%。制作节目带2934盘。为完成全年业务量，我们将大目标分解成小目标，又具体制定了分步分期结点，通过以上具体措施的执行，完成了公司播出节目的最大部分，负责的首播节目量占全频道的75%，比目标60%提升16%。今年制作节目带3625盘。比目标2934盘增量25%。

三是指三个落实，公司下达的年内计划中，本部负责的《外购栏目》、《小神龙节目》和《中国制造》三大栏目，为完成年内的计划任务，我们引进外援，优化人员组合，重新修订奖励制度，细化考评，大大调动了部门同事的积极性，将全年计划逐一落实。比如：

《外购栏目》是《小神龙》、《卡通酷》、《逗乐园》、《北斗星》。节目量为每周十个半小时。《小神龙节目》负责《中国制造》、《皮皮映》、《午间宝宝房》、《周末快乐营》、《泡泡聚》、《启智堂》，每周38小时节目带制作。《中国制造》的包装，主要是推凤凰姐姐的知名度，每天在《中国制造》里出2分钟左右镜头。现在，许多小朋友都认为动画片是凤凰姐姐给播放的，喜欢哪个片、想看什么片都给凤凰姐姐写信。我们从她的语言到出场形式，不断推新丰富了内容，（视频）还推出了一个动画版形象编导，使凤凰姐姐活起来。

以上是我们节目管理部工作的完成情况，即：一个把握；两大收获；三个落实。下面我在汇报一下我们的团队管理和建设的基本情况。

二、团队管理情况。概括地说，即：三个重视。

1. 重视科学管理。在公司丁副总经理的直接领导、指导下，今年我们实行了“量表管理法”，用表格记录工作状态，比如节目交量表、节目进度表等等，通过采用这一管理方法，我们的工作分工明确，目标明确，责任到人，各司其职；使原来头绪繁多，容易出错的工作实现了有条不紊。比如，我们每周要发、取磁带三、四次，每次经常是发出150盘，再从磁带库取出150盘来编辑播出带。仅发带的口袋我们已经用坏将近二十个，因为带子沉，轱辘全都坏了。从未出现过任何差错。

2. 重视养成教育。本年度组织部门人员听各种管理素质讲座8次，从各种管理素质讲座中汲取精华，为我所用，我们提出了工作要求“五主动”：主动报告工作进度，万一有偏差，还来得及纠偏；主动帮助他人，让部门整体工作更有效率；主动与领导沟通，理解领导的意思；主动提高自己方方面面工作能力；主动提出改善计划，为部门整体进步出力。

3. 重视节目创新。我们公司是个文化创意企业，节目管理部做的又是频道的基础工作，去年《中国制造》节目的包装有五项创新；动画节目带的制作实施了三项创新。

以上是去年工作的基本情况，概括起来讲是三个重视，即，重视科学管理；重视养成教育；重视节目创新。下面简述一下来年工作的构想。

三、来年工作构想。创新是我们部门的可持续发展的生命力。在新的一年里，我们的重点是将年底提出的“三方法”和“三用”认真加以实施。

“三方法”是：自身常用的方法；领导建议我们改善的方法；从他人那里学到的方法。

“三用”是：用更少的投入做更多的产出；用相同的成本作出更大的收益；用更小的成本创同样的效益。

辩证唯物主义原理告诉我们，事物都是一分为二的。在总结成绩的基础上，我们也看到了工作中尚存在的一些不足。比如，在团队管理和建设方面，有了思路，也有了行动，可是在督促、检查、评比等后续工作方面还需加强，否则将流于形式，落不到实处。这也是我们今后工作需加强的地方。

因受时间的限制，只能汇报这么多，不足之处，请各位领导和同事们指导多多。

谢谢大家！

借鉴提示：

❖ 本范例因为是代表部门作总结，所以他的思路基本框架是：工作完成情况；团队管理情况；来年工作构想 三部分。

❖ 如果脱稿陈述，就要把总体思路框架记住的同时，还要记住每一部分下的分业绩点，名称和数据。

❖ 为了便于记忆，就要把全年的工作高度概括提炼，总结出像一个把握；两大收获；三个落实等类似的结构性思路。

以上是代表部门做的述职报告，下面是个人的工作总结范例，供参考。

各位领导，同事们：

大家好！

回顾这一年来的工作，我在中心领导及各位同事的支持配合下，按照职责的要求，努力积极地完成了自己的本职工作. 通过这一年来的学习与工作，工作模式上有了一些新的突破，工作方式有所改变，现将2012年的工作从四个方面总结汇报如下：

一、本职工作包含“两个重点”

第一，在程序审查中，接收施工图文件121项；咨询项目73项；合作项目41项；接收施工图审查面积385万M^2；完成上网上报审查报告151份，上报终审完成面积328万M^2。

第二，今年的审查重点是“太阳能”设计审查。配合规委勘办完成的抽查项目3次，报送建设部施工图审查情况1次，每周配合向勘办书面上报审查情况，随项目及时上网申报施工图审查报告。

二、工作模式上做到了“三个落实”

第一，作为程序审查人员及秘书，也是协助所领导工作的综合管理人员，是沟通内外，协调联系左右的枢纽，执行各项工作前进的中心。所以要积极和有关人员交流，及时了解项目进度、甲方要求，及时落实审查人的需要给相应的部门及领导，进一步安排执行后面的工作。

第二，落实在程序审查中，核实许可证/消防/人防等各类建设文件，建档案，提供、收纳、整理一些项目备用的资料，如：各阶段项目完成数量、面积，咨询、合作，校安工程，大型公建，大型住宅，廉租房、两限房、安置房、保密工程等各项归纳统计。而今年的工作重点是3月1日以来市发改委等6部委发布的《淄博市太阳能热水系统城镇建筑应用管理办法》的应用工作，时间紧，任务落实复杂，需要协调设计方/建设方/审查方等多方面的工作及关系。

第三，工程项目概况实现电子表格化，并反馈到所有需要配合工作的领导和同事们的手上；面对繁杂琐碎的事务性工作，强化工作意识，提高工作效率，加班完成上网申请《施工图审查报告》的文件；尽可能冷静办事，力求周全、准确、适度，避免疏漏和差错，基本做到有求必应，事事有着落。

三、工作方式有“三个改变”

第一，从小事做起，工作无小事，协助所领导，需要认真负责、态度端正、有条不紊。做好办公用品的配置及报销；做好公章的管理；协助工会活动；部门体检任务；出勤率高，有效利用工作时间，利用周末去医院看病，坚守岗位，需要加班时，勤勤恳恳，毫无怨词，保证按时完成工作。

第二，积极主动为本部门做些力所能及的事情，加强自我修养，在院刊上发表了三篇诗词。

第三，因为工作的多样性，常会遇到新的问题，所以不敢掉以轻心，主动性和心态比上一年在技术方面、工作方式方法方面、与领导和同事配合沟通方面保持进步和改进。很多老甲方和设计单位也愿意找我来帮助，解决沟通以往审图改图中的一些问题，也受到建设和设计单位的表扬。我也记得所领导“不可骄傲、一视同仁”的嘱咐。向周围的领导虚心学习，向同事请教，感觉到自己逐渐成熟了。

四、存在的不足及“两点改进”

有两点不足，一个是：个别工作做得还不够细，对于内审工作经验不足，考虑不够周全，存在着疏漏。这有待于在今后的工作中加以改进。另一个是：因为繁杂琐碎的事务性工作较多，也大多要求当时办好，再比如每次施工图检查多是突然而至，造成紧张的心态总是不由自主地被带到工作中，有时出现一些疏漏和差错，我都感到惭愧。同时这些对我来说，都是一些很深刻且颇具意义的历练，也时时提醒着我不可懈怠地去工作。

综上所述，以上四个方面的总结，是我一年来取得成绩和尚存在的不足。我决心加强自身的学习，不断改进对其他部门的支持能力、服务水平，继续以积极主动的态度对待各项工作任务，向新老领导和新老同事们学习，真正做好本职工作，协助所主任，与大家一起努力，提高本部门的工作质量和管理水平。

借鉴提示：

❖ 这篇个人年终总结，整体思路结构为："总、分、总"。在"分"的部分，分成了四个部分加以陈述。

❖ 个人总结具体内容的书写，最好分三个层次来写，即：基于什么，干了什么，成绩是什么。这样写让人听着明白，看着清楚。

感谢您耐着性子阅读到此，19 种场合，70 余范例的思路与方法，相信会带给您启发。提升脱稿讲话水平，要既会巧妙构思，又要能自信表达。下面我们翻开第四章——

第四章
如何讲得更自信

一、不可忽视的“无声语言”

如果谁想提高脱稿讲话的能力，一般人都想不到要提高“无声语言”的表达能力，多数人更是感觉不到自己在“无声语言”表达上会存在问题。也许有的感觉到了，但也只是停留在脱稿讲话时，不太敢看听众或不会与听众目光交流，不会运用手势或手势用得不自然等等。

大家可知道，西方的政治领袖们都很重视自己在公众面前脱稿讲话超凡魅力的营造，他们无不认识到“无声语言”对公众形象的重要。当年美国的约翰逊总统为改变自己的公众形象，专门进修了《无声语言学》。但据说成绩不够理想。另一位肯尼迪总统，他的身材并不高，但他精心设计过的姿势，却总能唤起公众一种形象高大的印象。执政时期，在公众心中具有超凡的魅力，不管他说什么，只要做几个姿势，就把听众吸引住了。

无声语言是指脱稿讲话时的体态、目光、手势、表情等非言语因素所传递出的信息和情感。脱稿讲话时无声语言和言语表达方式同等重要，都属于脱稿讲话的“表达技巧”。美国加州大学洛杉矶分校的科学家艾伯特·梅拉比安（Albert Mehrabian）在他的《无声的信息》（《Silent Messages》）一书中，研究表达和交流的技巧。他发现，无声语言也是意识、思维的表达方式之一。在脱稿讲话中起着暗示、强调、补充、修饰以及渲染等表达作用；当同场的几个脱稿讲话者的讲话内容水平相当时，无声语言的表达技巧是脱稿讲话中最具决定性的因素，其次是语调、节奏等与语言相关的因素。

当您在众多听众面前脱稿讲话时，人们本能地都会是在内心里先对你评头论足，尤其是在初次听您脱稿讲话的前90秒内，您的无声语言和您说话的方式，听众会最先关注。因为人们的认知习惯是由表及里。通常会在心里默默地给您评价着：还行，挺好，不错，有水平……，接下来是对您的认可、欣赏、羡慕直到成为粉丝等等；也还会有另一种反应，比如对您的看法也许是，有些木讷，紧张，放不开，太随意……，接下来便是不咋样，一般般，没水平，感觉失望甚至瞧不起等等。心理学中有个“首因效应”，说的即是人们会受第一印象的影响。如果一个脱稿讲话者不注意无声语言的运用和修饰，一开口就不能锻造自己脱稿讲话的气场。不能锻造自己的气场，就征服不了现场听众，直接会影响接下来想要达到的效果。美国总统奥巴马曾经说过：“公众演讲无论是面对社区工作者，还是面对地球上最强势的人，我所吸取的最宝贵的教训就是：要永远表现出信心十足的一面”。信心十足的一面怎样表现，如何实现，很大程度上是要靠无声语言的魅力。下面让我们一起破解无声语言的密码。

1. 体态语言

脱稿讲话者，最先传达给听众的信息，不是他一开口说的什么，而是他开口前后90秒内体态语言传达出的信息。“大钊脱稿讲话训练”435期学员王先生，刚参加训练时，同学们给他的评价是不自信，他问老师：“我自我感觉还蛮自信的，为什么同学们都说我站在大家面前不自信?”老师给他点评指导是：“同学们之所以感觉你不自信，主要是你从体态上流露出的信息，比如：你讲话时的腿是弯的，背是塌的，头是低的，……这些体征的表现没有给人传递出自信阳光的感觉，也许这是你的习惯，或是以前没有意识到。”

更自信的表达首先来自于体态语言，自信的体态语言是腿要脚踏实地站稳，腰部耸立，头既不能仰得太高，也不能低着头讲话。仰着头讲话会给人高傲之感；

低着头讲话让人又感觉不自信。因为在整个体态中，头是人身上最突出的部位，其表达情感，传递信息的作用非常明显。因此，对脱稿讲话者来说，尤其要注意头部动作。

唐代诗人李白那首脍炙人口的小诗《静夜思》：床前明月光，疑是地上霜，举头望明月，低头思故乡。这首小诗里没有奇特的想象，也没有华美的辞藻，只是一个“举头”，一个“低头”，便把诗人旅途思乡的情怀表达得淋漓尽致。“举头”传递的是思乡之情；“低头”则表达的是思乡之切。一“举”一“低”的两个头部动作，深刻地表达了诗人当时内心的思想情感。

再比如，现代诗人徐志摩 1924 年 7 月随印度诗人泰戈尔访问日本，临别回国时，日本侍女的一个低头动作，给他留下了极深的印象，他感到这一低头，传递给他的是无比的温柔和娇羞：“最是那一低头的温柔，像一朵水莲花不胜凉风的娇羞。”日本侍女的动人之处，他感受到的，不是明亮的眼睛，红润的嘴唇，雪白的肌肤，纤巧的手臂，婀娜的身姿，艳丽的和服，而单单感受到了那夺人心魄的温柔的低头。我们今天，就是现在提到这诗时，想必也会打开您那形象思维的翅膀，也会为那“一低头”感触万端。足见，头部动作在我们脱稿讲话时不可忽视。脱稿讲话的高手，不仅知道如何避免因头部动作不合适给听众传递出不恰当的信息，还会利用头部动作与身体姿态和谐传递信息，准确表达讲话时内心的情感。（正确姿势图）

2. 目光语言

有位专家说：“……有人不善于交流，他说话的时候不看对方，他看着墙或别处，这可能是因为我们小时候，特别是我们这个年龄的人，不敢正眼看厉父严师。电影里经常有这样的对话：‘你看着我的眼睛。’眼睛能说话，说假话时眼神就闪烁。但有人说话不看对方，不是说谎，是害羞。曾经有位外国传媒界人物问过我，为什么有的中国朋友说话时不看着我？他认为说话时不看着他，有受歧视之感。”

日常与人交流不看对方讲话，会给他人造成误解，何况是当众脱稿讲话。因为，常言说：眼睛是心灵的窗口。古今中外都这样认为，国外学者海斯曾写过一本《会说话的眼睛》。该书提到目光是人与人沟通中最清楚，最准确的讯号传达者。一个人的内心世界是个什么样，都可以透过这扇窗户透露出来，脱稿讲话者自身的喜怒哀愁乐，有时用不着仔细听他说什么，只需留意他的眼神，就能领悟其内心的活动，知道他究竟想表达什么意思。眼神所传达的信息，往往超过有声言语的发送。难怪已故西班牙哲学家加塞特在其著作《人和人民》中，把目光看成是从人的内心发出的百发百中的子弹……

“大钊脱稿讲话训练”239期学员郭先生，在上到“目光训练”这节课上时，他与学员分享到：“一个人的目光非常重要，我们的领导说我当众脱稿讲话时总是偷窥大家，当时我不理解，现在我才发现和意识到，我的不敢与人目光接触后果是很严重的……”

脱稿讲话时，还有两种目光会给听众带来负面的影响，需加以注意。

一是讲话中时不时地闭眼睛。这一目光语言所传递的信息是想把听众挡在视线之外的意思，研究者曾特意做过观察分析，在讲话时，一般是每分钟眨眼6—8次，若是每次闭眼持续到一秒钟或更长时，就会给听众留下扫除视线之外的感觉，在交谈中，如果有闭眼的习惯，直接给听众的感觉是你厌烦或不感兴趣。

二是看自己鼻子说话。当您发现某人虽不闭眼睛说话，但给人感觉是在看着自己的鼻子说话，则传递的是负面态度。此种目光语言给听众的感觉，要么是不友好的信息，要么是在他们面前表达您的优越感。

眼睛的肌肉是极其纤细的，目光所透露的信息是丰富的。脱稿讲话时注意目光语言信息的传递，可以大大增强公众表达的效果。通常我们在脱稿讲话时所使用的目光有“瞬间目光”、“持久目光”、“直接目光”、“一掠而过的目光”等等。不管哪种目光，一个目的，就是用眼神照顾到全场，让全场都感受到自己所传递的信息和情感。比如，您看领导或长者，他感受到的是被尊重；您看下属或年轻人，他感受到的是被重视；当讲话内容涉及相关听众，您看他们，就是在传递这方面内容对他们很重要。

不仅如此，脱稿讲话的高手，一方面通过目光语言来传递信息和情感；另一方面还用来获取信息。比如，与听众交流的过程中，当发现听众的目光黯淡无光，表明他们对您现在讲着的话题不太感兴趣，这时您就得少说了；如果您发现听众的眼神炯炯放光，则表明他们对您现正讲着的话题感兴趣，有时尽管没准备在这方面多展开说，根据实际现场反馈，也要灵活调整，多说几句，以满足听众的需求；如果您发现听众的目光游离躲闪，一方面是不太感兴趣，另一方面也透露出慌乱心虚，这时要在内容和时间上做相应的调整；如果听众流露出的眼神是沉静坚毅，表明其成竹在胸，作为讲话者来说此时不可轻率表态或有过于偏激的言语……

由此可见，脱稿讲话时一方面要注意与听众的目光交流，另一方面还要注意调控听众的目光，以帮助听众尽可能多地接受你所传递的信息。据有关研究显示，传递到人脑的资料中，有80%以上是靠眼睛的。这就给我们一个提示，在脱稿讲话时，要尽可能使用画面性的语言，虽说听众是在听您讲，能让听众通过您的语言看得见，摸得着您所表达的内容，这样会大大地增强您的脱稿讲话效果。

在脱稿讲话中，有的普遍采用多媒体作为辅助，要注意的是，如果您说的内容不是直接与画面有关，听众只能接受您9%的信息；若是您说的内容与画面有关，听众看着画面也仅能吸收20%—30%。如果您要想收到较好的视听效果，请用激光教鞭指着画面内容。这样做的直接效果是控制了听众的目光，等于也把听众的注意力集中在了您所表达的内容上，他们既在看，又在听您说，这样您的讯息就会使听众有最大量的吸收。

从这一点上讲，反过来也在提醒我们，在一个对大众的讲话中，不可手势或小动作太多，多了会分散听众的注意力，影响听众对您所说内容的理解和吸收。那么，脱稿讲话中的手势语言如何运用，又该注意些什么呢?

3. 手势语言

芝加哥大学的戴维·麦克尼尔博士（Dr. David McNeill）因其在手势领域所作的详尽研究而闻名。自1980年以来，他一直积极地从事这项研究。他的研究显示，手势和语言是密切相关的；事实上，手势的运用可以帮助脱稿讲话者更好地理顺自己的思路。他认为，其实不运用手势难度更大，需要脱稿讲话者加倍集中精力。麦克尼尔博士发现，受过训练、作风严谨、满怀信心的演讲家善于运用手势来清晰地表达思想。

古语说："言之不足，……手之舞之，足之蹈之也。"可见，当年我们的先人也在提醒我们，当言语不能足以表情达意时，可以借助肢体语言来表达。手势语言是无声语言中运用最频繁，表情达意最丰富的。脱稿讲话的高手们都是善用手势语言的，比如，有些年长的读者朋友或许还记得，毛泽东主席在延安窑洞前掰着手指向战士脱稿讲话的照片，那生动的形象至今令人难以忘怀。还有列宁演说中留下的那幅左手插入坎肩，右手伸向前方的照片，成了列宁在后人心目中的标志性动作。

然而，现实中我们普通脱稿讲话者，有时忽视了手势语言在讲话中的运用，有的甚至还有这样的体验，且听听"大钊脱稿讲话训练"476期学员吴先生的分享："我来大钊之前，怎么形容我在众人面前的囧态呢？我编了句顺口溜是这样说的：'未曾上台先发慌，目光游荡，两手不知往哪放……'"。常见的脱稿讲话者，在手势方面的表现是：有的从头至尾讲话的过程中两手紧握，一动不动，整个身体矗在那里，像个木墩子；有的是相反，两手舞动，时刻不停，没把听众说晕，有时倒把听众晃晕了；还有的出手笨拙，言语与手势不协调，讲起来像卡通人物的感觉……这种种脱稿讲话中手势运用的问题，都是我们要克服或引以为戒的。

正确的手势运用，比如站着脱稿讲话，一上台两手应该是自然下垂，记住："手为心声"。该什么时候用手势，用什么手势，应该是一种自发的行为。只要您是在发自内心地，心无旁骛地表达自己思想与情感，手势肯定是自然的。如果是在说空话、套话、官话，又想表达得有感染力，生动些，刻意用手势，做出来的手势是不协调的。

手势的运用除了发自内心地去表达之外，还要知道有四种手势在讲话时加以运用，是能增强表达效果的，哪四种呢？

一是数字手势，当脱稿讲话所表达的内容涉及数字时，比如说到"第一或第二"时，同时伸出相应的手指，这样就会起到强调的作用。

二是指代手势，当脱稿讲话内容涉及方位，比如说到"上面"、"下面"、"在座的大家"、"我"时，最好用手指向一下，这样会让听众感到您传递的信息更明确，这时手势起到了补充的作用。

三是描述手势，当您的脱稿讲话内容涉及形容词，比如说到某样东西“大”时，伸出手比划一下，让听众感觉一下有多大；或当遇到单纯用言语说不清楚时，也最好借助手势加以说明，比如说一样东西是什么样时。

四是功能手势，是指表达特殊含义的手势，比如，向听众伸出大拇指表示肯定；用右手摸着自己的心脏表达真诚，用攥拳表达自己的信心等。

需要说明的是，脱稿讲话的手势语言运用与那些背稿演讲者的手势是有区别的，区别之一是量少；二是幅度小。因为我们所讲的脱稿讲话是定义在工作、社交、商务范畴。所以，没有必要运用手势过分地情绪渲染。切记!

4. 表情语言

据新闻媒体报道：2012 年 8 月 26 日凌晨，陕西延安境内发生重大车祸致 36 人死，2 人重伤。余波还未了，陕西省安监局局长杨达才视察事故现场开心嬉笑的照片又引轩然大波，民众对他进行了人肉搜索，从这位官员身上“搜”出了各种名表。据媒体报道经陕西省纪委进一步调察，杨达才在任职期间严重违纪并涉嫌犯罪。经陕西省纪委常委会研究并报省委批准，决定给予杨达才开除党籍处分，对其涉嫌犯罪问题移交司法机关处理。

杨达才“微笑门”事件，虽然说不是在脱稿讲话时发生的，由此我们可以看出表情在公众面前的重要性。《左传》中说：“人心之不同，如其面焉。”即在提醒人们，表情是一个人内心反映。然而，长期以来我们的有些官员们在公众面前脱稿讲话是面无表情的，脸面无表情的脸是与公众有距离感的。而表情又恰恰是增添脱稿讲话魅力的重要表现方式之一。作为脱稿讲话者，在不同的场合，要注意调整自己的表情，可根据不同的讲话内容，注意自己表情的流露。

魅力表情的传递，除了眼睛之外，还有眉毛、嘴巴等，人的表情变化都是通过这些表情因素传递出来的。

比如眉毛，鲁迅先生诗云“横眉冷对千夫指”，其横眉，表达的情感是蔑视，又表示自己的无畏，传递出的情感是准确的。如果换成“扬眉”、“皱眉”、“展眉”之类的就不恰当了。脱稿讲话当表达兴奋、愉悦的情感时，宜扬眉；当要表达不认可，为难时宜皱眉；心平气和地讲话应该是展眉。表达内心的喜悦和兴奋时，要满面春风；表达对听众的热情和友好时，要和颜悦色；表达对腐败的痛恶，要疾言厉色；表达内心的痛苦和悲悯，要眼含泪水，神色凝重……

当然，以上列举的种种表情只适宜在特殊场合、特殊环境、表达特殊内容时流露。作为职场中的脱稿讲话者最应具备的表情是微笑。在社交场合一上场或开口前面带微笑，表达的是友好、善意、亲和的讲话态度，渲染出的是一种融洽和谐的交际氛围。《诗经·卫风·硕人》中的“巧笑倩兮，美目盼兮”，古人早就意识到了。

一位德高望重的老领导说：“我四十多岁的时候，有一次我请父母听我在美国的一个演讲录音，爸爸说你要是当几年老师就会讲得更好。妈妈说，她讲话时会注意学生的眼神，随时调整自己的讲解。”……这位老领导的父母关注的正是无声语言的表达技巧。

综上所述，如果您在脱稿讲话中能够重视体态表现，强化目光交流，善用手势，再适当留意自己的表情，定会为自己的脱稿讲话增添魅力。同时，也不应忘记让脱稿讲话生动起来的“表达技巧”，即音调的变化、停顿的掌握和表达的节奏等。

二、不应忘记的“表达技巧”

1. 音调的变化

在一次论坛上，马云问坐在身边的某省电视台主持人：“刚才我的发言，你认为声音用得怎么样?”主持人说：“适中，很好。”马云随即转向在座的人说：“有一次我发言，一开始用力太大，音调太高，没有多久，嗓子不行了。做过播音主持的朋友告诉我，演讲开始时声音要平缓、控制住，后来我就有意识注意了。看来，干什么都有学问，有技巧。”马云本身就是一位脱稿讲话的高手，但他仍虚心向专业播音主持请教，并从中悟出教益。

据有关资料透露，美国总统奥巴马首次竞选总统准备期间，有人说他的语音语调有些过硬，不适合大部分选民的听觉习惯，于是他听从专家的建议，专门到教堂听神父布教，模仿神父的语音语调，收到了很好的效果。

脱稿讲话的高手都是注意自己的语音语调的。试想，如果一位脱稿讲话者在会上，他一直使用单调的音调，敢保证不出五分钟就会让听众睡着或心烦意乱，因为平铺直叙的脱稿讲话很难引起听众的共鸣。相反，语调明快，音量适中，抑扬顿挫的表达是让人兴奋的。比如，乔布斯当年在产品发布会上，当他说“大家听明白了吗”和“而是一款产品”时，他的音调高亢响亮。他在讲述中还会常常冒出很多口头禅，他爱用“令人难以置信的”、“真棒”、“酷”和“巨大的”这些明显带有个性色彩的词汇。这些词汇如果在使用过程中不改变语气和音调加以强调，感情的深浅浓淡就很难表现出来。乔布斯不断地调整其音调，召唤、鼓动听众随着他的思路时而惊呼，时而赞叹，时而大笑，时而震撼，吸引了全球无数的“苹果粉丝”。

像乔布斯这样的讲话我们遇到的毕竟少，我们遇到的更多是普通场合的脱稿讲话。普通场合主要分清轻松还是严肃即可，比如在欢迎会、联欢会、庆功会等比较轻松快乐的场合脱稿讲话，与您平时工作会议上的脱稿讲话其语音语调应该是不一样的。轻松快乐的场合您一开始的问好，尾音就要扬上去，整体的语调要比平时一般场合高半度；假如您的脱稿讲话是想倡导人们做什么或号召人们行动起来，最后的几句话的音调还要激情起来。

平时一般场合的脱稿讲话的声音大一点好呢？还是小一点好？答案是适中为好。那怎样才能做到适中呢？做到适中的方法和技巧不是自己把自己的声音调到自我感觉适中就好，而是让听众听起来感觉舒服，才叫适中。听众听起来感觉舒服的标准从何而来呢？这就要您平时脱稿讲话时多留意一下最后一排的听众，观察他们在听您讲话时的体态，尤其是头部动作。如果坐着听得很安详，说明您的声音正合适，如果他们身子往后，头部有些往后仰，就是在给您传递信号——您的声音有点大了；如果最后一排听众头部动作感觉是在侧耳细听，这是在给您传递信号——您的声音有点小。由此可见，脱稿讲话语音语调的适中主要是通过观察现场听众的反应来寻找平衡点。

“大钊脱稿讲话训练”126 期学员陈女士说：“我平时习惯了讲话声音小，一站到众人面前讲话就感觉声音发颤，声音想大，嗓子高不上去。奶奶说我，小时候想吃奶，哭的声音都小。我的声音能提高吗？”脱稿讲话要做到“三入”，即入耳、入脑、入心。如果脱稿讲话的声音太小，让听众听得累，自然达不到“入耳”的基本要求。连声音都让听众听不清，谈何脱稿讲话的效果。为此，建议脱稿讲话声音小，声发颤的朋友，要做“放声训练”，先把自己的声音打开，才能做到抑扬顿挫，根据不同的场合调整好适中的声音。相反，嗓门大的朋友，脱稿讲话时要有意识地压一压，否则，声音过大，会让人听得不舒服。

脱稿讲话的语音语调除了要适合讲话场合和内容外，在表达的过程中还要做到抑扬顿挫。脱稿讲话要像音乐一样，声音要有高高低低，“大珠小珠落玉盘”的听觉效果。平时练习抑扬顿挫，可以找自己喜欢的文章，根据文中内容和情感表达的意思，在需要强调的词语下面标上黑点，意为重音强调。反复练习朗读，直至熟练自然为止。另一种方法是跟着电视或广播中，您喜欢的主持人的播报来同声练习，模仿他或她的抑扬顿挫。坚持数日，必有成效。

2. 停顿的掌控

停顿，是脱稿讲话中奇妙的“休止符”。恰到好处的停顿往往比语言能更有效地传达思想，更具有戏剧性。

“今天，我们将向大家推出第三类笔记本电脑。”

2008 年 1 月，乔布斯在 Macworld 大会上介绍新产品。在说完上边一句话后，他停顿了几个节拍，接着说：

“它就是所谓的 MacBook Air 系列。”

他又停顿了一下，才抛出了震惊全场的标题性口号——

“它是世界上最薄的笔记本电脑。”

大家试想，如果他不注意停顿，一口气说下来，当然也可以，可是就达不到当时现场的那种漩涡式的气场。

停顿，也是一种脱稿讲话的艺术，恰到好处的停顿对于一次成功的脱稿讲话具有重要意义。它能促使人们对主题进行深入的关注和思考，使脱稿讲话者的信息更加有效而巧妙地得到传递。脱稿讲话的高手讲话从不急于求成，他们赋予脱稿讲话以生命，让它“自由呼吸”。当他们阐述一个关键点时，时常缄默数秒钟，从而达到出人意料的脱稿讲话效果。有的脱稿讲话者语速很快，好像有事着急，赶快背完事先备好的稿子完事。一方面是他们脱稿讲话时根本就没有停顿的意识，还有的情况是因为他们的稿子写得太多，导致有限的脱稿讲话时间不够用的缘故。脱稿讲话的高手向来都是不慌不忙，他们的脱稿讲话在有条件的情况下都是经过精心练习过的。练习过的东西胸有成竹，心里有数。这就使他们有足够的时间放慢速度、恰到好处地停顿，让听众准确地接收他们传递的信息和情感。在表达技巧方面，除了“停顿”，还有——

3．语速的把握

阅读此书的朋友中，有的可能语速天生就快，嘟嘟嘟，嘟嘟……打机关枪似的；有的还是越说越快，一旦说起来，慢都慢不下来。如果有意识放慢语速，会感觉不舒服，不习惯，常常是说着说着就又快了……

一般造成这种情况的原因有主客两方面。主观上说，说话快的人脑子一般都反应比较快，还有自己长期养成的说话习惯。而有的人，平时说话还可以，站在众人面前脱稿讲话时就会越说越快，这主要是受“场合恐惧”的影响。心里一紧张，自然就会越说越快。就像月明星稀的夜晚，您一个人在阴森的胡同里走路，听着自己走路的声音，咯噔、咯噔、咯噔咯噔……越听越感觉好像有人在后面追自己，心里越想越害怕，就会越走越快，是一个样的道理。

语速和脱稿讲话的节奏密切相关。脱稿讲话的高手们讲得有张有弛，语速拿捏快慢适中，起承转合驾轻就熟。比如，我们新当选的习近平总书记，在这次十八大闭幕后新一届常委与中外媒体的见面会上，他的一番讲话，基本脱稿，讲得不急不躁，张弛有度，节奏感强。2012 年 11 月 29 日，央视《新闻 1+1》播出节目《新常委们的十五天!》，关注中共新一届领导集体第一次在人民大会堂和中南海之外的亮相。评论员白岩松用四个“平”字评价了习近平、李克强等新一届常委半个月来的工作：平常的声调、平实的语言、平实的工作作风、不同平常。

可以说新一届常委们给我们树立了很好的脱稿讲话的榜样。

我们再把目光转向国外，再来看看美国的那个已故去的互联网时代的奇人——乔布斯，记者这样描写到：乔布斯在Macworld大会上进行示范演示时，他往往会使用正常的语速，阐述标题或主要信息时语速则大大减慢，他希望大家理解并记住重点。当乔布斯第一次介绍iPod时，他压低声音几近耳语，强调这一关键的转变。他还通过放慢语速来增强戏剧效果。

乔布斯之所以是一位激动人心的公众沟通大师，是因为无论是音调还是语速的掌控，他都已经达到驾轻就熟，得心应手的境界。在很大程度上说，是乔布斯无声语言的运用为其赢得了听众的尊敬和对他的敬畏和信任。

那么，语速的掌控该如何掌握呢？

首先，每逢脱稿讲话都要未曾开口先提醒自己，不能说得太快，要让听众听清楚；

其次，平时在与人沟通时，注意观察对方的反应，尽可能地放慢自己的语速，让对方听明白；

再就是在讲话的过程中多注意用目光与听众交流，渐渐培养不看听众不说话的习惯，这叫用目光调节自己的语速；还可以在讲的过程中多穿插些设问。设问能起到两个作用：一是引起听众的注意；二是控制自己的语速。把握好了语速，节奏自然就有了。

以上的做法坚持21天，天天都要提醒自己这么说，相信讲话的节奏感会明显加强。因为美国心理学家发现有个“21次定律”，即要改变一种旧习惯或想养成一种新习惯，通常要连续坚持重复21次。

如果坚持了21次仍不见效果，可能您本身存在一些个性的因素，必要时就要参加个训练班，进行一下“魔鬼训练”了。

沟通专家詹文明教授曾在讲课中透彻分析过美国总统奥巴马席卷全球的领袖魅力，他在主讲《创造奇迹的沟通技巧》时说：

是什么让出身平凡，名不见经传的哈佛法学院毕业生奥巴马成为创造历史的美国首任非裔总统？

奥巴马我研究他很久了，包括他从成长的过程一直到哈佛大学，担任校刊的主编，以及他在学校里面所赢得的别人的尊敬，这个孩子其实是多元化种族里面孕育而成的一个人。可是谁也没想到，一个黑人居然可以在众多的白人中异军突起，成为美国的领导者。

我研究之后发现他有“五个绝招”，这“五个绝招”的的确确我验证以后知道是对的。

他第一个绝招是自信的眼神，眼神为什么叫做自信？各位，眼睛是我们的灵魂之窗，我们所有的隐秘、所有的秘密都是透过两只眼睛的。你不相信的话，你回去好好看镜子看三分钟，你看自己，你害怕什么？你恐惧什么？你慢慢发现自己恐惧是想象的多，而且是根本不存在的事实，因为你根本不晓得自己，没有认识自己。所以自信的眼神，这个家伙，奥巴马，我称他家伙是比较礼貌，从肤色来看他是被歧视的。但从他自己本身的内在来看他是自信的。他懂得不是硬要把它表达出来，而是通过眼神的传递，有自信的眼神你会发现完全不一样，害怕、恐惧、疑惑或自卑，你会发现他的眼神不一样，自大也不一样。所以这部分我们希望能练习，把自己透过两只眼睛传递自己自信的感觉或自信那种坚实的内涵。

第二招叫做所谓说话的音调。各位晓得他可以18分钟博闻强记，不需要看稿可以讲18分钟，不管他在国会里面演讲，还是在选举的时候，他的语言、他的表达方式，你会发现他的声音很迷人，而且他的声音有一种魅力。假设你愿意听，你会发现你是可以练习的，每一个人可以在镜子的面前可以不断地练习，我这句话音调、语气怎么说才更好，这句话的音调、语气、口气怎么样更好。我花了12年的时间在这方面下功夫。我没有说很好，至少我是这样走过来的。

第三招是灵活的手势。每次讲说我告诉各位，用你的右手贴上你的左胸膛，你贴贴看，你准备讲话，开始。（看到大家有的用左手）左手右手已经分不清楚了，已经进入到弥留境态。（大家笑）你这样讲话有什么样的感觉？告诉各位很奇妙的要传达诚实的信号，我要讲真话了。美国陪审团每次讲真话的时候要宣读，要宣誓，要向上帝宣誓意思是表达他真实的感觉，所以手势特别重要。你看拿破仑一出来就是这样的，就有胜利的标志，因此这个叫Yes。这个我们称之为是奥巴马的第三个灵活的手势。

第四个是诚实的信号，他每次坐的姿势一定往前倾一点，因为他表现的是诚恳和诚实。

最后一个是坚定的心态，当年奥巴马与希拉里在民主党内竞争总统候选人时，他在一个重要的州曾输给了希拉里。那个时候他上台最后喊出一句“Yes，we can。”他把突然衰败的气氛突然扭转上来，变成巨大的力量，很恐怖，最后“Yes we can”终于赢得了成千上万的年轻人为他投票，使他成为白宫的主人。

自信的眼神、说话的音调、灵活的手势、诚实的信号、坚定的心态。你越练你会发现越重要，当然你不是奥巴马，你不会有奥巴马的能耐和功力，假设被你练成了不得了。

当然，我总结的以上几点不是我的专利，而是美国，一位两百多年来第一位黑人总统奥巴马的个人魅力。

詹文明教授的讲解，是对我们以上所讲内容很好的佐证。

一个脱稿讲话者在现场表达过程中，要想让现场人感觉到您信心十足，这七个点的表达技巧会带给您正能量，会让您的讲话很给力。当然，脱稿讲话现场表达中，仅做到这些还远远不够，还需要学会处理和应对讲话中一些意外情况，比如：您准备好了10分钟的脱稿讲话，主持人要求您压缩成5分钟时怎么办？自己准备好的话题被前面发言者讲了怎么办？等等，这还需要——

三、应当重视的“应急策略”

脱稿讲话在有条件准备的情况下，按打好的腹稿说是最理想的，可是有的时候，到了现场情况有些变化，如果再按事先准备的腹稿去说，就会让现场的听众感觉有些唐突或觉得呆板教条。脱稿讲话的高手当然也需要打腹稿，他们更会现场根据变化的情况在讲话的开头结尾或内容上作出相应的调整和变化，以达到更有现场感的效果，满足听众的心理需求。

下面列举一些“常见情况”和相对应的“应急策略”：

情况一：您参加单位的讨论会，您本来没想第一个发言，结果毫无准备地被领导点名第一个发言。一般这种情况，有的人会一时发懵，第一句话不太好说，不知如何自然地切入。“应急预案”是，建议您开口就说：“感谢领导把第一次发言的机会给了我，说句实在话，这机会来得太猛了，不过，恭敬不如从命，……”别小看这几句话，他会让您马上有话说，还带几分诙谐，几分敬意，更重要的是能让自己的心理放松，让在场的不管是领导还是同事感到自然随和。

有时您本来没打算第一个发言，领导也没让您发言，可是，当领导说完开场白，让大家自由发言时，出现了冷场，谁都不想第一个发言，都在往后躲。这时，您看到这种情况，想站出来发言给领导补补台，可又怕“枪打出头鸟”，招惹同事的嫉妒心，说自己溜须拍马。怎么办？有没有一种说法，既给领导补了台，又能避免同事嫉妒？请参考这样表达：“感谢大家把第一个发言的机会让给了我，我先抛块砖，欢迎大家更多的玉来砸……”表达中一个“让”字，诙谐地把大家抬高，等于是在巧妙地自谦。先前自己的一些顾虑通过这样的表达会冲淡许多。

看到这里，可能有的朋友会说，这种话不太适合自己，有时说不出口。没关系，脱稿讲话是门艺术，艺术的特征之一是讲究灵活变化的。比如，您也可以第一句话这样说：“近水楼台先得月，向阳花木好逢春，我先说几句，希望大家多多指正……；风水轮流转，机会到眼前，今天我先说几句，还望大家多多拍砖……”用这样的“顺口语”开头，既能让自己轻松导入，又能让自己的讲话增几分现场感。

应急策略

当被主持人突然点名发言时，开口说几句应情应景的话，一能化被动为主动；二能让在场的听众感到自然诙谐；三能化解因突如其来的情况造成的一时紧张。

情况二：您参加座谈会，事先通知每人有 5 分钟的发言。可到了现场，因参会人数超过了预期，主办方临时决定，原先规定 5 分钟的发言压缩到 2 分钟。这时通常会有两种困惑：一是 2 分钟的时间概念是多长，不好掌控；二是怎样取舍，感觉准备的几方面都重要，可是方方面面都说时间又来不及，怎么办？下面参考来自“大钊脱稿讲话训练”513 期学员党先生的来自课下实践的应用范例：

会议背景：

某出版社培训中心全体干部刚刚参加完社里为期三天的 2012 年年终总结会议，会议中信息量非常大。有各个分社和部门的业绩汇报和总结；有关于数字出版业务、阅读运动、战略规划的分析回报；还有总编和社长的总结发言等等。会后的第三天所有培训中心的干部开会，要求在会上发表自己的参会感受。原计划每人5分钟发言，因故现场让每人只能说2分钟。

参加人员：16名培训中心主管

会议时间：2012年11月27日下午

会议地点：单位二层圆桌会议室

参会角色：部门负责人

刚刚听了前面几位的发言，把我又拉回了三天前的会议现场。要说听了数字出版、阅读运动、资源共享机制这些内容，我也有很多收获和想法，其他同事都说了，限于时间关系，我先不说这些，我想重点说说感受最深的一点。就是我们自己的地位是要靠成绩去争取的！

为什么这么说呢？大家看到了，三天的会议我们的培训业务多次被社领导和几个部门提及，特别是青少培训业务提及率最高。大家再回忆一下一年前的干部会，那时有提及吗？说了也是蜻蜓点水一带而过。这次为什么会这样？道理很简单，因为我们今年作出了很好的成绩。之前我们埋怨社里对我们关注不够，给的资源不多，社里重出版不重视培训。我认为这都很正常，这和一个新员工到了一个新单位是一样的。新人来了，先不要和我说你能给我什么，首先要说你能给予企业什么，并且要做到。从个人扩大到部门和组织也是一样的道理。明年，我们要社里给予我们更多的支持和资源的话，我们自己必须要做得更出色，成绩更好才行。

因此，我最深最深的感受是我们自己的地位是自己用成绩去争取的，这个道理对人、对部门都一样！

谢谢大家！

下面再参考一例“大钊脱稿讲话训练”324期唐女士来自实践的汇报：

会议主题：民主生活会

会议时间：2011年12月20日下午

会议地点：会议室

参会人员：集团党委副书记及部门领导和同事共 20 人

参会角色：人力资源负责人

各位领导、各位同事：

大家下午好！

非常感谢集团党委提供这么一次机会，让我们有机会对集团的工作和本部门的工作建言献策。以上几位同事都站在各自的角度，谈了非常深刻的认识，对我很有启发。与各位领导和同事相比，我来集团的时间短，资历也浅，要谈想法和建议，赶不上大家深入。下面我结合入职以来接触最多的 E-HR 系统管理这项工作谈点不成熟的办法，请大家多多指点。

我的想法和建议是：切实提高集团 E-HR 系统的应用水平。为什么这么说呢？E-HR 系统作为一种现代化的管理工具，对于改变传统落后的人力资源管理模式，提升各企业人力资源管理水平具有很大帮助。系统自上线以来，初步改变了各企业人力资源管理的现状，……同时，也存在着系统维护不及时、应用范围较小等问题，与告别传统手工统计报表、实现报表统计的现代化要求还是有差距的。

……

因此，建议加强对 E-HR 系统的管理力度，切实提高集团 E-HR 系统的应用水平。

谢谢。

以上范例，在时间有限的情况下，党先生只是就自己感受最深的有关如何对待工作的问题；唐女士只谈最熟悉的“提高集团 E-HR 系统的应用水平”话题，两位都做到了观点鲜明，论述集中，给听众印象深刻。这正印证了那句名言：“你不可能说尽大海，但可以说尽一滴水，一滴水就能折射出太阳的光辉”。

应急策略

当主持人让我们长话短说时，不管我们准备得有多充分，心里有多少话要说，都要做一个“无情人”，智慧地舍掉。集中一点说。这一点，要选那些切题的、感受最深的、自己熟悉的侧面来说。这样便能保证重点突出，讲话不散。

情况三：有时还有这样的情况，自己准备时本来没想展开说，就想集中一点说一下就可以了，主持人或主办方临时要求要展开多说一些，这时该说多少为好呢？

“大钊脱稿讲话训练”441期学员孟先生就被这一问题一直困扰着，直到上了“言之有序，条理清晰”这一课，才解除了心头这一困惑。下面是他来自实践的汇报：

会议主题：2012—2013年度工作总结会

会议时间：2012年12月12日下午2∶30

会议地点：二楼会议室

主办单位：未来人教育培训学校董事会

参会人员：钟华校长兼董事长，校董事会其他成员，在职员工

发言角色：业务副校长

尊敬的钟华校长、在座的各位未来人的同仁们，大家下午好！

很高兴能有这么一个机会，跟大家坐下来回顾一下我们2012—2013年度的工作情况，总结一下我们前一阶段工作中的得失，同时对下学期的春季招生工作进行部署。

刚才，钟华校长高屋建瓴地从6个方面对我们学校2012—2013年度的教学工作进行了总结，同时也指明了未来的发展方向。

2012年对我们学校来说，是“机遇的一年”，在这一年当中，我们不但取得了由北京市教委颁发的办学许可证，还取得了由北京市人力资源与社会保障局颁发的大学生创业培训定点机构的培训资质。这些成绩的取得，离不开钟华校长对工作的悉心安排，离不开在座各位不计得失的付出。我谨代表学校董事会向各位教职员工表示由衷的感谢！

同时，2012年更是“挑战的一年”，我想经过这近一年的奋力拼搏，在座各位的感慨肯定也很多。刚才校长已经说得很全面了，我本来没想展开说，主持人说让我多说几句，接下来，我想从三个方面来谈谈我们的“挑战”来自何方。

首先是来自竞争对手的挑战。我们的竞争对手要么是运作相当成熟的上市集团，要么有着深厚的政府背景。我们学校要与这些机构同台竞技，挑战之大可想

而知！

其次是给学校管理带来的挑战。目前学校比较棘手的问题是师资管理，突出矛盾体现在培训学员数量多，而拥有培训资质的教师数量少。如何在有限的时间内调集足够的教师资源，并且能够协调好上课时间、地点、学员、教师以及相应的班主任，是摆在学校管理层面前的亟待解决的难题。

最后是对未来人培训课程本身的挑战。学习本身是枯燥的，如何能将枯燥的知识更加有效地传递给学生，激发学生的学习兴趣，使学生变被动学习为主动学习，是我们面临的巨大挑战。面对这样的挑战，我们要深入钻研创业培训课程的大纲，优化课程设置，提高教学质量，让我们的课程更加有吸引力。

以上三点就是我对我们学校所面临的挑战的一个简要分析。希望能够对我们未来的教学工作有所启示。有说得不到位的地方，请大家多多指正。谢谢！

接下来是我们另一位学员的课下实践汇报：

讲话背景：新员工培训现场的发言。是临时授命，在没有太多准备的情况下，要面对刚刚入职的20多名员工讲话。这些员工有些是刚刚毕业的，有些是有工作经验的。想通过这次讲话让新员工对机构有个初步的了解，对自己今后的工作有个基本的定位。让新员工顺利地开始新的起航！

参加人员：26名新员工

会议时间：2012年5月27日上午

会议地点：校区多功能厅

参会角色：部门负责人

在座的26名新同事，大家上午好！

首先欢迎你们来到北外这个大家庭。刚才看着你们坐在那里专注听讲的样子一下子把我拉回到了15年前我刚参加工作时的样子。一样的好奇心、一样的热情，一样的专注！请各位一定一定记住今天，不管你今后要到那里？不管你今后还会做什么，若干年后当你回想这天时，你就会发现成长已经在你毫无察觉时慢慢地发生了。

今天本来是中心张主任来给大家讲讲，我是临时受重托。在这里只想跟大家聊聊咱们这个机构在做什么？

说到我们在做什么？我想问问在座的各位同事，你们觉得你们现在在做什么呢？你们想要做什么呢？我认为一个好回答是，我们在做一份事业，它对我们而言绝不仅仅是一份工作。要做好这份事业自我提高和完善就非常的重要，在这里要求大家要具备三种必备的能力：

第一种能力是持续学习的能力。当今的时代是信息量爆炸的时代，很多新生事物都在以几何倍增的速度从出现到衰亡。学习能力不强，缺少终生学习的意识，一定会被社会很快淘汰掉。我们要始终保持一种饥渴状态，学习新知识，掌握新本领。

第二种是能力也是精神，是什么精神呢？“奉献精神”，我们的行业特性决定着我们的周末时间要和校区的孩子们在一起，教育的特殊性又告诉我们首先要有爱，要先给予他人，没有奉献精神，这份事业是很难做好的。我们奉献了一定会有回报。就像快乐，我们最好的快乐不是得到多少，而是给予他人后，带给他们快乐幸福后的满足感。

第三种能力是要求大家要有团队协作的能力，现在的任何工作都离不开协作，你的成功是需要他们助力的，同样他人的成功也要有你的支持。有句话说得好。当我们给别人送花时，首先闻到花香的是我们自己。团队协作是相互的，我们要有意识，要时刻把他们的事情当做自己事情的一部分来看待。我们这样做了，你自己的事情也就自然成了。

刚刚说的这三点要求是对大家说的，也是对我自己说的，“学习”、“奉献”和“协作”，这是我们做好一件事情的基石。让我们大家一起努力，把这份事业当做孩子来养，呵护他，陪伴他成长。有风、有雨、有欢笑，我们都在！

谢谢大家！

应急策略

以上两位的脱稿讲话，都是在没有太多准备的情况下，临时组织语言的。他们共同的做法是，都没有太多地展开说，只是集中表达了三层意思。从应急的策略上讲，这样做是聪明的。因为在没过多准备的情况下，从讲话者角度说，说多了容易说散；从听话者的角度说，听话者对三点印象最深。所以不管从讲话者还是听众的心理上，说三层意思就可以了。当然，有时候，因内容的需要，必须要说四层意思，那也无妨。

情况四：有时候出席一些场合，您临时被推崇为主要发言者，于是就想让自己的讲话显得水平高一点，或给听众留下点印象。我们也知道，讲话水平的提高，不是一朝一夕的事情，有没有通过语言组织的外在表达形式，让听众感觉到思想性、逻辑性强呢？

这种困惑也在一直困扰着我们的学员，有些学员跟我们说，经常在一些场合，人家有的人，说起来一套一套的，既上口，又容易让人记，这种功夫是怎么炼成的？下面请参考学员上完“条理清晰，逻辑性强”这一课后的课下实践分享：

会议主题：“如何提高方案组的建筑创作水平”讨论会

会议目的：集思广益，提高方案组的建筑设计水平

会议时间：下午14:30—16:30

会议形式：圆桌会议

参加人员：室主任、主任助理、方案组组长、副组长、组员

参加人数：14人

发言角色：组员

尊敬的室领导、各位同事：大家下午好！

感谢主任第一个让我做主要发言。因为刚来咱们单位不久，对这个问题的认识肯定不如在座的深刻，说得不到位或有错误的地方，还请大家批评指正。我这全当抛砖引玉了。

关于本次讨论会的主题：“如何提高方案组的建筑创作水平”，个人认为有很多方面可以探讨。例如：建筑师主观能动性的发挥方面；建筑设计方法方面；计算机辅助建筑设计方面；等等。但是鉴于本人认识十分有限，所以我只想就主观能动性方面，尤其对于像我们这样的年轻建筑师如何提高自己的建筑创作水平谈一下我的观点。

周总理有句名言，他说做事情要：“敢想、敢说、敢干，苦干、实干、巧干！”我的观点就是周总理说的三个“敢”，即“敢想、敢说、敢干”！为什么这么

说呢？

首先，敢想！大家都知道，建筑设计就是将“想象”化为“蓝图”的过程。所以，要想有个好的作品，首先要敢于设想、敢于想象。否则方案创作就是“无本之木，无源之水”，好的方案就无从谈起。尤其是要突破常规的设想。关于这一点，很多著名的国外建筑师的作品就是很好的例子。如我们耳熟能详的鸟巢、水立方的设计方案，就是突破了常规，让人耳目一新。但是，敢想并不是天马行空的、不切实际的想，而是要建立在了解建筑所在地方的历史、文化、环境、地形地貌等等大量既有因素的基础之上，建立在现实及未来若干年内材料及施工技术基础之上。否则就是瞎想、乱想。尤其对于我们这些年轻建筑师，更应该发挥想象能力。但是，光有想法还是不够的，还要敢于、善于去表达出来，那就是我下面要说的：敢说！

大家也都知道，建筑设计的过程也是一个交流的过程。这种表达体现在设计过程的每个阶段。创作初期，有了想法要敢说！方案深入，有了问题要敢说！面对领导，好的思想要敢说！面对甲方，好的建议要敢说！尤其对于我们这些刚刚入行的年轻人，往往觉得自己没经验，就什么都不敢说，这是不对的。究其原因，主要是心里的“怕”字作怪。怕说错、怕丢脸、怕方案实现不了等等。其实，只要我们目的是好的，即努力为甲方创造一个好的建筑作品，为此而敢于表达自己的思想，即使是错了，我相信谁也不会计较。反而是因为不敢说，可能就会丢掉一个好的机会，甚至是耽误了事情。所以要敢说！但光敢想、敢说还是不行的，那只会是纸上谈兵，好的方案也永远不会实现。这就是我最后想说的，要敢干。

敢干就是要敢于实践，将自己的所想、所说一步步地落实到蓝图中，最终将方案实现。个人认为，敢干是比敢想、敢说更加困难的事情。很多建筑师不是想法不好、表达得不好，而是没有克服重重困难把想法实现的勇气。著名的悉尼歌剧院的实现过程就是一个很好的例子。当时，丹麦建筑师尤恩伍重的方案中标后，很多建筑师、结构工程师都认为这个方案没法实现，仅仅是墙上挂的画。尤恩伍重的压力可想而知。但是，他并没有放弃，而是勇敢地挑起了重任。与结构工程师、施工单位积极配合，从 1959 年开始到 1973 年落成，历时十四年终将理想化为现实。这就是一种敢干的精神！

总之，我认为敢想是创作之前提条件，敢说是创作之推进因素，敢干是创作之实现保证。要提高建筑创作水平，尤其对于年轻建筑师，我认为这三点缺一不可。即要“敢想，敢说，敢干!”

谢谢大家。

以上的脱稿讲话，用了周总理的名言：“敢想、敢说、敢干，苦干、实干、巧干!”其中的三个“敢”，即“敢想、敢说、敢干”为“红线”，贯穿讲话的始终，听起来有一个整体的思想性，语言流畅自然。因为角色是普通的一个组员，又是刚到单位不久，讲话时谦虚几句是必要的。

应急策略

一个场合做主要发言时，如果想在语言组织上给人既有思想又逻辑性强的听觉效果，简单的方法是：把自己要说的主要内容，概括提炼成几个关键词，这几个关键词最好是字数一样；尽可能有谐音或重叠字。比如“三个敢”、“三个惊喜”、“三个忘不了”等。高度提炼的话语本身就是思想性的展现。另外讲的时候，先概述几个关键词，后再一一展开叙述，最后再重复总结一下几个关键词。用头、肚、尾的结构把几个“关键词”贯穿上下，思想性、逻辑性自在其中。

情况五：有时还会遇到这种情况，您外出参观、访问或随身边人参加一些公共活动，主办方忽然邀您说几句，这时往往一时不知从何说起，越着急越没的说。下面是一位学员的亲身经历，她随从参观北京“都市一分田”种植体验园，

参观完，邀请方让他们谈谈体会，面对突如其来的机会，她镇静了一下，这样说：

各位绿源艺景的领导、同事，大家下午好!

首先要感谢大兴区人保局为我们提供了这样一个机会，能够深入到地方，来到我们风景如画的“都市一分田”休闲种植体验园，进行参观学习。还要感谢我们回总、还有各位领导能够在百忙之中，抽出时间陪我们参观整个种植园的各大园区，并且做了非常精彩的介绍。

绿源艺景我跟陈总走访了30多家企业，这里规模最大、规划最好，同时也是

管理最为细致全面的一家企业。从采摘园到生态养殖园，从特色农家院到生态餐厅，从农产品超市到果蔬配送，从茶艺区到房车别墅区。处处体现出我们管理者在经营上的精心规划与部署，在对规划执行上的步步落实，以及在对细节把控上的游刃有余。

在特色小吃餐厅，我看到了现代化的餐饮管理体系，看得出我们经营者是有雄心直追国际化快餐连锁企业的；在特色农家院区，我看到的是一排排整齐气派的瓦房配上四星级宾馆的内部装潢，是欧式乡村风格与中国农村特色的一种杂糅；在农家大食堂，我看到的是宽敞的聚会大厅和怀旧的壁挂装饰，置身其间，仿佛能把你一下子带回到20世纪六七十年代的激情燃烧的岁月；在农耕文化展区，我看到了不同年代的典型的农耕用具，这是专门为参加社会大课堂的中小学生准备的；在生态养殖区，我看到了全部以散养方式喂养的柴鸡和“生态猪”，里面的很多品种，比如“两头乌”真是头一次见到。

在整个参观过程中，我不但听到了回总细致耐心的讲解，更听出了回总对整个园区未来五年、十年，乃至二十年发展的远景规划。可以说我们回总是运筹于帷幄之中，决胜于千里之外。

由此我想到了，我们大兴区“兴旅富民”战略的科学性。北京市政府早在2005年就已将发展京郊民俗旅游列入为市民办的56件实事之一。大兴区区委、区政府在充分分析了本区资源、环境的情况下，科学规划、整合资源、突出特色，优化旅游业发展环境，以“吃农家饭、住农家院、观自然景、赏民俗情、享田园乐”为发展方向，并辅以一定的扶植政策，使大兴区的民俗旅游得以蓬勃发展。我们前段时间走访的梨花村佳佳乐梨园，也是一个以“梨园”为主题的很成功的民俗旅游点。旅游带动了本区的经济发展，农民的收入提高了，生活变好了，同时也解决了当地部分村民的就业问题。未来，大兴区还将兴建机场，届时还将吸引更多的人流、物流、资金流，使得这里成为城南的热点地区。到时，也会给我们休闲种植园创造一个更加宽广的发展空间和更加优越的发展环境。

最后，我预祝我们“都市一分田”休闲体验园越办越好！越办人气越旺！

谢谢大家！

应急策略

以上范例给我们的启示是，在没准备的情况下，意外被邀请说几句，救急的策略是“就地取材”，就现场情况，真实的感受说几句心里话就可以了，如果能再结合主办方或邀请方的意图说些应情应景的话就更是锦上添花了。

重视脱稿讲话无声语言和有声语言的表达技巧，掌握遇到意外情况时的应急策略，脱稿讲话的水平会明显有进一步的提高。然而，如此还不能保证脱稿讲话就有吸引力。吸引力来自何方？请继续翻开第五章——

第五章 怎样说得更生动

一、在开场白上下“功夫”

2003年12月10日中国新闻网报道：美国商界、政界名流没有想到，中国总理温家宝今晚（9日）的演讲有如此感性的开场白。

在美中关系全国委员会等九团体联合举办的晚宴上，登台演讲的温家宝总理打开讲话稿后，沉思片刻，对六百多位嘉宾说：“如果我只读讲话稿，不会给你们留下很深印象，尽管这个讲话稿是我反复琢磨，修改了十来遍才写好的。我还是先讲讲来美国的感触，介绍介绍我个人吧。”

温家宝说：“我是很普通的人。母亲从小就教育我，对人要真实、真情、真挚、真切。一个人如果做到“四真”就达到很高的境界。我想以这样的精神来与在座的朋友们对话。”

在回顾了自己饱经战火的苦难童年后，温家宝说：“一个经历苦难的人，懂得尊重自己，也尊重别人；一个民族应当平等对待那些平等对待我们的民族。”

温家宝特别提起在纽约凭吊世贸遗址的感触：“世贸中心十多年前我上去过，昨天到那个遗址，我格外地触景生情。美国人民在‘九一一’事件中表现出的坚强、镇定、互助精神，我从心底感到钦佩。‘九一一’不仅使美国遭受灾难，也影响整个世界。今天纪念‘九一一’，既是对死者的怀念，更是对后人的警示。”

说起这些，温家宝表情凝重，但他很快舒展眉头："这两天我在美国有心情沉重的时候，也有高兴的时候。昨天纽约证交所叫我敲槌，本来很容易，但我很紧张。倒不是紧张按不好，而是担心股票上涨还是下跌。"全场大笑。"还好，昨天道指上涨了。今天下跌，跟我没关系了。"温家宝脸上露出得意的笑容。

温家宝又回忆起今天早上参观白宫的情形："布什总统知道我尊敬林肯总统，特意带我去林肯总统的办公室，带我看林肯在哥德斯堡演说稿的第五稿，如果没有里面'联邦乃是永久'的原则，就不会有美国的今天。"温家宝用此示意美国人，应当理解中国人民维护国家统一的意志。"林肯总统的那个演讲稿很短，我觉得我的演说有些长，但我还是愿意把自己写的东西念给大家。"温家宝换了一副眼镜，开始宣读他精心准备的发言稿。

身为大国总理，本来准备好了演讲稿，临场没有按部就班读稿子，而是即兴做了个开场白，并且赢得了美国商界、政界名流的一致好评。可见，开场白的重要。

俗语说："万事开头难"，还说"好的开始等于成功的一半"。脱稿讲话也不例外，必须重视开头。脱稿讲话的开头比一般的那种背演讲稿的演讲要难得多。因为脱稿讲话所遇到的场合、角色、目的以及听众都是多变的，复杂的，这就要求我们要在得体的基础上尽可能出新意，求变化。

出新意，求变化的简便方法是说应情应景的话，这要先看场合，比如，如果是陌生场合，就有必要先做个自我介绍；是熟悉场合则先说几句拉近情感的话；若要是工作会议或其他严肃会议，最好单刀直入，直奔主题；遇到商务或社交的场合，开口说几句玩笑话，说得越轻松越好。场合是讲话主调式的决定因素，另外还要再根据角色、听众以及自己讲话的目的来做一些适度的调整。下面我们来引用几个范例，从中窥探其内在的应用规律。

先来参考一下已故老一代相声表演艺术家马三立在一次社交场合的开场白：

我叫马三立。三立，立起来，被人打倒；立起来，又被人打倒；最后，又立了起来。但愿不要再被打倒。我这个名字叫得不对，祸也因它，福也因它。

我今年85岁，体重86斤。明年我86岁，体重85斤。

我很瘦，但没有病。从小到大，从大到老，体重没有超过100斤。

现在，我脚往后踢，可以踢到自己的屁股蛋儿，还能做几个“下蹲”。向前弯腰，还可以够着自己的脚。头发黑白各占一半。牙好，还能吃黄瓜、生胡萝卜，别的老头儿、老太太很羡慕我。

我们终于赶上了好年头。托共产党的福，托三中全会的福。我不说了，事情在那儿明摆着，会说的不如会看的。没有三中全会，我肯定还在北闸口农村劳动。

其实，种田并非坏事，只是我肩不能担，手不能提。生产队长说：马三立，拉车不行，割麦也不行，挖沟更不行。要不，你到场上去，帮帮妇女们干点什么，轰轰鸡什么的……惨啦，连个妇女也不如。

也别说，有时候也有用。生产队开个大会，人总到不齐。队长在喇叭里宣布：今晚开大会，会前，由马三立说一段单口相声。立马，人就齐了……

阅读到此，也许您又会说，这水平太高了，想达到此境界，实在模仿不来，再说咱自身的条件也没三立老人这么有特色啊！先不要着急下结论，请参考我们几位学员受此范例启发在介绍自己名字方面的实际应用：

我姓巩，冯巩的巩，巩俐的巩，当然也是巩汉林的巩。虽说跟他们是一个姓，我的艺术细胞却贫穷。但名字却有骨气。红梅，它迎春抗冻，人人喜欢。希望大家记住巩红梅。

我姓宋，名德让。有一次，一位朋友对我说，他最愿和我做生意，我说为什么，他说，和你做生意不吃亏，因为你“送（宋）了，还得（德）让”……

如果您在陌生的商务或社交场合，最好开场白讲得轻松诙谐一些，适合场合适合氛围，容易尽快拉近与周围人的距离。这方面有没有一开口就能给人留下一个较深刻印象的方法和规律呢？下面介绍几种供您参考：

1. 给名字赋予个“说法”

比如，“大钊脱稿讲话培训”356 期有个学员叫赵杰，他第一次是这样介绍自己的名字：

我姓赵，就是一个“走”，加一个“×”，“杰”是上头一个“木”，下面“四点水”。

经过老师的启发，后来他这样介绍自己：

我姓赵，赵钱孙李、周吴郑王，百家姓中的第一姓，名“杰”，英雄豪杰的“杰”。我从小的愿望就是姓、名、人实现“三连冠”。

经他这一介绍，后来班上的学员没有不记住他的。并笑称他“三冠王”。

你可曾想过给自己的名字赋予一个说法呢？当然，不一定都是“豪言壮语”，也可用调侃自己的方式，给人以轻松的记忆。

受此启示，相信你也能给自己的名字赋予个有趣的说法。思路可以多种多样，就看谁因地制宜，富有创意。不过有些姓名不管再富有想象力，也很难有所创意。为了给人留下较深的印象，怎么办呢？不妨转移“阵地”，在姓名之外上做文章。

2. 寻找自己“独有的”

有个学员孙女士这样介绍自己：

我叫孙迎菊，不像人家那么有特色，而且还有点俗。但有自己的来历，我出生的时候，家里有一盆菊花，那天早上花朵绽放，由此我妈给我取名“迎菊”……

经他这一介绍，好多人都记住了这位朴素的山东姑娘。当然，自身的特点，还有其他方面，只要你自信，再——

3. 留心现场的“情况”

即把所看到的，所听到的，所感受到的用现挂的方法，用一条“红线”串起来，这样说出来，让现场人感觉既贴切，又有现场感，效果十分好。比如前面举过的范例，在做总结性发言时，他一改过去比较理性的开头，用感性的语言一开头这样说：

尊敬的张司长、各位领导、各位同仁，大家好！

每次来湖南都是一种期盼，温润清新的空气，温馨亲切的朋友，每次都让我是那样的留恋。这次更是让我有三个惊喜：

一个是各级领导这么重视，不但王处来了，张司也来了，还有文敏院长，西藏的吴厅长，湖南省厅的胡总，这么多的领导亲自到会听取我们的总结和建议，并对下一步的工作进行指示，我暗喜新的一年我们的工作必定有新的起色；

第二个是见到这么多的老朋友，各地的新老朋友能借这个机会相聚在一起，互相交流、畅谈，真的是非常开心和惊喜；

三是湖南省厅的安排是如此周到细致，不只是响应中央改变会风的号召，整个会议安排在我们自己的干部管理学院举行，同时在会场的布置、人员的接送、就餐的安排等等方面都非常的细心、贴心和实在，我作为会议代表之一处处能感受到他们的良苦用心，在此表示衷心的感谢。

2012，这是一部电影的名字，也是我们刚刚过去的一年。在玛雅预言被粉碎的今天，我怀着劫后余生的喜悦再次来到湖南，和各位新老朋友、领导同仁相聚在一起，回顾总结 2012，展望计划 2013……

可以看出，以上的范例，他把在现场看到的，听到的和感受到的用“惊喜”这条红线串了起来，表达的流畅自然，贴切，非常有现场感。您可能会说，我讲话的场合不像这样简单，情况比较复杂，比如，在主持工作例会时，怎样一开口就能把大家的注意力“收住”，还能推进会议的进程；当参加规格比较高的研讨会时，如何通过自己的开场白来提升自信心等等。

下面再介绍几种比较复杂场合的开场白方法。

❖ 开门见山法

鲁先生是电脑工程师，最近晋升为公司的项目经理，这家公司专营大型电子广告牌，就像北京火车站广场上的那种广告牌。由于总经理经常外出，所以鲁先生要留下来监督项目的实施和主持每周的工作例会。这使他一下子遇到了两个问题：一个是主持这样的会没法写稿，他害怕脱稿当众讲话；一个是每周的例会像一盘散沙，缺乏凝聚力，达不到开会的效果。

他说：“我不知道怎么控制这些人……”

我们问他：“你主持例会时的开场话是怎么说的？”

他说：“我开会时先问一些像‘B 项目进行得怎样了’这样那样的问题。大家一下子炸了锅。有时候某两个人开始就某个细节争论起来……所有的人都斗来斗去……我坐在桌子的一端干着急，无能为力……我不像是个项目经理，倒像是现场记者，在嘈杂声中作记录……”

鲁先生的问题出在他自己身上，即他缺乏公众讲话和主持会议的经验和方法。按电脑工程师的逻辑思维来主持会议和解决问题是不行的。

我们又问他：“你主持工作例会想达到什么目的？”

他说：“我想在现行的公司项目中起到协助和监督的核心作用，进而降低公司的成本，向总经理证实自己的价值。”

他知道了如何树立自己在主持会议时的权威，怎样推进会议进程，如何掌控全场，达到会议目的的技巧和方法后，在下一周的工作例会上，他开门见山地说：

“我看大家上报的报表，本周项目推进情况正常。本周想重点解决项目材料成本的问题。这些是 XYZ 项目生产材料成本的最新数字：上上周我们的订单总额为 56 万元，其中我们的材料成本控制在 43%。本周我发现订单 48 万元，材料成本却上升至 46%。很简单，这意味着我们将免费给客户干！经老板同意，我已经终止了最后的订单。你们想想怎样才能协调共用一些材料，以便我们能降低成本……”

有了这样的开场，大家都屏住呼吸，先是沉默不语，稍后，大家都集中这一问题各想各的办法，于是讨论开始了……

后来，鲁先生给我们的反馈是，他这次会主持的非常顺利，并且没拖时间，办法还是大家想的。最后大家还挺高兴。

我们又问他：“是哪些方法或技巧帮上了忙？”

他说：“开场白很重要，不像原来，目标集中了，我也不紧张了；另外控制冷场、跑题的方法也管用……”

由于在那次会上，鲁先生在公众面前找回了自信，逐步建立起了自己的威信，紧接着在公司管理方面，他又继续提出自己一些创造性的意见，并帮助寻找解决问题的方法。接下来，为了确立自己在公司中的位置，他主动承担一些主持会议的任务，不但威信在不断盘升，而且，在这个过程中，他说话时不感到害怕了。

借鉴提示：

不要以为自己是领导，就自然会主持会议。想当然地认为自己朴实地说几句就可以了。这就是为什么您掌控不了会场，会议开得像盘散沙，达不到效果的原因了。会议主持准备的表达技巧是：会前要仔细地考虑一下自己为什么坐在这里，这次会议的目的，要求以及当前存在的问题是什么。用重点突出，条理清晰的语言表达出来。如果没有充分的准备，弄不清楚到底在那儿干什么，也表达不清自己的观点。一个坐在那里头脑乱哄哄的人，会议不散，自己不紧张才怪呢！这是很重要的一点，适用于任何脱稿讲话的场合。

❖ 承上启下法

参加讨论会发言，有准备时，情况允许的条件下应抢先说，防止别人说了没得说；没准备好时用心听别人说，灵感一旦来了就赶快“承上启下”说。怎样做到“承上启下”说呢？

一是焦点在外。参加讨论会时用心倾听别人的内容，引发自己的思考，从中获取灵感。而不是边听边拿别人和自己比较。如果陷入比较的怪圈，不自觉地就会拿别人的优点比自己的不足。俗语道：人比人气死人。就这道理。

二是强化优势。要讲自己独有的，感受最深的，拿自己的强项来深入交流。不在一个角度，就没有可比性。这样长自信。这是“田忌赛马”的活用。

三是注意呼应。有时我们在讨论的场合，会遇到讲话的人完全不顾对方说什么，只按照自己事先准备的，你说你的，他说他的，这样效果就比较差。如果您第二个发言，准备的某些观点可能被第一个人先说了，您再说，就重复了，只得放弃。但是如果您留意听，可能会发现个呼应的机会。前面人的话可能对你有新的启示，产生新的观点。所以在多数场合中，切忌只想自己的发言，不理会对方的发言，一定要有所呼应才好。

❖ 袒露自我法

袒露自我，是指脱稿讲话者必须要同听众坦诚相见，推心置腹，以诚换诚。

姜女士是某一职业专科学校的管理人员，暑期被派去某一矿区见一群当地高中生的家长。其目的是要招收学生，让这些大部分没有上过大学的家长，相信她的学校适合他们的孩子。然而，尽管她认为她的学校很有吸引力，但是她说完后，一个报名的都没有。

问到她当时是怎么说的时，她回忆说：“我当时自顾自地背了15分钟的‘推销词’。眼睛一直向上看，根本不是在对听众讲话。结果呢，没有什么人提出问题，更没有人真正表示出兴趣。”

以上是发生在我们学员身上的真实例子。听了她的分享，老师、学员都为姜女士着急，更为那些生活在矿区感觉读书无用的孩子着急。于是大家积极帮助她，并用课上所学为她出谋划策，姜女士有悟性，更争气。课程结束后，在某一次同学聚会上，她这样分享道：

今年的暑期我们又招生，这次是我主动请缨。大家知道效果是什么吗？现场来了39位家长和孩子，当场报了19名，6个有意向。当然，成功的因素有好多，首先要说的是，与我这次的脱稿讲话很有关系，我开始这样说："各位家长好，我的名字叫姜红。我的曾祖父32岁时死于矿井事故。我的祖父在同一个矿井干活，他49岁去世。我的爸爸28岁时离开了矿井，当了一名卡车司机。因为他走南闯北见了世面，我哥哥高中毕业，爸爸就送他进了职业学院，获得了这个（我拿出来一个我们学校的毕业证书）。我和我的哥哥一样……"

说到这儿，接下来那种帮助孩子上学的心情更加迫切，讲完后，她与在座的每一个家长进行面谈，举例来解释他们的学校如何能满足高中生经济上和就业上的需求。最后，还发给每人一袋小册子，详细说明了学校提供的各种课程、上课时间和收费计划。然后又拿出一个便条簿和铅笔，让大家一一留下进一步联系的电话号码……

她后来告诉我们："我开始时觉得紧张，但是我想，如果我想让他们相信我，我就应该坦诚对待他们。我的家庭背景可以很好地说明教育的意义。这一次的成功，得益于我脱稿讲话时的那种发自内心的真诚……"

借鉴提示：

同样的场合，同样的听众，同样的角色，为什么两次的效果有这样大的反差？当然，原因会有多种，有一点您不能不承认，这后一次的现场讲话，其开场白非常有自己的特色，就是现身说法，用事实说话。常言说："事实胜于雄辩"即这个道理。另外就是真诚。用一种能使别人同意您观点的方式来构思您的讲话。讲的时候再用真诚去表达，您的目的自然也就会达到了。

❖ 倒挂金钟法

郭先生是一名金融分析家，他接到了一个似乎让人羡慕的任务：在生日宴会上为一位德高望重的金融界泰斗致生日祝词。然而，他对此却感到十分恐慌。

他解释说："我们公司没有人知道这对我来说是多么的困难。我的同事们可能认为这是一种荣誉。可他们不知道对我来说是种煎熬。我倒希望致祝词的是别人而不是我。"

郭先生通过熟人介绍前来我们学校找老师咨询，念了他写下的又呆板又正式的祝词。在祝词中，他想用他的那听上去咬文嚼字的辞藻去赢得现场人的共鸣和回应。

问他来咨询是想要达到什么效果，他说是想充分表达对寿星的那份尊重之情，同时现场说得精彩一点，让人高看一眼。

针对他实际存在的问题，给他做了有针对性的点评和指导，最后建议他，把刚才的录音资料带走，听一听，从中找到想要的效果。他照办了，于是构思出了一个发自内心的，真诚的祝词。

生日宴会那一天，一开口他就发自内心地说：

"谁知道我们的寿星在 1956 年事业起步时投资的 1000 元人民币今天价值多少？（大家纷纷猜，有人猜了个数），你说得差不多，但还是说少了。答案是 800 万元。"

郭先生继续概述寿星惊人的成功，并用有趣的比喻加以证明。最后他还抒情地说——"在投资建议的海洋中，我们今天的寿星是巡航舰，我们只是盘旋在上方寻找零杂信息的海鸥……"

当郭先生思考他的祝词为什么如此成功时，他发现自己的开场白不是在刻意表现自己的博学睿智和口吐莲花，而是把注意力完全放在了寿星的个人经历上，用设问的方式，让现场的听众先产生思考和想象，以寿星最闪亮的一个点（1000 元变 800 万元），抛出一个悬念冲击大家，既调动了全场的氛围，又提升了寿星的个人魅力。

借鉴提示：

为寿星致祝词，要想说好，让人高看一眼，不是一开口想方设法表现你有多么睿智博学，你有多好的口才；而是一开始要把构思放在寿星那让人感动的个人经历上，和在座的每个人有心灵上的互动和沟通。一开口想办法吊起听众的胃口很重要。

❖ **幽默诙谐法**

台湾著名作家李敖曾来到内地，在北京大学举行演讲。一开讲，他就说：“各位终于见到我了。”全场几百名学生起立鼓掌。

随即，他又说：“今天来演讲，我没带讲稿，记得罗马教皇说过：演讲的时候不能用稿子，用稿子表示记不住，如果演讲者自己都记不住，又怎么能让听众记住？这样，演讲就失败了。”说到这里，为了证明自己的“清白”，李敖掀开西装上衣，展示给大家：“大家看，没有稿子，也没有小抄。”此举引起一片笑声。

李敖很快接着说：“但你们不要以为我很有信心，我很害怕。我最害怕四种人，一种是根本不来听讲的，一种是听了一半去厕所的，一种是去了厕所永远不回来的，一种是听演讲不鼓掌的。”李敖的话音未落，学生们自己就乐翻了天。

借鉴提示：

幽默诙谐开头法，不是任何场合都适用，这要分人、分场合，应情应景来使用。幽默诙谐不可生搬硬套，机械模仿，最好的方法是进入现场后留心观察，抓住现场的某些契机，结合自己的某些特点，随机生成才妙。

以上介绍了几种一开口就吸引听众的技巧和方法，脱稿讲话要想吸引听众，不仅是要在开头上下功夫，除了前面讲的无声语言和有声语言的表达技巧外，还应在讲话的思想、内容、修辞、结构等等方面下功夫。下面先说如何在自己的脱稿讲话中展现思想性赢得听众。

二、在说有新意上做“文章”

一个脱稿讲话者，要想受人钦敬，让听众感觉您讲得好，重要的一点是要出口有新意，不能人云亦云，老调重弹。说有新意是吸引人的重要法宝之一。怎样使自己的脱稿讲话更有新意呢？

1. 老调新“弹”

这里的“弹”实指的是“谈”。同样的话题，同样的场合，同样的讲话目的，不一样的说法，会有不一样的效果。例如，一位乡长的就职讲话，其中他是这样讲的：

……大家选我为樟树人民政府乡长，我保证三不搞：一是在工作布置上，不搞“一个师公，一道法”过去是甲乡长栽树，乙乡长种瓜，丙乡长抓鱼。领导各取所爱，结果劳民伤财。我乡近几年整体发展建设规划已初具雏形，势头较好，没有必要另起炉灶。因此，我要做到新官理旧事。第二，在干部使用上，不搞一朝天子，一朝臣。今后干部调整，也只能本着人尽其才，才尽其用的原则，决不会以个人恩怨为界限……第三，不搞新官上任三把火。我主张脚踏实地，饭要一口一口吃，堡垒一个一个地攻，做到在任一天，奋斗不止……

这段讲话，语言朴素，认识新颖，清晰地表达了上任后的工作思路和做法，如春风吹去了听众心中的云雾，像春雨滋润了每个人的心田。讲话结束后，人们都心情振奋，取得了令人满意的效果。这就在提醒我们，领导讲话不仅要简洁朴实，还要力求有新意，不落俗套，更不能一味重复别人的讲话。这就要求讲话者要善于了解和掌握群众的心理势态，抓住关系群众切身利益的敏感问题，符合时代要求和群众要求，这样才能使讲话有的放矢，让群众感到亲近、实在、可信、可行。

再如某新县委书记走马上任，在县里召开的第一次工作会议上，其中他这样说：

……我的原籍在长沙，而且学习、工作多年，那里是我的第一故乡，从昨天到县里起，我就是咱们县里的公民了（听众掌声），现在，不但我是县里的公民，我爱人、小孩的户籍关系也一同转来了，确切地说，我们全家都是咱们县的公民了（听众掌声）。我到这里来工作，这里就是我的第二故乡，是我的家了。是家，只有首先安家，才能当好家，把故乡建设好，让家乡的父老乡亲过上好日子（听众掌声）。我相信只要我们各级领导者与人民群众同甘共苦，齐心协力，就一定能够战胜各种困难，把自己的家乡建设好（听众热烈掌声）……

这位县委书记的新上任的第一次讲话，质朴无华的讲述中，流露着的是诚意；自报家底的交流中，传递的是干好任内工作的决心，抑扬顿挫的语调中，句句说的是在场人关注的话。同样是就职讲话给听众留下的是不一样的感觉。这看似平实的语言中折射出的是讲话者敏捷的思维和睿智的思想。

2. 掘“地”三尺

这里的“地”是指，就在我们身边，看似普通又平常的一些事物或概念，通过全新的角度去认识和理解，得出的是不寻常的诠释。脱稿讲话的高手们，经常是在这些“点上”做文章的人。比如前面列举过的范例中，给日期注入特定的意义，是说有新意的有效方法。再比如前面的范例中：

今天是个好日子。10月4日选得好，10月有两层意思，10月是国庆月，含义是喜庆；今天是新人的婚礼，也是喜庆，可见10月是喜上加喜，双喜临门，“十”还代表十全十美。这对新人事业相同、学历相似、年龄相近、身材相配、情感相融，情人眼里是完美，所以，十月就是喜庆加完美。

4日也有两层意思。4就是2+2之“和”。这第一个2，就是新郎、新娘两人结成一个新家庭；第二个2，就是双方父母两个家庭。今后又合二为一。“和”对小两口来说要“和善”、“和好”，百年好合；小两口对父母要“和气”、“和睦”，孝敬父母。对两个家庭延伸出的所有亲朋好友要和蔼，关系处理要和谐。这个“和”就是以和为贵，百年和好。4的第二层意思是，我是上海人，上海人把4说成“哆来咪发”为“发”，就是希望小两口今后在工作和生活中要事业发展、经济发展、情感发展、家庭发展。也希望在座的亲朋好友在事业上兴旺发达，在经济上经常发财，在生活上大家和谐发展。……可以说这一番讲话，对数字的阐释颇费了番心思。带给我们的启示是，给一个普通日期注入新的内涵，方法是结合时令、场合、人物以及讲话的目的展开丰富的联想就可以了。

另外，在现场听众共同熟知的一些概念上，巧选角度同样可以给人新鲜刺激，比如，前面列举的范例中有这样的话：“……大家都知道，从生理学上说，血液有

O型、A型、B型和AB型之分。虽然我不知道在座的各位同事都是何种血型，不过，大家可以相信，从非生理学意义上说，作为社会组织中的一员，我们都是AB型，能接受任何‘血型’；同时，我们又都是‘O型’，能输给其他‘血型’。在今后的日子里，我希望新老‘血液’要交融好，融洽地相处好。据说，人体的心脏是世界上最卓越的‘水泵’，每天泵出的血液达七八吨，新同事每时每刻泵出的‘新鲜血液’与老同事原来的‘血液’汇流在一起，无疑，我们的医院将从此更加充满生机！……”

在这里巧妙地对大家熟知的“血型”和“血液”重新定义，借此表达对新老员工的希望和期待；下面这个范例则是借桌上的“三种酒”，对今后工作来表态。比如：

……借此机会，我想用桌上的三杯酒来提醒我自己：先说这杯冰镇啤酒，喝下去那种清爽的感觉会让我时刻保持清醒的头脑，在今后的工作中让我充满理性，不骄不躁，认真履行好自己的职责；再说这杯醇厚的白酒，喝下去那种浓烈的感觉会更加强烈地激起我今后的工作热情，永远铭记我们单位的使命感和创业这个永恒的主题；最后说这杯晶莹剔透的葡萄酒，喝下去那种绵长的感觉引起我对我们眼下事业的憧憬和期盼，我坚信我们公司在孙书记的带领下，在大家的共同努力下，我们的事业会更加红火！

由此可见，对普通概念和平常事物掘“地”三尺的方法是，巧选角度，展开想象，引发思想的火花。当然，要想说有新意，这还是不够的，还要学会从整体布局上——

3. 化繁为“简”

这里的化繁为“简”是指对庞杂的内容进行归纳、概括、提炼，对所讲内容进行整体构思，最后用概括性的语言来表述。概括性的话听起来顺耳，不费力，印象深，自然就有吸引力。比如，某领导在谈到国有企业在发展过程中，如何适应市场经济的变化和要求，按照现代企业制度的运行模式来强化对企业的规范、有序的运营和管理，充分发挥企业的市场主体作用时，整篇讲话的整体构架用的是“四个一”，即：

一是有一个好的带头人；

二是有一套好的机制；

三是有一系列好的产品和品牌；

四是有一支负责任的队伍。

这样讲出来的话，给听众的感觉是结合自己的调查实践和理论经验经过系统地思考后得出的整体思考，听起来容易理解。

另外，如果您养成整体思考的习惯后，对所表达内容做系统有效的组织，讲出的话，还能给人有思想高度之感。比如某市领导在扶贫工作会议上作的总结性发言：

……当前，扶贫开发的总体形势是好的，国家实施西部大开发战略，给扶贫开发工作带来了良好的机遇。同时，扶贫开发工作也面临着一些困难和矛盾。主要表现在：

一是扶贫攻坚目标任务的艰巨性、繁重性与实现解决温饱、稳定脱贫的时间紧迫性的矛盾；

二是扶贫的政府行为与信资资金商业行为之间的矛盾；

三是扶贫开发的长期性与项目安排短期行为的矛盾。

我市剩下的这部分贫困村还面临着三大制约因素，是难啃的“硬骨头”：

一是生产生活基本条件差，基础设施薄弱；

二是市场信息不灵，商品流通滞后；

三是人的素质低下，文化、智力、科技落后。

上述三大矛盾和三大制约因素，在今后的扶贫攻坚中，应有针对性地……

这样的讲话给听众感觉是对所管辖的工作思路清晰，认识到位。概括性的讲话不仅用在领导干部总结性发言，有时，也可用来构思调查报告。例如：

……今天的调研，主要是了解党代会之后你们所做的工作，以及今后的工作思路、工作打算。下午看了一些现场，刚才又看了发展战略规划片，听了邢强同志关于乌市发展情况和今后发展思路的汇报，所见所闻，感到非常高兴。总的看来，乌市的思路比以前更清晰，抓落实的办法比以前更多，发展的氛围也比以前更浓厚，所有这一切都预示着乌市在未来的几年当中将会有一个跨越式的发展。我在工作中经常讲三句话，即思路决定出路、细节决定成败、激情决定效率。今天再讲这三句话，既作为对乌市近期工作的评价，也作为对乌市未来工作的期望。

第一句话，思路决定出路……；

第二句话，细节决定成败……；

第三句话，激情决定效率……。

用“三句话”来做工作调查后的总结性发言，听众听起来不累，自己讲起来不散。

另外，每年在做工作总结或述职报告时，苦于年年那些事，很难说有新意，如果您能用整体思考来谋篇布局，新意自在其中，例如：

回顾这一年来的工作，我在中心领导及各位同事的支持配合下，按照职责的要求，努力积极地完成了自己的本职工作. 通过这一年来的学习与工作，工作模式上有了一些新的突破，工作方式有所改变，现将2012年的工作从四个方面总结汇报如下：

1. 本职工作包含“两个重点”；

2. 工作模式上做到了“三个落实”；

3. 工作方式有“三个改变”；

4. 存在的不足有“两点改进”。

下面先说：……

本范例中从四个方面进行工作汇报，每个方面里都概括、提炼出了几个点，如：“两个重点、三个落实、三个改变、两点改进”等，这就打破了年年重复，岁岁一个样的囧境。

以上是如何在说有新意上做“文章”，要想脱稿讲话更吸引人，还要——

三、在遣词造句上要“修辞”

修辞，本是一个写作方面的术语。本书中我们借用过来是指对脱稿讲话的语言进行修饰、调整和加工的技巧。通过修辞可以增强脱稿讲话语言表达的艺术效果，使脱稿讲话更加生动、形象、鲜明，使听众更容易理解和接受讲话的内容。

脱稿讲话中常用的修辞方法主要有比喻、借代、排比、设问等。这些修辞方法，对增强脱稿讲话的生动性，有着不可替代的作用。为了脱稿讲话的生动性，我们要——

1. 常用“比喻”

比喻就是打比方。就是在两种具有相同点或相似点的事物中，用其中人们熟悉的东西来描述、刻画、解释不熟悉的东西，叫做比喻。

比喻是脱稿讲话中最常用的一种修辞方法，被称为“语言艺术中的艺术”。巧妙地运用比喻能给您的脱稿讲话涂上一层斑斓的色彩，增强脱稿讲话的形象性和感染力，使脱稿讲话更加出神入化。

恰当的比喻，可以形象直观地描绘出事物的内在特征，增强语言表达的具体性、形象性，便于人们对事物本质的把握，给听众留下深刻的印象。

假如您是领导，脱稿讲话时常用比喻，就会给人一种“画面感”，这就是常说的视觉效应。视觉效应容易在听众心中形成一种态势，并且会牢牢地打上烙印。

中共中央总书记习近平在中国共产党第十八届中央纪律检查委员会第二次全体会议上发表的重要讲话。

在谈到工作作风时，习近平说：“……工作作风上的问题绝对不是小事，如果不坚决纠正不良风气，任其发展下去，就会像一座无形的墙把党和人民群众隔开，党就会失去根基、失去血脉、失去力量。作风是否确实好转，要以人民满意为标准。”

此段讲话中，把“不良风气”比作“一座无形的墙”，形象又贴切。

毛泽东主席在讲话中善于运用形象贴切的比喻，把思想性、知识性和趣味性熔于一炉，使复杂的道理变得浅显通俗，易于理解和接受，深受人们喜爱。例如，毛泽东1942年在延安干部会议上讲：

……党八股的第六条罪状是：不负责任，到处害人。上面所说的那些，一方面是由于幼稚而来，另一方面也是由于责任心不足而来的。拿洗脸作比方，我们每天都要洗脸，许多人并且不止洗一次，洗完之后还要拿镜子照一照，要调查研究它一番，（听众大笑）生怕有什么不妥当的地方。你们看，这是何等地有责任心呀！我们写文章，做演说，只要像洗脸这样负责，就差不多了。……

这里毛泽东用日常生活中人们非常熟悉的小事来比喻说明写文章、做演说时应采取认真负责的态度。这样的比喻，简单明了，生动形象，具有很强的说服力。

1921年，毛泽东在安源教矿工识字，他用的就是打比喻的方法。比如，在讲解“工”字的时候，他这样解释：“上边一横线是“天”，下边一横线是“地”，中间一竖代表工人阶级自己。工人脚踏实地，头顶着天，是顶天立地的。”

毛泽东再给人力车夫上课时，他先在黑板上按顺序并排写了三个字：“工”、“人”、“天”，然后，绘声绘色地解释说：“人”字放在“工”字的下边，就构成了一个“天”字，如果工人都团结起来，力量就可以顶天。他教育工人不要相信宿命论，要相信自己，依靠自己。

人们在描述事物的形状、阐述道理、表达情感时，要想达到具体、明白，给人留下深刻印象是不容易的。如果能够运用形象贴切的比喻，则能化难为易，化抽象为具体。比如：

毛泽东说：“一切反动派都是纸老虎。”还把蒋介石与反动军阀的争斗比作“大狗小狗饱狗饿狗之间的争斗”。另外，还说过“军民鱼水情、青年好像是八九点钟的太阳等等”。

在讲述品德修养这类抽象问题时，往往会流于说教，很难让人信服。但我国西汉时的董仲舒却讲得很好。他说：积善在身，犹长日加益，而人不知也；积恶在身，犹火之销膏，人不见也。董仲舒在这里把人的积善比作身体的长高，虽看不出来，但确实长高了；把人的积恶比作点灯耗油，虽无明显变化，但确实是逐步减少走向灭亡。寥寥数语，把加强道德修养，积善除恶的道理讲得透彻明了，给人以深刻的启迪。

关于比喻，古代刘向《说苑》中有这样一个生动的故事：

有人对梁王说：“惠子这人说话善于打比喻，假若大王您不让他打比喻，那么，惠子就没法说话了。”于是，梁王对惠子说：“希望你今后说话不要打比喻了。”

惠子回答说：“大王，假若有人不知道‘弹’为何物，您告诉他‘弹就是弹’，他能明白吗？”梁王说：“当然不能明白了呀！”

惠子接着说：“如果您改换一种说法，告诉他：弹的样子像弓，弦是用竹子作弓。那么，他该明白了吧？”

梁王说：“当然明白了。”

惠子说：“我要把我知道的事物告诉不知道这个事物的人们，大王，您说不打比喻能行吗？”

梁王说：“不打比喻是不行的。”

这个故事中，本来梁王是不再让惠子打比喻，可是惠子又悄悄地打了一个比喻，说服了梁王。可见，比喻的力量是多么的强大。大凡“理”都是比较抽象和难以理解的，运用比喻就能把抽象的“理”，变成形象的“理”，具体的“理”，听众能看得见，摸得着的“理”。

2. 巧用“借代”

借代，是为了把某件事情说清楚，不直接说某人或某事的名称，借用与这一内容密切相关的，比较具体的，为人们所熟悉的名称和事物代替它。借代重在事物的相关性，利用客观事物之间的种种关系巧妙地形成一种语言上的艺术换名。老一代语言学家张志公先生把这一种语言表达方法叫做“改变一下名称或变换一个说法。”

恰当地运用借代可以把话表述得具体形象、简洁精练，使语言生动活泼，富有情趣，容易启发听众的想象，激发情感。比如：

中国共产党第十八届中央纪律检查委员会第二次全体会议于1月21日在北京开幕。中共中央总书记习近平22日在会议上发表了重要讲话。新华社“新华视点”官方微博披露了此次讲话的内容。通观此次讲话，习总书记巧用借代，生动形象地表达了新一代国家领导人从严治党的决心。比如：

谈到目前的反腐问题时，他说：“坚持‘老虎’、‘苍蝇’一起打。”用“老虎”替代“大贪官”，用“苍蝇”替代“小污吏”，表达了从严治党，惩治这一手决不能放松。坚决查处领导干部违纪违法案件，切实解决发生在群众身边的不正之风和腐败问题。

谈到党的工作作风时，他强调："要以踏石留印、抓铁有痕的劲头抓作风。"形象地用"踏石留印，抓铁有痕"来替代"踏实的工作劲头"。表达工作要善始善终、善做善成，防止虎头蛇尾，让全党全体人民来监督，让人民群众不断看到实实在在的成效和变化。

针对权力运行问题，他形象地说："把权力关进制度的笼子里。"用"制度的笼子"替代"不敢腐的惩戒机制、不能腐的防范机制、不易腐的保障机制。"表达了要加强对权力运行的制约和监督，形成除了法律和政策规定范围内的个人利益和工作职权外，所有共产党员都不得谋求任何私利和特权。

听着这样的讲话，这一个个的借代，让我们感受到的是语言的生动形象和直指人心的感染力和震撼力。如果不用借代，直接说"坚持大贪官、小污吏一起打"，"要以踏实的工作劲头抓作风"，"加强对权力运行的制约和监督"。语言表达上就显得平铺直叙，没有特点，难以给人留下深刻印象。

毛泽东也是善用借代的高手，比如他说："星星之火可以燎原"，用"星星之火"替代"零零散散的革命武装力量"；用"枪杆子"替代"军队"，说"枪杆子里面出政权"；用"半边天"替代"革命事业"，说"妇女能顶半边天"等等。

邓小平讲话中也善用借代的修辞手法，比如：讲到坚持改革开放之路时说"摸着石头过河"，用"摸着石头过河"替代"探索经济改革之路"；讲到发展经济时说"不管白猫黑猫抓住老鼠就是好猫"，即用"白猫黑猫"替代"资本主义、社会主义"，用"老鼠"替代"经济"；再比如，讲到发展经济建设的同时不能忽视人民群众的精神文明建设时说"两手都要硬"，用"两手"替代"物质文明和精神文明"等等，这些精辟的语言，将领袖的思想具体化、形象化，深入浅出，用形象的借代，使人们在愉悦中明白道理，受到教育。

以上讲的都是国家领导人在借代修辞方面的应用范例，下面再参考某一基层领导在某一次工作会上的发言片段：

……现在工作中的问题还是比较多的，要解决，没有一股劲不行。要敢字当头，横下一条心。这半年来，我讲了多次话，中心就是讲敢字当头。有个"老大难”单位，过去就是“老虎屁股”摸不得。后来，我们下了决心，管你是谁，六十岁的老虎屁股也好，四十岁的老虎屁股也好，二三十岁的老虎屁股也罢，都得摸。事实证明，一摸，就见效了。

这里“老大难”替代“问题多，难解决”，用“老虎屁股”替代“一些带刺难管的人物”，形象而又具体地批评了一些单位或个人的不良作风。

运用借代这种修辞方法，要特别注意用以借代的事物必须具有明显的代表性，并为人人所共知，在一些场合能使听众清楚地知道您所指的事物。另外，还要注意借代和比喻的区别，借代和比喻从表面上看，都是用乙事物替代甲事物，但两者是有区别的。比喻是有两个事物构成，借代是一个事物换名。比喻（除借喻）本体、喻体都出现，借代是借体单独出现；比喻的本体和喻体是凭借两事物的恰似点结合，本体和喻体一定要有相似之处；借代的本体和借体是凭借事物的特征和关系而代替，借体和本体不必有相似之处，但必须有相关性。

3. 活用“排比”

在脱稿讲话中，有时为了更有效地表达思想感情，加强讲话的气势，常常把结构相同或相似、语气一致，意思密切关联的两个或三个以上的词组、句子连接在一起说出来，这种修辞方法叫排比。

活用排比句可使文句整齐隽秀，增强语言的节奏感和旋律美，能使语势得到加强，情感得到升华，充分表达脱稿讲话的思想情感，形成强烈的表达效果。例如：

在党的十八大新一届政治局常委与中外记者见面会上，习近平总书记发表了即席讲话，整个讲话1531个字，3个排比句统领讲话主要内容：

“这个重大的责任，是对民族的责任……”

“这个重大的责任，就是对人民的责任……”

“这个重大的责任，就是对党的责任……”

在整篇讲话里又用了8处排比句：

“大家很敬业、很专业、很辛苦。”

“我们的人民热爱生活，期盼有更好的教育、更稳定的工作、更满意的收入、更可靠的社会保障、更高水平的医疗卫生服务、更舒适的居住条件、更优美的环境；期盼着孩子们能成长得更好、工作得更好、生活得更好。”

“切实解决自身存在的突出问题，切实改进工作作风。”

“人民是历史的创造者，群众是真正的英雄。”

“我们深深知道：每个人的力量是有限的，但只要我们万众一心，众志成城，就没有克服不了的困难；每个人的工作时间是有限的，但全心全意为人民服务是无限的。”

“责任重于泰山，事业任重道远。”

“我们一定要始终与人民心心相印、与人民同甘共苦、与人民团结奋斗。”

“中国需要更多地了解世界，世界也需要更多地了解中国。”

2012 年 11 月 29 日中共中央总书记习近平和其他政治局常委等中央领导去国家博物馆看《复兴之路》展览并发表即兴讲话时说：

“……空谈误国，实干兴邦。我们这一代的共产党人就是要继往开来、承前启后，建设好我们的党。团结全国各族人民，我们要把我们的国家建设好，要把我们的民族发展好，要继续坚定不移地朝着中华民族伟大复兴的这样一个历史目标奋勇前进。……国家好、民族好，大家才好，我们为实现中华民族的伟大复兴去奋斗的历史任务光荣而艰巨，是需要我们一代又一代的中国人不懈地为之共同努力。……”

这一段的讲话中，用了多处排比句，如“空谈误国，实干兴邦”两个排比句后，又接着说了三个“要”；还有“国家好、民族好，大家才好”等。给人以感情真挚，话语朴实之感。

习近平在中国共产党第十八届中央纪律检查委员会第二次全体会议上发表重要讲话时说：

“……反腐倡廉必须常抓不懈，拒腐防变必须警钟长鸣，关键就在‘常’、‘长’二字，一个是要经常抓，一个是要长期抓。我们要坚定决心，有腐必反、有贪必肃，不断铲除腐败现象滋生蔓延的土壤，以实际成效取信于民。……”

以上这段讲话中，连续用了两个“必须”、两个“一个是”，两个“有”等排比句，这种表达方式给人以非常大的冲击力。

在谈到工作作风时，习近平强调：

“……工作作风上的问题绝对不是小事，如果不坚决纠正不良风气，任其发展下去，就会像一座无形的墙把党和人民群众隔开，党就会失去根基、失去血脉、失去力量。作风是否确实好转，要以人民满意为标准；要以踏石留印、抓铁有痕的劲头抓下去，善始善终、善做善成，防止虎头蛇尾，让全党全体人民来监督，让人民群众不断看到实实在在的成效和变化。

他还强调，要坚持勤俭办一切事业，坚决反对讲排场比阔气，坚决抵制享乐主义和奢靡之风。要大力弘扬中华民族勤俭节约的优秀传统，大力宣传节约光荣、浪费可耻的思想观念，努力使厉行节约、反对浪费在全社会蔚然成风。……”

以上这段讲话，连续用了三个“失去”、两个“要以”、两个“善”、两个“让”、两个“坚决”、两个“大力”等排比句，充分表达了从严治党的决心。

针对权力运行问题，习近平强调：

“……要加强对权力运行的制约和监督，把权力关进制度的笼子里，形成不敢腐的惩戒机制、不能腐的防范机制、不易腐的保障机制。

反腐倡廉建设，必须反对特权思想、特权现象。共产党员永远是劳动人民的普通一员，除了法律和政策规定范围内的个人利益和工作职权外，所有共产党员都不得谋求任何私利和特权。

要防止和克服地方和部门保护主义、本位主义，决不允许“上有政策、下有对策”，决不允许有令不行、有禁不止，决不允许在贯彻执行中央决策部署上打折扣、做选择、搞变通。……”

以上这段话中，连续用了三个“机制”、两个“特权”、两个“主义”、三个“决不允许”和三个“打折扣、做选择、搞变通”等。整个讲话听起来，耳边回荡着韵律感，也在感受着冲击力。

再比如：毛泽东在《改造我们的学习》中讲到：

“……这种作风，拿了律己，则害了自己；拿了教人，则害了别人；拿了指导革命，则害了革命。这种主观的反科学的反马克思列宁主义的主观主义的方法，是共产党的大敌，是工人阶级的大敌，是人民的大敌，是民族的大敌，是党性不纯的一种表现。”

这段话用了两组排比句，从多角度精辟地指出了教条主义这种作风的危害，节奏鲜明，层层递进，气势逼人。

排比句运用得当，听起来特别有力、感人，能使人热血沸腾，精神振奋。

前全国政协主席李瑞环讲话喜欢用排比句。他曾用“群众最可爱，群众最可敬，群众最可怜，群众最可畏!”一组排比句，把如何正确对待群众的问题讲的全面透彻，诚恳地表达了爱民、为民的思想，深深地打动了人民群众。再如：他在一次讲话中说：“我们是共产党，共产党是工人阶级的政党；我们是人民政府，人民政府应该关心人民；我们是国家干部，国家干部是人民的公仆。这看似简单的一组排比句，把共产党的性质、政府的责任、国家干部的位置以及与人民群众的关系等讲得十分清晰。强调党和政府及国家干部要牢记全心全意为人民服务的根本宗旨，为人民群众执政，为人民群众工作。

排比句给人以条理清晰，反复强调的听觉刺激，脱稿讲话中特别能起到引起听众注意，唤起听众记忆，振奋听众精神，凝聚听众力量的作用。

一位省委宣传部长对新闻单位存在的问题作了这样的讲话。他说：近些年来，有些新闻单位放松了新闻，优良传统被淡化了。在部分记者中出现了“四多四少”的现象：“跑沿海的多了，跑内陆的少了；跑城市的多了，跑农村的少了；跑会议的多了，跑调研的少了；跑富裕单位的多了，跑贫困地区的少了。”

这样的讲话使人耳目一新，印象深刻。

要想提升自己说排比句的能力，必先提高自己的概括提炼能力。概括提炼是人们进行抽象思维的一种基本能力。它是认识事物的重要途径和手段，也是使语言更加精确的一种技巧和艺术。

概括提炼的方法简单说要分三步：第一步是要“筛选”，就是丢掉事物中的无关部分，选取具有本质属性的内容；第二步是“归纳”，即是将事物的共同点归结在一起，减少“水分”和避免繁复；第三步是“升华”，即从认识个别事物进而扩大到认识一般事物。慢慢体会，逐步实践，坚持数日，相信您也能口若悬河，出口成章。

4. 善用“设问”

设问，就是把早已确定的意思故意先向听众发问，以引起听众的注意和思索，然后再进行阐述，作解答。设问的作用主要是能够引起人们的注意，启发思考，突出重点。陈望道先生认为，“胸中早有定见，话中故意设问，名叫设问。”

设问与一般提问不同，一般提问是将自己不明确或者没有把握的问题，提出来希望别人予以解答。设问则不同，不是有疑而问，而是为了提醒，强调讲话内容，突出观点，引起听众注意，增强语言表达效果的一种修辞方式。

毛泽东讲话非常注意语言表达技巧。例如，他在著名的哲学著作《矛盾论》中解释什么是矛盾同一性时指出，“为什么鸡蛋能转化为鸡子，而石头不能转化为鸡子呢？为什么战争与和平有同一性，而战争与石头却没有同一性呢？为什么人能生人不能生出其他的东西呢？没有别的，就是因为矛盾的同一性要在一定的必要条件下。缺乏一定的必要的条件，就没有任何的同一性。”

在以上的讲话中，毛泽东连续用了三个设问，把观点阐述的清清楚楚，明明白白。设问运用得好，能够增强讲话的论辩力、说服力；能够引起听众的注意和思考，从而加深对讲话内容的理解和记忆；还能使讲话者抒发某种情感，让听众有曲折、回旋的跌宕感。尤其在脱稿讲话中，设问可以避免平铺直叙，更易促成讲话者和听众之间的感情交流和沟通。下面参考一组来自我们学员课后实践活动的分享。

宗先生在参加大钊周六俱乐部讲话沙龙活动时，这样发言：

尊敬的老师，亲爱的同学们，大家晚上好！

首先感谢金伯老师给了我这次发言的机会，说实话，我对《我热爱丢脸》这首诗的理解还比较粗浅，要谈体会肯定比不上在座的其他各位同学，不过既然金伯老师器重，我就先抛砖引玉，就这首诗谈一点个人不成熟的看法。

读完这首诗我感受最深的一点是“行动贵在果断”。

为什么说感受最深的是“行动贵在果断”呢？

首先，真正的机会往往稍纵即逝，一旦察觉到机会来临，就应马上果断行动，迅速出击，只有这样才有可能抓住机会，否则，事到临头拖拖拉拉，犹豫不决，就极容易贻误战机，留下的恐怕就只有失败和遗憾了。

其次，该开口时就开口，只有行动果断，才不至于眼睁睁地看着别人的嘴里说出了自己的观点，不至于亲眼目睹周围的人一个个脱颖而出，成为时代的弄潮儿，而自己却深陷拖沓彷徨之中难以自拔，丧失展现自己才华的良机。行动果断，带给我们的是成功和机会！

综上所述，这首诗我体会最深的是“行动贵在果断”。

上面的范例中，其中“为什么说感受最深的是‘行动贵在果断’呢?”就是一句设问。在整篇讲话中起到了统领上下，引起注意的实际效果。

再参考学员杨女士参加某企业文化讨论学习会时的发言：

在座的各位领导，大家下午好！

听了以上各位领导从不同角度的发言，我深受触动。尤其是丁书记说的关于“以仁为根，仁德至上的道德文化”的观点，给我留下了深刻印象，我非常赞同他开头时提到的“仁德”在企业文化中占有很重要的作用。

由于我们单位的杜主任今天有事来不了，我呢，是替我们杜主任来参加此次的讨论会，可能在座的各位还不太认识我，那我先简单介绍一下我自己。我叫杨艳，来自研究院，主要在办公室做人事工作，同时也在团委里面打打杂。希望通过今天的讨论会能对我们的企业文化有一个充分的了解和学习。

因为是刚参加工作没多久，资历尚浅，和大家比起来也是第一次参加这种讨论会，对企业文化的认识的思路和想法肯定是没有各位领导全面，所以，与其说是来参加讨论，不如说是来向各位学习来了，那么，在大家的启发下，我站在一个普通员工的角度谈一下我个人的不成熟的看法。如有说得不对的地方还请各位多多指正。

我的观点可以总结为两个词，那就是“珍惜”和“感恩”。为什么是这两个词呢？主要是因为三点：

一是……；

二是……；

三是……。

所以，综上所述，我的观点就是我们要通过企业文化学会珍惜学会感恩。

谢谢。

范例中“为什么是这两个词呢?”这句设问，起到了突出重点，引起听众注意的效果。设想一下，如果没有这句设问，就没有这种表达上的起伏感。

再来参考学员陈先生参加“2012 年度公司直营店销售情况讨论会”的发言：

首先感谢各位把第一次发言的机会让给了我，很高兴通过大家一年的不懈努力今年又取得了这么好的成绩，特别是销售部的各位同事你们辛苦了，这跟你们的付出都是密不可分的，所以要谈看法我想肯定也不如大家，既然大家都把这个机会让给了我，那我就谈点我个人不成熟的看法吧，不足之处，还请大家指正。

我觉得今年的整体销售任务完成了，但是个别店铺没有完成，分析起来，当然不同的人会有不同的看法或观点，对这点我个人觉得就是两个字“用心”。

我为什么这么说呢?

因为我们店铺的导购人员在销售产品时，跟顾客的沟通上可能不够到位，导致销售没上去，这是最直接的问题，这就是我们的导购人员没用心；没有分析好顾客的需求，没有掌握好产品的专业知识，以至于她们不知道怎么去跟人推荐产品，这中间也跟我们的市场督导有没有及时地下店去给导购人员进行培训，有没有定期地做销售分析有关，显然这是我们的市场督导因为把重心放在了别的店铺而忽略了个别店铺，这样就导致了我们今天的这种现象的出现。

……

总的来说，无论是做什么事情，我们不能只求做完，还得做好，要做好就得“用心”。只要我们在每个环节都“用心”去做了，我相信明年我们的每个店都能超额完成销售任务的。

谢谢！

本范例中的设问句为“我为什么这么说呢?”起到了承上启下，让听众引起注意的作用。同时，有这么一句设问，讲话者本身对接下来的讲话也较容易地能把握重点，集中表达，不会说散。

下面是章女士参加讲话沙龙，当时主题是“说出您心中的期待”。章女士这样讲道：

尊敬的金伯老师、各位在座的新老钊友，大家晚上好！

首先感谢金伯老师把这次发言的机会给了我。刚才听了大家分享的彼此心中的期待，真应了那句话“听君一席话，胜读十年书”。有的同学的期待，充满了诗情画意；有的同学的期待，充满了家庭的温馨。其实，期待真的是个很大的话题。而我只想说说我关于事业的期待。

我心中的期待是：我希望能够找到一份我真正热爱的并愿为之停留的事业。我为什么这么说呢？（掌声）

如果你真正爱他，你就不会计较得失，你会付出全部，只为有朝一日能够实现他；如果你真正爱他，你会排除万难，只为达到胜利的彼岸；如果你真正爱他，你会觉得你是全世界最幸运的那个人。我不知道在座的各位是不是找到了你最热爱的事业，如果找到了，我要说你真的很幸运。如果你还没有找到，我想跟你分享一下乔布斯2005年在斯坦福大学做的一场著名演讲中的一句话：Keep Looking , Don't Settle！如果你还没有找到，那么不要停下来，请继续寻找。Keep Looking , Don't Settle！

这就是我心中的期待，我要找到我心中的最爱！

谢谢！

“我为什么这么说呢?”一句设问能引来掌声，说明这设问确实起到了引起注意，启迪思考的功能了。足见，设问，在脱稿讲话中的确能起到引人注意、启发思考、突出重点、引人入胜的效果。

5. 多说“大众语”

脱稿讲话的高手，一般都善于灵活使用大众语。大众语来自于人民大众，是人民群众发明创造的。它包括俗语、谚语、歇后语、网络语言等。在讲话中巧妙地运用，能够增强讲话的感染力。

俗语是通俗而广泛流行的定型语句，简练形象。适当地引用俗语，可以增强脱稿讲话中的幽默感和说服力。

谚语是劳动人民在长期的生产和生活实践中总结出来的语言，经历了千百年长期传诵，千锤百炼，凝结着劳动人民丰富的思想感情和智慧。谚语具有寓意深长、语言精练、朗朗上口、便于记忆的特点。谚语和俗语一样，也可以为语言增色。比如：言必信，行必果；三圣齐努力，森林就茂密；一步走不完长征路，万里长征需要这一步；基础不牢地动山摇；天才不做事，聪明也白费；尝试不可能成功，不尝试肯定不成功；衣莫若新，人莫若故；只要心里有阳光，永远都有希望；积极的人像太阳，走到哪里哪里亮，消极的人像月亮，初一十五不一样；行家一出手，就知有没有；宁可千日无机会，不可一日无准备；天有三宝：日月星，地有三宝：水土风，人有三宝：精气神；不因自卑不到位，不因自傲常越位；嘴，一吃，二说。吃得好，叫有口福，说得好，叫有口才。等等。

2012 年 11 月 15 日，中共中央总书记习近平在当选后的首次亮相中就以“打铁还需自身硬”表露了反腐的决心。

毛泽东精通群众语言，讲话时善于运用这些精美的群众语言，来深入浅出地宣讲革命道理。所以，人民群众非常喜欢听他的讲话，爱读他的文章。“任何人都要有人支持，一个好汉三个帮，一个篱笆三个桩”；“荷花虽好，也要绿叶扶持”；“看菜吃饭，量体裁衣；对牛弹琴，瞎子摸鱼”，等等。让人听后生动有趣，富有浓郁的生活气息。

邓小平也是一位使用“大众语”的大师，像我们前面在讲借代时提到过的“不管黑猫白猫，能抓住耗子的就是好猫；要学会摸着石头过河；我当你们的后勤部长”等等。

这些形象生动又寓意深刻的话语我们已经久违了，像“白猫黑猫”论，如果我们用书面语言来阐述，会从“动机是重要的”（于是开始论述动机的重要性）讲到“效果也是重要的”（开始论述效果一二三），然后再剖析“动机与效果的关系同样是重要的”（再论述其重要性）……如此论述全面倒是全面了，问题是有几人能够记得住？又有几人能够听得进？

歇后语也是为广大群众所喜闻乐见的语言，在群众中广为流传。歇后语一般由前后两半截组成，前半截是形象的比喻，像谜面，后半截解说，像谜底。在谈话中适当运用歇后语，可以增加谈话的趣味性，增加语言的表现力。

为说明某人工作开展缓慢，可说“他呀，大象屁股——推不动。”为了说明干事一定要下功夫，可说“千日斧子万日锛——勤学苦练。”为了说明一个人做事老练，可说“大拇指头上长胡子——老手。”为了说明一个人讲话好，可说“飞机上挂暖水瓶——高水平”为了说明一个人说话不太实际，可说“山头上唱歌——调子太高。”为了说有的人太心急，可说“上午种树，下午乘凉——哪有这么快?!”有时面对人夸赞，可自嘲“山中无老虎——猴子称大王。”讽刺有些人只想赚钱，可说“卖水的看大河——满眼是钱。”有时说一件事很好办，可说“卖肉的切豆腐——不在话下。”形容有些人能说会唱，可说“百灵鸟碰上鹦鹉——会唱的遇上会说的了。”对一件事情心里有底，可说“洗脸盆里摸鱼——十拿九稳。”让人立足于本职工作，可说“猫捉耗子狗看门——本分事”当不知从何说起时，可说“石头上绣花——难起头”，被某人或某事感动，可说“腊月里的萝卜——动（冻）心了”等。

特别提醒：好东西不要多用。

如同生活中的调味品，用得恰到好处，则味道鲜美，如果过量，则会破坏一锅好菜。作为语言中调味品的俗语、谚语、歇后语也是如此，尤其是网络语言，如果用得恰到好处，却能起到一语千钧的作用；如果用得过多过滥，就显得过于肤浅和滑稽，很不严肃，甚至引起听众的厌烦。

大众语，包括现流行的网络语言也有雅俗之分，在具体使用时，雅一点好，还是俗一点好，这要根据不同的场合、不同的听众而定。如果面向基层群众，就应当说得大众化一点；如果面对的是一些知识分子，就要尽量说得文雅庄重点。

若是领导讲话，更要讲符合实际，听者容易接受的话，不要打官腔，不要故弄玄虚，不要用大话压人，用虚话蒙蔽人。不摆架子，语言要平实。

“让大家久等了”，这是2012年11月15日，新一届中央政治局常委集体亮相记者见面会，以一句略带歉意的话开头。新任中共中央总书记习近平面对在场等候的数百名中外记者，他的整场演讲给大家留下了深刻印象。英国广播公司会后报导称，此次讲话体现了新的风格，使用语言平实、通俗，并多次提到“人民”，强调人民对美好生活的向往就是中共奋斗的目标。美国华尔街日报网站称，习近平赢得了善言的中国网民的赞誉。在向全国人民发表讲话时，他几乎不用政治术语，看上去显得轻松，且平易近人。

白岩松评价说：“习总书记的讲话，可以用四个‘平’概括。其中第一个‘平’是平常的声调。他没有刻意去拔高，就像平常说话一样，这是第一个‘平’；第二个是平实的语言。这番讲话十分口语化。这里稍微有个别人需要查字典的只有一个词就是“夙夜在公”，也就是时时刻刻都想着公事。除此之外，剩下全是老百姓的语言，因此是平实的语言。”

用平实的语言才能表达真感情，我们党是为老百姓做事，我们就得说老百姓的话，这样跟我们党跟群众能说到一起去，我们本来是想到一起去，说到一起去，这样更表达了一种真感情，也是摆脱过去那种官僚主义、形式主义一些做法的开始。

全国政协主席李瑞环在任天津市长期间，有一次到天津大学和大学生对话座谈。当时，北京、西安等地的一些大学生因国际问题上街游行，对各大学都有些影响。怎样取得座谈的效果，即怎样达到稳定大学生情绪进而维护社会安定的领导目的？李瑞环同志决定放下架子，平等对话，他开门见山地说：“我今天来，一是听听你们的意见；二是和你们共同探讨一些你们关心的问题。我希望你们有什么说什么，我也有什么说什么。”

再比如，在一次整治经济发展环境的会议上，针对少数部门的少数干部向群众索拿卡要的现象，一位县委书记严肃地说：“同志们啊，人民群众是我们的衣食父母哇，他们挣点钱不容易呀！那都是他们拼死拼活挣来的血汗钱，用从群众干瘪的口袋里搜刮的一分一角，去鼓胀自己的腰包，于心何忍？良心何在？我们还是立党为公吗？还是执政为民吗？这样任其下去，我们的经济还能发展吗？我们的事业还有希望吗？……今后谁勒索老百姓的钱财，我们就砸掉谁的饭碗！”这一番语重心长、刚柔相济的严厉批评振聋发聩，使所有的与会人员都深受教育。

需要提醒的是，脱稿讲话者提高语言的生动性，一个最基本的要求就是要使用自己的语言。有些朋友往往愿意使用一些现代的“时髦词”或者流行的套话。把这些东西生拼硬凑在一起，乍听起来挺新鲜，实际上细细回味起来，有的是“生吞活剥”、“消化不良”；有的是似曾相识，改头换面；有的似是而非，很不准确。这些语言不仅不能给自己的语言增色，反而大大降低脱稿讲话的效果，是脱稿讲话者的大忌。

综上所述，提高脱稿讲话的生动性，一要重视开头；二要说有新意；三要丰富内容；四要善用修辞。同时，还要注意“语体”的问题。一个人脱稿讲话水平高低很重要的一点就是看是否合“体”。大家都知道，写文章有文体，脱稿讲话也是如此，不同的场合，不同的角色关系，以及不同的讲话目的，就形成了口语表达的不同“语体”。如喜庆场合在亲朋好友面前，讲话可以随便一点，说几句俚语、俗语更感亲切；在商务或工作场合，面对客户和同事讲话，条理严谨，措辞准确的前提下适度加点诙谐幽默更显职业和大气；在特别隆重的场合，如大会作报告或主题演讲，讲话的措辞语调就比较接近书面语。另外，电视广播播音有演播口语体；朗诵、演讲有文艺口语体。试想，如果在职场研讨会现场，您拖着一口演讲腔表达自己的观点和想法，就会让人感觉别扭。“上什么山唱什么歌，见什么人说什么话。”也包含表达方式上要合体这层意思。许多人脱稿讲话思想深度、观点高度都没问题，为什么让我们感觉总是有些距离感，有时与“语体”是否“得体”有关系。不管怎么说，提升脱稿讲话水平的最终目的，还是要学以致用。那么，如何将所阅读过的脱稿讲话思路、技巧、方法等能力点用在我们的实际工作和生活中呢？请看第六章——

第六章
脱稿讲话的实战方法

有位领导同志曾这样说："炉火纯青的功夫是长期磨炼的产物，感情得体并不需备课，甚至不需临时的思考过程。但在会议场合的发言提纲，就得有会前准备，也得有即时的思考，思考不周密，说话就难达足够的水平。"

可见，脱稿讲话是要准备的，因为听众不喜欢杂乱无章、言之无物、浅薄乏味的冗长讲话，为使脱稿讲话能打动和吸引听众，提前写好讲稿和打好腹稿是必要的。因为，经过认真准备了的脱稿讲话，讲起来心里踏实，有自信，同时不容易出重大闪失。告诉大家一个秘密——脱稿讲话的高手们也并不是您想象中的站起来就能说。他们出口成章的背后，都有或长或短、或详或略的构思准备过程。

赵启正、吴建民合著的《交流使人生更美好》一书中有两人这样一段对话内容：

赵：说说您的第一次（脱稿讲话的经历）吧。

吴：跟您不同的是，我的第一次演说不是偶然的，是自找的，而且已经47岁，比您第一次当众讲话整整大了22岁，1985年我第二次去中国驻联合国代表团工作，这次是当参赞。我给自己提出了三个目标，第一，我要能够用英语演说；第二，我要懂点儿经济；第三，我要学会开车。1986年春季，美国的一个非政府组织准备就人口问题举行一次讨论会，会议设五位主讲嘉宾，中国是世界上人口最多的国家，就被安排了一个名额。这事开始并没有派到我的头上，但问了其他参赞都不愿去。的确，中国的人口问题比较大，也比较难以解说，最后问到我了，我想，我不是人口专家，但是人口问题在中国是个大问题，我说我去；中国人口的压力美国人是体会不到的，我和夫人、孩子在十几平方米的房间里，一住就是14 年。讲中国我比他们懂啊。

赵：用中文还是英文？

吴：我直接用英文认真起草了讲稿，然后让夫人帮助润色了一下，结果面对200 多听众，其他四人全念稿子，就是我不念稿子，而且用英文讲，我讲了中国的人口现状和计划生育政策的效果和影响等等，用例子，讲得比较生动，反映很好。我一般不失眠的，那天晚上我兴奋得一宿都没睡好。我觉得我第一次当众演说成功了，当时不用人家说，你看整个会场的表现就可以看出来了。从那时起，我萌生了这种观念：讲话不念稿子，要有例子，要有自己个人的特色，这就是在世界民主青年联合会工作时，参加国际交流学来的。

赵：您第一次演讲，起点已经很高了。这里包含了交流的几个要点：一、原则性是必须要表达的；二、举自己的例子。这最熟悉，容易讲得有真情，又生动；三、尽量不打无准备之仗，事前要用功，平时要积累。

经过我们数百个咨询个案的调查分析和十几年第一线教学实践经验，总结出脱稿讲话前期构思准备“五步法”，如果您认真按照以下的步骤去做，相信会收到意想不到的效果。

一、脱稿讲话准备的“五步法”

第一步，明白什么场合

即先弄清要去讲话的场合。一般有三种：一是工作场合，即每天职场中参加的大大小小的工作会议；二是社交场合，即以联络感情，增进友谊为目的的各种社交聚会；三是商务场合，即以社交聚会的形式达到商业目的的聚会，是介于工作与社交之间的一种场合。

如果是工作场合，通常情况下要提醒自己，在表达上要做到“简洁、重点、条理”；简洁是指长话短说，言简意赅。因为工作场合任务重，事情多，时间紧，所以说多不如说少，说少不如说好，说好不如说巧。重点是指重点突出，讲话不散。不要指望在有限的时间把您认为重要的事情都说到才叫重点，把现场人当下关注的集中一个方面讲透彻才叫重点。条理是指思路清晰，层次分明。一件事情知道应该先说什么，再说什么，分几个层次去说，什么内容应该多说，什么内容应该少说等等。

在构思上要围绕着“是什么、为什么、干什么、怎么干、怎么样”来思考，简称“五么思维法”。这是北京市政府一位职能局领导一直倡导，并亲身践行，且确有效果的好方法。

这“五么思维法”在具体工作的脱稿讲话构思中怎样应用呢？比如：在项目立项的会议上您要申请某个项目获得上级领导批准，最好按“五么”来构思、表达。

“是什么？”如果大家都清楚的问题或概念，就没必要再重复说，但对有些新问题，新概念需要讲清楚它的定义、内容、特征。如文化创意、都市农业、区域经济等。有些专业名词，如果现场有人听不懂，也需要用通俗的语言解释，让不懂专业的人也能明白；

“为什么？”就是要回答您干这事的意义。一般可用三个层次去表达，一是宏观意义，即干这事的高层次意义，通俗地讲就是“拔高”。二是中观意义，即干这事本身的意义，要说的恰如其分、实实在在。三是反面意义，即您要研究的对象存在什么问题？从反面加以说明干这事的意义。

“干什么？”这是申请项目的核心内容，需要懂业务，懂技术。如果是一件事，则单说一件。如果是几件事，则要分出顺序，次重点，几件事之间的关联度是什么；有时一个大项目下又包含几个子项，则要阐明清楚。

“怎么干？”这是工作思路，是保证项目顺利实施的具体措施。如领导班子、团队建设、技术保障、外援支持、阶段安排、资金分配、实施地点等等要说清楚；

“怎么样？”这是项目效果，一般来说可考虑经济效益、社会效益、技术效益（技术上的创新点），有些项目可能还要考虑到生态效益等。这部分考虑得越全越细越有说服力。

综上所述，在工作中申请项目是这种构思思路，做工作方案汇报，工作总结也要体现这种思路，只是侧重点不一样。比如，申请项目构思时，为什么、干什么和怎么样是重点；方案汇报时怎么干是重点；工作总结时，干什么、怎么干、怎么样是重点。

工作中申请项目、方案汇报以及工作总结时的构思如此，说别的工作中的事也可如此思考，只是这“五么”的顺序、侧重点、用哪几项的问题。

以上是工作场合脱稿讲话准备时要注意的，如果是社交场合，则要提醒自己，这类场合讲话是以拉近彼此感情，广交朋友为目的，说些挑气氛的话，让现场人、主办方高兴的话即可，因为大家来这种场合就图的是个乐呵，并不是来听您讲知识、说道理的。怎样说呢？请参考张女士的分享：

2013 年 1 月 25 日下午 6：30，我应邀去某营养俱乐部减肥中心，参加一个主题为“第 77 期减肥挑战大赛的参赛人员及家属大联欢暨获奖人员颁奖晚会”的活动。

我作为获奖人员的家属进行了发言：

尊敬的营养顾问、在座的各位俱乐部的伙伴们，大家晚上好！

非常高兴也非常荣幸来到我们营养俱乐部，参加第 77 期减肥挑战大赛的颁奖活动。我先进行一下自我介绍，我叫张文，是刘扬的妻子，今天是以家属的身份过来的。来到俱乐部，我真的被这里家一样的氛围所感染了。我有三个“想不到”想跟大家分享。

第一个“想不到”是，想不到我们俱乐部成员这么多，而且每个人背后都有一段不平凡的故事。今天也不是我第一次来到俱乐部了，之前每周我都会陪我先生来这里进行体测，平时来的时候不觉得有这么多人在为健康、在为减掉身上多余的脂肪而奋斗。今天来到俱乐部，才发现原来我们是个大家庭，原来减肥的道路上我们“不是一个人在战斗”！（大家鼓掌）刚才听了那么多减肥的故事，特别感动，尤其是娟子妹妹，从原来 237 斤重，需要戴着呼吸机睡觉，到现在三个月累计减重 67 斤，再也不用依靠呼吸机入睡了。真的是太为你感到高兴了！加油！没问题，只要你坚持，一定可以减到标准体重的！俱乐部这个大家庭中的每个人都会为你加油！（大家鼓掌）

第二个“想不到”是，想不到我们的活动设计得这么让人感觉轻松、愉快和亲切。从活动开始的热身舞蹈，到“击鼓传花”的小游戏，再到减肥故事真人秀；

从精心布置的会场，到愉快的背景音乐，再到特意为我们准备的水果、糕点。可以说处处体现出俱乐部组织者对每位来宾的真诚，用“真心、贴心、用心”来形容一点也不为过。在这里，我想代表所有来到俱乐部的朋友对我们组织方说一句，你们的认真我们感受到了，谢谢！

第三个“想不到”是，想不到我老公在使用美味的“奶昔”一个月后能减重9斤，并且今天还获得了三等奖。真的是太高兴了！这里我真的要感谢我们的营养顾问王梅，没有她的悉心指导和耐心服务，我们不会取得这么好的减肥效果。我记得老公手机上经常能收到她发来的提醒短信，提醒每日的水量要够，提醒“奶昔”要在早七点、晚七点之前喝完，提醒每天三次吃维康宝、纤维素片。真的是太细心周到了。谢谢！谢谢这里的每一位像王梅一样优秀的营养顾问。

春节临近，值此新春来临之际，给大家拜个早年，预祝在座各位新春快乐！在新的一年收获健康、幸福、快乐！谢谢大家！

以上的发言对现场的人都照顾到了，说的这些话自然也是现场人和主办方都想听的，达到了拉近彼此情感距离的目的。

如果您去的是商务场合，则要提醒自己，既要有社交场合那种讲话的轻松，又要有工作场合讲话的那种简洁、重点和条理。兼具二者即可。

第二步，清楚自己的角色

比如，工作场合，有一把手、副手、助理、下属、客户等等；社交和商务场合，有主角、客人、配角之分等。

角色不一样，自然讲话的内容不一样，需要提醒的是，在措辞上也要留意一些。比如同在某一工作场合，嘴上说“强调几点”的，一定是一把手；说“补充一点”的是副手；说“谈几点个人体会”的是助理；说“有几个想法要汇报”的是下属。同是对下属提要求，一把手要说：“我希望……”，当一把手在场时，副手要说：“我相信……”。这等等词语上的变化，都因角色的不一样而变化。角色明确了，就会避免表达不当的尴尬，会使讲话到位而不越位。

第三步，知道听众是谁

为什么还要关注听众呢？在《交流使人生更美好》一书中赵启正与吴建民二位先生这样对话：

赵：不同层次，不同年龄，不同职业，不同地区都有文化差异，价值观、传统都不同，所以当你面对不同的对象谈同一主题时，谈话的着眼点就不一样，跟孩子谈，跟老人谈，跟一位农民工谈……谈法不一样。这不是“多面派”，而是讲话的侧重点和方式不同。

吴：交流的对象不同，说话的内容和方式确实是不一样的。

赵：比如谈论眼前这个杯子，你和工程师之间会说这个套子的一种合金，以铜为主，可能合了一点锡和镍？跟艺术家之间会说，这个结构像现代建筑的结构主义，可是玻璃和金属好像不够协调。跟一位画家之间会说，它有孔洞，让你观察茶叶、茶水的颜色，更有一种美感，但不能一眼看透，像苏州园林一样，让人回味。跟不同人谈的都不同。文化差异不仅是国家、民族、宗教间的差异，自己跟自己，由于不同的经历积累，不同的年代也有差异。30 岁和 50 岁的吴建民是两个人，后一个吴建民是前一个吴建民的“进化”吧。

吴：这话讲得挺好的。交流的双方决定交流的性质。今年是 70 岁的吴建民在和您交流。

赵：我还有一个故事。一次，我被邀请到某地演讲，原来说是给政府公务员讲。到那儿一看，听众都是当地企业家，讲台背景上写的题目是“向世界说明中国——中国企业家如何国际化”，我得现场调整内容。于是我就增加了企业如何表达自己和改造自己的内容，包括如何正确对待公共关系，改变对公共关系的肤浅认识。我还讲了企业的创新文化是企业国际化的必要条件，我还减少了讲述时间，增加了对话时间，以便所谈更有针对性。

吴：面对不同的听众增加对话时间是好办法。效果怎么样？

赵：互动的对话效果好，台上台下都颇有兴致。

吴：交流要看对象。你跟博士生也许讲 3 句就明白，跟硕士生要讲 6 句话，跟大学生可能要讲 16 句话，中学生就是 26 句话，不太一样了。当然教师的交流、外交官的交流、企业家的交流都不一样。

以上这些因素，在脱稿讲话前期构思时都要考虑周到。这便于确定讲话主题的锁定，内容身前的掌控，讲话风格的微调等。

在确定了讲话主题，构思出了讲话思路，收集筛选了讲话素材之后，应当拟定出讲话提纲或讲话稿。好的讲话提纲或讲稿是确保脱稿讲话成功的基础。只有这个基础打得牢，准备充分，讲话时才能从容不迫，有条不紊。

第四步，拟定提纲或讲稿

讲话提纲及讲稿是准备脱稿讲话的一个重要环节。拟定提纲及讲稿的过程，是一个进一步思考谋篇的过程。通过撰写提纲或讲稿可以认真研究和推敲讲话主题是否正确，思路是否合适，素材是否妥帖，层次结构是否合理，详略是否得当，等等。通过撰写还可以加深对讲话内容的记忆，进一步熟悉讲话的内在结构、篇章布局以及重要段落和关键句子。一些著名的脱稿讲话高手在讲话前都精心准备，亲自起草提纲或讲稿。

有人向李敖先生请教讲话的方法，他回答：

我起初要把讲的内容大的几个方面都写在一张纸上，再把他们列成自然的顺序——就是把这些视作骨干加以结构，然后再用手写出来，我惯用手写，因为我感到方便。写完之后，有条件或时间允许的情况下，我再让助手帮我用打字机打出，同时再修饰词句和增删材料。在手写、修改的过程中，可以认真思考、仔细推敲，使你的思路更完善，词句更准确。通过撰写脱稿讲话提纲及讲稿，有助于我加深理解和记忆讲话内容。

参加有些活动，由于没有时间或没有必要形成讲稿，只作口头讲话。这种情况也要认真做好准备，列出讲话提纲。有了讲话提纲，就把讲话的基本内容视觉化了，那么什么地方写得不太合适，什么地方思路不甚恰当，乃至整个讲话的逻辑关系、层次条理如何，都可以一清二楚地呈现在眼前。这样就可以使讲话条理清楚，中心明确，便于听众掌握要点。

根据我们的研究，脱稿讲话提纲分简略和详细两种。

简略的脱稿讲话提纲写得比较概括，列出大的纲目，写出每个问题的要点即可。简略提纲语言简练，内容扼要，主题、素材、结构、段落都很概括，看上去一目了然，省时省事。这种提纲，多用于非正式讲话或即席讲话，提纲多是写在随身携带的笔记本上或纸条上，起提示作用。

详细的脱稿讲话提纲写得比较具体细致，要求列出详细的纲目，甚至把每个细目都写清楚，看上去就是一个讲话缩影。特别要对重要的事例，必要的数据，精彩的词句，分别写在纲目之内。这种提纲编写时费力，但使用时方便，通过编写还可以加深对讲话内容的理解和记忆。详细提纲多是经过充分的准备后写出的。

再具体说，脱稿讲话提纲的写法主要有两种：一种是“关键词写法”，一种是“句子写法”。

关键词写法是以简要的语言，标题的形式把该部分的内容概括出来。这种写法特点是简单明了，一目了然；不足之处是自己明白，别人看不懂，时间较长后自己会模糊，甚至是忘记当时要表达的准确意思。

句子写法是以一个能表达完整意思的句子形式，把该部分的内容概括出来。句子写法特点是具体明确，无论隔多长时间都不会忘记，别人看也能明白；不足之处是文字多，写起来费力，不便于思考。两种写法各有长短。具体采用哪一种方法更好，还是两种方法混合使用，这要根据讲话的具体要求、内容、篇幅及讲话人的习惯而定。

由于讲话的体裁不同，提纲的具体结构形式有所区别，但也有共同的结构要求：

（1）拟定题目；

（2）确定总的论点和主题；

（3）列出分论点或主题；

（4）在分论点或部分中，再分出几个从属论点或几个层次；

（5）在每一个从属论点或层次中，列出具体案例的要点。

这样一篇讲话的提纲就摆在了你的眼前，使用起来非常方便，可以任意发挥。

对一些重要的讲话，在撰写出提纲的基础上，如果时间、条件允许的话，应尽可能形成讲稿，进一步推敲完善，有助于提高讲话的质量，保证讲话的成功。当然，这样做并不是保证您照稿念的成功。

第五步，摆脱讲稿的技巧

照讲稿念，当然不用动脑，不用费多大力，而且表述也比较准确。但是难以做到生动、活泼、表现不出领导者的讲话风采，也不能根据听众的反应和情绪变化作出灵活积极的调整。倘若照讲稿背，不用讲稿，凭借自己的记忆，像背书那样一字不差地背出来，听起来很不自然，而且也有忘了词，乱了套的危险。只有做到既不读稿，也不背稿，临场能条理清晰、流畅地讲话，才会收到不同凡响的效果。

那么，怎样才能做到不读稿，又不背稿呢？需要重点掌握三个环节：

第一个环节，改成口语。一般说来，讲话稿多为规范、严谨的书面语言。书面语言写得再精彩，与口头语言也不同。书面语言太干巴，缺少讲话时所需要的节奏和活力。这样的语言，讲起来不自然，记忆起来更困难。如果讲话时想不用讲稿，又不至于出现难堪的局面，只有花时间把讲稿变成自己的语言加以理解和记忆。记住自己的东西比记住别人给你准备的东西要容易得多。

林肯任美国总统期间，许多重要讲话都不用讲稿。他在工作繁忙的情况下是如何准备讲稿的？他通常是由写作班子写出初稿，在初稿的基础上，再修改完善变成自己的语言牢记在心。有人把林肯的首次就职演说同他的写作班子为他拟的草稿做了一番比较。发现林肯把草稿中那些浮夸的言词全部删去，用草稿提供的材料创造了那篇讲话中一些最令人难忘的语句，其中包括有关“神秘的记忆之玄”的那句结束语。这是讲话者与撰稿人之间理想的关系。灵感的启发是相互的，但是归根结底，脱稿讲话必须是讲话者的，而且只是他一个人的，那才能有效果。林肯的一些做法值得我们深思和效仿。

第二个环节，熟记提纲。提纲是整个脱稿讲话的总体思路和框架。脱稿讲话时只有按照这个提纲，围绕讲话的内容，进行充分发挥，讲话思路才不会被打断和阻隔。讲话前要根据讲话的内容和所要讲的意思，列出一个较为详细的提纲并熟记。然后在每个纲目下再提供一些关键词、关键句子以及重要的事例。千万不要死记硬背。只要您把要讲的意思装进脑子里，并能用自己的话按照一定的顺序把所要的内容联结起来，这样您就算基本上记住了讲话的内容，到时候在临场发挥，就不会出现语塞、忘记的困境。

美国总统奥巴马在谈到自己讲话不用讲稿时说：“最后一个提纲列好之后，把初稿写出来，或者口授下来。在删改打好的讲稿上，不要加工得太细，因为那样做往往会把口头语言的生气和节奏弄没了。你若是打算不照稿子讲，那就把提纲读上几遍，把关键的句子写下来。不把提纲记得很熟，那就有可能失去思绪的连贯性，从而也就会失去听众。”奥巴马的做法对于我们学习如何记忆讲话提纲，丢掉讲稿有很大的启发和帮助。

第三个环节，反复预讲。依据事先拟定好的提纲或讲稿，反复进行口头表达练习，每次都变换措词，这样可以更加牢固地记住讲话中的一系列观点。当你多次练习过后并对你自己的练习感到满意时，你就可以胸有成竹地走向讲台。这时，那些应讲的东西就会有条不紊地浮现在你的脑海中，并且能用自己的语言流畅地表达出来。

讲话从讲稿到提纲，是个逐步过渡、循序渐进、熟能生巧的过程。讲话与做任何事情一样，都需要反复实践。当你经过反复练习、多次锻炼，有了讲话经验，并确定自己站起来讲话不会忘记需要讲的东西时，你就掌握了不用讲稿讲话的技巧了。

总之，脱稿讲话前认真做好这五个方面的准备工作，对于你的脱稿讲话肯定会大有益处。如果你不去做这些艰苦的准备，绕开这些步骤想走捷径，一旦你走了捷径，很可能会误入歧途。因为捷径之中往往就隐藏着陷阱。要想提高脱稿讲话水平必须老老实实地下一番苦功夫。

可能此时您也会有这样的疑问，有时来不及准备怎么办呢?

据有关资料统计，职场讲话有77%是来不及准备的，况且还会遇到这种情况，比如：

建国初期，周恩来总理访问朝鲜。按原定安排，周总理将在机场向欢迎人群作书面讲话。当他下飞机时，雨下个不止，机场停机坪上一片伞的海洋，数千人在雨中一直等待欢迎他。在欢迎仪式上，轮到周总理讲话时，他笑容可掬地走到麦克风前，一边向欢迎人群挥舞双臂致意。一从衣袋里掏出讲稿，单手举过头顶，对群众说：讲稿太长，为使大家少淋雨，改为即兴讲话。话音刚落，人群中立刻爆发出一片掌声和欢呼声。试想，如果周总理置雨中欢迎人群的心理状态于不顾，按原计划照本宣科发表长篇讲话，尽管可能比脱稿发言内容充实，用词准确，逻辑性强。但决收不到如此热烈的现场效果。

这就告诉我们，在气候突变、时间紧迫或人们注意力不集中、有另外的需要或有焦虑情绪时，即兴发言往往更受欢迎。

从学术上讲，脱稿讲话分两种情况，一种是有准备；一种是无准备。无准备的脱稿讲话通常也叫“即兴发言”或“即席讲话”。

二、即兴发言的“糖葫芦法则”

2012年8月12日，某单位一位分管老干部工作的局长应邀参加了一个某协会组织的“中老年养生与保健专题研讨会”。根据会议议程，没安排这位局长发言，这位局长也没打算说。可就在会议即将结束时，会议主持突然邀请这位局长说几句。会议主持者的话音刚落，只见这位局长落落大方地站起来，从容地走上讲台，站稳后，用和蔼而自信的眼神环顾了一下四周与会者，开口说道：

各位专家，大家上午好！非常感谢主持人给我这个与大家交流的机会。咱们今天的会议主题是“中老年人的养生和保健问题”。虽说我分管老干部工作，可是谈理论，我谈不过在座的各位专家；论生活经验和人生阅历，我比不上在座的王老和徐老等几位老前辈。就讲话发言水平，我在主持人面前更是自愧莫如。尽管如此，我听了以上诸位专家的发言后，今天上午半天的会议，对我启发很大，我有好多话要说。因为今天上午的休会时间是11点半，现在已经是11点20了。虽说有很多的感受，我不想占大家太多的时间，只集中说一点，这就是——养生与保健是一种投资，为什么那么说呢？

第一，中年人如果平时注意养生和保健，拥有一个健康的身体，就可以精力旺盛地投入工作，在为社会创造更多财富的同时，也会为自己带来更多的收益；老年人如果平时做好日常的保健，健健康康，快快乐乐，不生病，不住医院，一方面等于是在为儿女投资；另一方面也是在为自己晚年的生活质量投资。

第二，……

第三，……

综上所述，我们新的时代，要有新的养生与保健理念。当今社会，健康就是一种资本，不仅是利己，更是利国、利民的好事。谢谢大家！

这位局长在没有准备的情况下，突然被叫起来，站起来就能说个“一二三”，许多人都会羡慕这种站着思考，现场组织语言的能力。身为公务员，会时常遇到这样的场合。这种没有充分准备，没有现成的稿子，由他人提议或自认为有必要当众临场发表的讲话，就叫即席发言。

通常情况下，有的人会一时脑袋空空，既不知从何谈起，又不知说什么。脸红、心跳、口干、手心出汗、甚至两腿发颤、发软……越急越紧张，越紧张越缺思路，处在一种煎熬和尴尬之中……

有时总算开口说几句，却是支支吾吾，语无伦次，讲完后，自己只有一个感觉——“乱”；更有甚者，选择婉言谢绝。事后想想，失去的是在众人面前展示自己的机会，留下的是遗憾。

为什么会出现以上的窘态和尴尬呢？原因是缺乏即席发言的技巧和方法；也缺少这方面的锻炼和指导。

即席发言常遇到的有三大难点：

首先，站起来发懵，不知从何谈起 ，容易遭受“冷场”的煎熬；

其次，来不及过多思考，说出的话欠妥当，甚至是“跑题”；

第三，没思路，语无伦次，丢三落四，让听众听起来懵懵懂懂。

要解决以上三大问题，需要多种即席讲话的技巧和方法。因受篇幅所限，在此只介绍一种，即：“四个 **W** 法则”的讲话思路。

上面所列举的那位局长的即席发言，从专业的角度分析，他运用的就是“糖葫芦法则”的讲话思路。

1. 张口就说的技巧

“糖葫芦法则”的讲话思路提示我们，当站起来发言脑子一片空白，一时不知说什么时，可按“四个 **W**”的顺序来组织自己的语言，解决站起来有话可说，避免“冷场”，进而再寻找要说什么的话题。

譬如，上面列举的那位局长的发言，可以判断他站起来时并没有想好要说什么，但他开头说的一段话，让一般人还感觉是非常贴近现场的一段话，而实际上是按“四个 **W** 法则”说的一段“技巧话”，在为自己争取思考要说什么的时间。具体分析如下 ：

“各位专家，大家好！非常感谢主持人给我这个与大家交流的机会。咱们今天的会议主题是‘中老年人的养生与保健问题’”。**Where**，即当站起来不知前几句

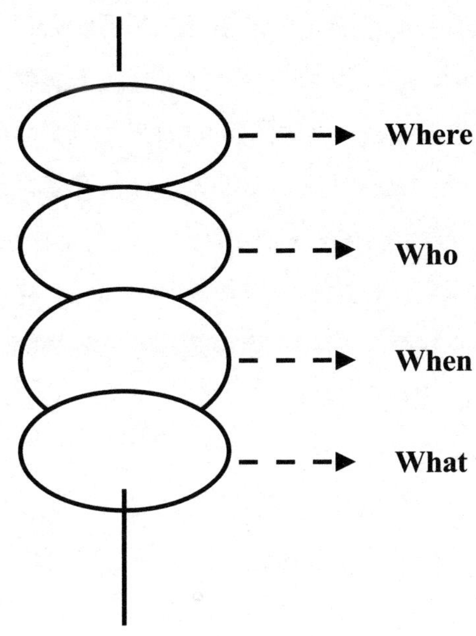

话说什么时，就结合现场先问好，再感谢，外加点题。说这些话的好处是既解决站起来就有话可说，让现场听众感觉的是讲话者的从容，同时，在点题时，会提醒自己在这样的场合应该说点什么，避免接下来的发言欠妥当或跑题。如果说到此，就想起了主要表达的意思，便可直接进入正题。如果还没有想起要说什么，就接着再说 **Who**。这位局长说到此看来一时难以决定要说什么的问题，所以他又接着说，“虽说我分管老干部工作，可是谈理论，我谈不过在座的各位专家；论生活经验和人生阅历，我比不上在座的王老和徐老等几位老前辈。就讲话发言水平我在主持人面前更是自愧莫如。”这一部分说的是 **Who**，即说现场的人。说这样的话，点到谁，谁高兴，还会给听众有非常的现场感。一点也不会让听众感觉是在说多余的话。由于说的是现场中都是些什么人，自然会意识到自己在这个现场中的角色，说到此，一般人就会想起借这个机会该说些什么了。假如说到此还是没想起要说的话，再接着说 **When**。即说今天是什么日子，如：男人节、戒烟日等等，别人容易忽略的节日，如果你此时提起来，说几句题外话，就会给人信口说来，出口成章之感。如果实在想不起今天是什么节日，或者本来也不是什么节日，就再想想今天与现场听众有关的意义。如果今天既不是什么日子，也没有什么特别的意义，就从现场找理由，如：为了给大家留机会，不能耽误大家太多的时间等诸如此类的话，且看这位局长接着又说的话，“尽管如此，我听了以上诸位专家的发言后，今天上午半天的会议，对我启发很大，我有好多话要说。因为今天上午的休会时间是11点半，现在已经是11点20了。”这就是在说**When**。不管何种情况，只要你有这方面意识要说，总能说出理由。说到此，给自己锁定到一点去说就容易得多了。这时局长胸有成竹地想起了要说的内容**What**，“虽说有很多的感受，不想占大家太多的时间，只集中说一点，这就是——眼下，一个人的健康就是一种投资，为什么那么说呢？……”

以上介绍的是运用“糖葫芦法则”的讲话思路解决一时站起来没话可说的问题，即席发言的另一个难题是说既适合场合，又让在场听众感兴趣的话。

2. 得体表达的方法

运用“糖葫芦法则”讲话思路，有难度的环节是**What**部分，要说出能适合现场，吸引听众，进而能打动听众的话。这就要求讲话者在一些场合，要有感知听众心理态势的敏感洞察力，抓住他们感兴趣的话题，选准角度和切入点，使即席发言的内容既符合时代要求又贴近听众需求，这样才能让自己的即席发言有的放矢，让听众感到亲近、实在、可信、可行。

譬如，我们曾列举过的某新任县委书记，走马上任后，在基层调研时，现场群众提议书记讲几句。他是这样讲的：

我首先感谢乡亲们给我的热情和信任，今天我是来熟悉工作的，也是来看望父老乡亲的。（Where 通过说来的目的，提醒了自己这是一种什么场合。这位县长接着他就想起了他要说的What）我的原籍在长沙，且读书、工作多年，那里是我的第一故乡。从上个月起到县里，我就是咱们县里的公民了（听众掌声）。我还要高兴地告诉大家，现在不但我是咱们县里的公民，我爱人，孩子的户籍关系也一同转来了，应该说他们也是大家中的一员（听众掌声）。我到这里来工作，这里就是我的第二故乡，是我的家了。是家，只有首先安家，才能当好家，把故乡建设好，让家乡的父老乡亲过上好日子（听众掌声）。我相信，只要我们各级领导者与人民群众同甘共苦，齐心奋斗，就一定能战胜各种困难，把自己的家乡建设好。”（热烈掌声）

这位县委书记的即席发言，没有华丽的辞藻，几句朴实无华的心里话，却抓住了听众的心理需要，收到了化平淡为新奇的效果，这就提醒我们，什么是最好的即席发言？最好的即席发言，就是适合现场听众心理需要的发言。做到了这一点，自然会给在场的听众留下良好的印象。

即席发言在解决了站起来就有话可说和能说现场听众感兴趣的话题后，体现即席发言水平的还有语言组织的技巧和方法问题。譬如，怎样避免语无伦次，丢三落四，做到语言精练，条理清晰；如何言之有理，让人信服等等。

3. 条理清晰的思路

再来看书中我们曾引用过的一位乡长上任时的即席发言：

大家选我为樟树人民政府乡长，我借此机会，也向大家表个态，我保证三不搞：一是在下一步乡政府的工作布置上，不搞“一个师公，一道法”。那种甲乡长栽树，乙乡长种瓜，丙乡长喂猪，丁乡长抓鱼的做法我不会做。据我掌握的情况，经过前任几位乡长的共同努力，我们乡近几年的整体发展建设规划已初见雏形，势头较好，没有必要另起炉灶。因此我要做到新官理旧事。（这时，台下掌声四起，不少人为之叫好，因为他讲了群众最担心，也是最希望的话。）接着他又说道：第二，在干部使用上，不搞一朝天子，一朝臣，今后干部调整，也只能本着人尽其才，才尽其用的原则，决不会以个人思想为界限……（台下又一次鼓掌）第三，不搞新官上任三把火，我主张脚踏实地，饭要一口一口吃，堡垒要一个一个地攻，做到在任一天，奋斗不止。

这番即席发言突出的特点之一是条理清晰，表现在两个方面：

一是用词精炼通俗。如：“三不搞、一个师公，一道法、甲乡长栽树，乙乡长种瓜，丙乡长喂猪，丁乡长抓鱼、新官理旧事、一朝天子，一朝臣、新官上任三把火、人尽其才，才尽其用、饭要一口一口吃，堡垒要一个一个地攻”等等，都是些平时听众耳熟能详的话，听起来亲切、自然、好理解、易接受。即席讲话要讲这样的话。

二是讲话条理简洁。如：发言的内容部分，运用序数词，第一……、第二……、第三……，强化了讲话内容的条理性和逻辑性；紧紧围绕三方面讲，并没有过多地展开，加深了听众的记忆和理解。从心理学上讲，人们对三点的理解和记忆效率最高。这一点，这位乡长把握得恰到好处。这是做到条理清晰，逻辑性强的思路之一。

以上是结合几个范例对“四个 **W** 法则”的讲话思路作了一个剖析和说明，那么，作为一名公务员在一些场合中如何实际应用呢？

4. “糖葫芦法则”的应用

譬如，在本单位举办的体育比赛颁奖会上，你作为一名主管领导，被邀请去作即席发言。这样的场合，如果你准备好讲稿，届时拿出讲稿照本宣科，会让下属说你没水平。因为在一般人们的心目中，脱稿讲话是领导水平的直接体现。如果你前一天写好稿子，届时在台上背着讲出来，听众会很容易听出你是在背诵，背稿子讲话缺少感染力。如果只打个腹稿，又怕届时在台上丢三落四，语无伦次，怎么办呢？

“糖葫芦法则”的讲话思路完全可以帮你忙。现在就请跟我来进行如下构思，连续问自己：

先问：这是什么场合（**Where**）？会马上提醒自己这是‘体育比赛颁奖会’，这样的场合，需要向这次活动的组织者、获奖集体和个人表示祝贺；

再问，在场的都是什么人（**Who**）？会理清现场除运动员，还有教练员，工作人员，这就自然会想起要对这部分人的辛勤付出表示感谢。

接着问：发言时间多长合适（**When**）？会意识到这不是作报告，主角不是自己，发言时间控制在两三分钟为好。

最后问：现场的人喜欢听什么？站在自己的角度，这种场合适合说什么（**What**）？自然会想起为什么要举办这样的运动，也就是要说明举办这项活动的意义，参与者付出了，自然会想听到领导的表扬和肯定，这实际上也是此次讲话的中心所在，随即提出希望，将运动员的积极参与、努力拼搏精神和这次活动组织者的任劳任怨、奉献精神用到今后的工作中去。

经过这样一番构思后，想到这里，自我就会感觉这样的场合说这些话就可以了。还不能着急，这还只是解决了说什么的问题，如何解决上台后避免语无伦次，丢三落四呢？这就需要再把以上的构思内容浓缩，提炼成四个词。即祝贺、感谢、意义和希望，这就是经过“瘦身”了的即席发言的“腹稿”，带着这样的“腹稿”站起来发言，将这“四个词”作为讲话的主干，届时根据现场情况，围绕这四个方面说就可以了。讲完后只会有超水平发挥的感觉，绝不会有思路乱，话说不到点上的遗憾。

综上所述，即席发言是职场管理者的一项必备能力。如果身为领导，会经常出席座谈会、讨论会、协调会、工作会，参加一些礼仪活动，外出参观学习，下基层检查指导工作以及接待群众来访等诸多场合。在这些场合里，最适合的讲话形式就是即席发言。在日常工作中，公务员日常即席发言的机会实际上要比有准备的正式讲话多。从某种意义上说，要想成为一名出色的公务员，就必须成为一名即席发言的能手。

需要说明的是，即席讲话的技巧和方法不是只有这一种“四个 **W** 法则”，或者说，掌握这一种方法就可以了。另外，即席发言作为一个紧张而又复杂的语言表达过程，要想很好地掌握，不是一日之功。它与一个人的思想、思维、生活阅历、知识以及口才诸多因素有关。不过，任何复杂的事物都有其自身的规律。只要掌握专业人士总结归纳出的技巧和方法，认真学习，勤奋锻炼，即席发言水平定会有较大的提高。

三、提高口语能力的“三多”

前面提到的有准备的脱稿讲话，要想摆脱讲稿或提纲，其中必须要完成的一个步骤是从书面语到口语的转化。那么，书面语和口语之间有些什么区别，口语化表达的秘诀又在哪儿？

2010 年 11 月 12 日晚，中央电视台现场直播第 16 届广州亚运会开幕式，央视首次用两个版本同时直播。一个是央视一套、五套由朱军、董卿担任解说的“书面语版”；一个是央视新闻频道白岩松担任解说的“口语版”。

事后，热心的《南方周末》文化版编辑，特意刊登了两种版本的解说词，让读者结合那晚的现场直播印象，谈谈更喜欢哪种解说。结果，白岩松的“口语版”赢得多数人的好评。

应该说两个版本，风格不同，质量上乘，都很经典。那为什么我们的热心观众和读者会有倾向性的感受呢？从脱稿讲话的角度讲，“口语”版赢得好评的原因简单概括起来主要有两大优势：

先说构思上的优势，让我们先来参考一下两个版本开场白原文：

【口语版】

2010年11月12号，中国广州，这里是中央电视台新闻频道为您现场直播的第16届广州亚运会开幕式的实况。

我们今天将用5个时间的维度去关注这个开幕式。第一个是2000年，广州这座城市的建城历史是2224年，它将怎样浓缩在这个开幕式里面？第二个是200年，今天是在室外举办的开幕式，承载这个室外舞台的是海心沙岛，它是被珠江水冲积200年形成的。第三个时间是20年，中国人的记忆当中，从1990年的北京亚运会到2010年的广州亚运会，走过了20年的道路，这20年我们在变，中国在变。第四个是2年，从2008年的北京奥运会到2010年的广州亚运会，总导演就是当初北京奥运会的副总导演。开幕式会带来什么样的创意？最后一个时间段是2个多小时，那就是8点将要开始的开幕式了。

在北京奥运会以及多哈亚运会已经形成精彩的印象之后，它究竟会有哪些独特？会否在2个多小时之后，这精彩的瞬间就成为我们记忆的开始？在这5个时间维度当中，我们走进广州，走进这座重新会给大家带来新的亚运记忆的城市。

……

【书面语版】

中央电视台！中央电视台！各位观众，欢迎回到第16届亚运会开幕式的直播现场。刚才为您转播的是第16届亚运会的开幕式序曲——珠江巡游，稍后，我们将在广州海心沙岛为您现场直播开幕式的仪式和文艺演出的盛况。夜色下的广州，华灯初上，交相辉映，璀璨耀眼的灯火闪亮了一座城市最清澈的眼眸。夜色下的广州，楼宇林立，相互映衬，高高耸立的楼群绚烂了一座城市最自豪的表情。夜色下的广州，珠水如镜，穿城而过，奔流入海的江水打开了一座城市最包容的胸怀。夜色下的广州，大桥跨江，沟通两岸，坚实稳重的桥身挺拔了一座城市最坚硬的脊梁。这是一个值得纪念的夜晚——从今晚开始，欢腾的广州将向亚洲人民献上一场“激情盛会”。这是一个值得珍藏的时刻——从现在开始，发展的中国要把“和谐亚洲”的讯息向世界传递。此时的海心沙岛，盛满了欢乐与祥和，再过一会儿，亚洲45个国家和地区将在这个美丽的小岛上实现团聚，共叙友谊。此时的中华大地，承载了激情与梦想，未来的16天里，亚运健儿将在这片生机盎然的土地上拼搏努力，同创奇迹和辉煌。2010，广州欢迎你。

2010，中国欢迎你。

……

白岩松的“口语版”开场白，一开始便引导观众从5个时间维度去关注这个开幕式。他的这种巧妙的构思，在给人以整体印象的同时，又引导观众从时间维度上去了解了本次亚运会相关背景，并挑起观众对即将开始的开幕式以期待。这种内容的构思完全符合观众的需求心理。这如同我们听一个报告，听者希望报告者能先把这个报告的基本内容和他的相关背景交代一下，以便对接下来的报告内容有更好更深的理解。而“书面语版”的开场白，是从场面的烘托，气氛的渲染，声势的营造去构思的。整个构思带给我们的是美感、激情、振奋……；“口语版”的构思带给我们的是历史知识，背景材料，心理期待……。在观众和读者的观赏和阅读心理日渐成熟的今天，对于朴实的、带有一定知识含量和背景材料的口语话解说词更偏爱一些也就不足为奇。“书面语版”的解说词是读稿讲话；“口语版”的解说词是脱稿讲话。因为读稿讲话与脱稿讲话是两个概念。读稿讲话是跑火车，不敢离开铁路线；强调的是表达的规范和逻辑的严谨，注重的是既定声调的前提下表情达意；脱稿讲话则是强调表达的灵活和语言的流畅自然，注重的是个性语调，个性风格下的表情达意。

再来谈谈表达上的优势。先参考两个版本中间的一段解说原文：

【口语版】

……如果这个节目的速度和节奏你觉得已经心跳加速的话，你做好准备迎接下一个节目了吗？这个节目总导演只做了这样一个推介，如果演完了之后您是鼓掌，这个节目就失败了，只有您尖叫，它才是成功的。

为什么现场观众看到第一段表演的时候就迅速地兴奋起来，而在电视机前似乎没有呢？那是因为在现场更能直观地感受到，这是演员在一个90度垂直于地面的大屏幕上来进行表演，他们没有任何依附。等于说您站在墙上表演，它可能吗？但是现在在这个演出段落的时候，它成为现实。在平常的日子里，我们任何一个人完成一次几十米落差的蹦极的话，会难受好多天。但是，正在给我们表演的演员，要在这一个屏幕上进行多次的几十米距离的蹦极，而且是来回的。这是电脑操控的吗？不是，在8个大屏幕上表演的演员一共有180名，顶上的屏幕上是22个，底下的屏幕是23个，在他们每个人身上都绑着钢丝，每个人要靠底下7个人为他服务，要拉钢丝，5个人是拉，另外2个人是备份，完全是人工的方式调控着他们的节奏和造型的摆放。

内容不复杂，回到游戏，回到简单的人与人之间的关系，回到童年，但这最简单却用了最复杂、最富挑战性的一种表演方式。LED屏的高度是80米，大家就想象，他们一瞬间要完成的落差急降急起是多高。看，他们是垂直于地面表演，所有的演员来自于河南少林塔沟武术学校。色彩的造型是由大屏幕提供的，而在上面进行垂直表演的演员，跟这个造型完成了非常默契的配合，因为他们已经练了一年半的时间了。有人对他们训练之后的身体测试说，他们已经可以成为海军陆战队的队员了……

【书面语版】

……接下来，我们将看到一组富有创意的表演，180名运动健儿在地面上1320名操作者的配合下，展开动人心魄的立体式表演，这是一次全新的尝试，体现了广州“敢为天下先”的创新精神。他们将在奇特的空间中完成俯冲、跨越、奔跑、攀爬等多种行为，其中容纳了冲浪、游泳、跑步、登山、跨栏等诸多体育元素，精彩地诠释了人类更高、更快、更强的体育精神，形象地表现了中华民族全民健身运动的蓬勃发展。享受运动带来的快乐，促进身心和谐发展，是体育精神的真谛。国运盛则体育兴，亚运脚步对于中国的第二次眷顾可以充分说明：广州，对体育精神的热诚，已让亚洲感动！中国，对体育精神的诠释，已被世界认同。……

你阅读下来，自然会感到，“书面语版”语言风格是抒情描述式的；“口语版”的语言风格是介绍沟通式的。比如“口语版”的解说词中，时常得有一些设问句，讲话中有意识地运用设问句，能引起听众的注意力，给听众良好的沟通感。让听众感到的是亲切自然。这是其一。

另一方面，“口语版”的确做足了“功课”，解说中有大量的鲜活背景材料、具体数字、典型细节以及引导观众展开的联想，层层叠叠，引人入胜……难免观众和读者看了白岩松的解说词更喜欢一些。

“口语版”的表达方式带给我们脱稿讲话的启示是，脱稿讲话要想讲好，事前的准备以及平时的积累是必要的前提，否则，你讲的话只能是面上的话，谁都能讲的话，很难会有让人耳目一新，为之一动的效果。另外，还不忘要注意运用实例、数据、设问以及必要的细节描述等等脱稿讲话技巧。

如何提高口语化表达能力呢？关键要做到“三多”，即多听、多练、多说。

先说多听，从现在起，多听一些直播的电视或广播中的说话类节目，尤其现在时下流行的“说新闻”、“故事会”及“脱口秀”等。通常这类栏目的主持人都有极强的口语表达能力，长期坚持听，便会耳濡目染。

再说多练，多练有三个概念，一是多跟着主持人的语速同声跟说；二是私下里将看过、听过的身边事、媒体新闻，以及书报文章进行有意识地用自己的大白话复述，坚持数日，必有收获。三是参加口才类的训练班练。参加训练班练比自己私下练多几个优势：一有老师个性点评；二有学员之间的相互鼓励，三有那种众人面前的环境和氛围；四还有一些具体的有针对性的实操小技巧。

最后就是多说。多说与多练有什么区别呢？多练指的是私底下自己模仿性练习；多说则是指遇到场合，抓住每一次机会在众人面前进行一些实践性的讲话。原来遇到机会，您可能是能推就推，能躲就躲，一次次地放弃，失去的是机会，留下的是遗憾。中国台湾原亲民党主席宋楚瑜，2005 年来大陆访问时，在清华大学演讲，当时有个学生在现场提问说：“宋先生，您好，听说您小时候是个不爱说话的孩子，您在台湾从政这么多年，口才这么好，是怎么练出来的?”

宋楚瑜是这样回答的：“的确，我小时是个不爱说话的孩子，老师曾在我的学生评语上写了四个字‘沉默寡言’。有时我不得不当众发言还得吃镇定片。严格意义上说，我是后天练出来的，比如在读大学时，我逼着自己经常参加学生会组织的演讲比赛、辩论赛等，这时紧张怎么办？当时老师告诉我一个办法，说你紧张的时候就两脚抓地，所以我有些时候紧张时，你看我是在两脚抓地呢……”

宋先生的这番回答，坦诚地给我们透露了两个信息：一是口才是能练出来的；二是练习是要有方法的。

有些朋友阅读到此可能会说，虽说我没有严格地按照这些方法做过，我也是在口才方面做过努力的，可总是效果不大。这里有您做的到位不到位的问题，在这里还要提醒读者朋友，脱稿讲话构思时，除了注意场合、角色、听众外，还应重视目的性。不同的目的性，脱稿讲话的构思和表达技巧也是有差异的。

四、提升说服力的“三方法”

脱稿讲话的目的，有时是要说服他人。比如，身为企业家，在企业发展的过程中，需要不断地融资，需要不断地推销自己。假如有一天您的企业要上市，还要去路演，说服那些 VC 给您投资。即便您的公司不上市，平时的管理、经营、销售工作，您也要面对众多的下属和客户，一个真正成功的企业家，他一定要学会把自己的思想梳理得很有逻辑，用很清晰的语言表达出来，赢得他人的认可和接受。

我们也很遗憾地看到，很多企业家融资时的脱稿讲话，往往容易犯两个错误，第一从自己的角度出发，他只讲自己才明白的术语，讲自己才明白的逻辑。我们的建议是，您要从听众的角度，从用户的角度出发，应该想一想对方此时最关注什么，怎么才能让他理解。

第二个容易犯的错误是，很多人容易把自己说的事、做的事说得很大，任何伟大的事业都是做出来的，不是说出来的，说得再大也没有意义。大家面对媒体、面对公众投资人讲自己的商业计划，讲自己企业的时候，应遵循最简单的原则，用最直白的语言，说清楚我们究竟发现了什么问题；我们的产品解决了什么问题；

我们的产品给用户创造了什么样的价值；我们是瞄准市场什么样的用户；我们是怎么收费的；我们是怎么赚钱的等等。把这几个最质朴的道理讲清楚，这个产品伟大不伟大，好不好，别人会做判断。如果你连这些都说不清楚，要么陷在很大很空的伟大情怀当中，或者陷到很细的过程中讲细节，投资人真的很难理解。如果您反复讲不清楚，投资人有一个基本判断：不是你脑子里的这件事不太成熟，就是您的口才不好；不是口才不好，就是故意在忽悠投资人。

如何提高融资时脱稿讲话的说服力呢?

首先是对自己讲，或找几个听众对着他们讲，这样多练它几遍，到最后讲清楚了，说明把自己的思维理顺了，讲解的过程是不断梳理思路，不断梳理策略的过程；

然后再对投资人讲，投资人会给你很多挑战，拿不到投资会很沮丧。其实换一种心态，见每一个投资人，不要看结果，把投资人看成磨刀石，不管他怎样挑战你，他的问题问得你哑口无言，回家就好好总结，怎样下次不被他问住，怎样下次会让他满意。你见 30 个投资人，哪怕 30 个投资人一个没有给你投钱，但是通过他们的挑战，能把自己的模式想得更清楚，能把自己的产品、自己的用户定位想得最清楚，这就是最大的收获。

最重要的是，用几句话把您的东西讲清楚，这是功夫。千万不要相信，我的事情特伟大，特复杂，就是要系统全面才能说清楚。这话是假话，再伟大的事都是从一个简单的点开始。

说服力强的企业家，是能把复杂的想法变简单，简单到自己几句话都能说明白，员工一听就愿意跟着干，客户一听就愿意接受，投资家一听就愿意投资。FaceBook 为什么这么火，FaceBook 当时的 CEO 在融资时一开口是这样说的："我们萌发创办这家企业的想法很简单，美国的大学生，时间多、又闲，荷尔蒙多，大家需要做这样一个东西，需要哈佛新进来的女生中有谁长得比较好看，大家选课的时候可以坐在一起。"……就这样一个简单的缘起，听完各位都想跃跃欲试，就这样一个简单的表述成就了世界上最牛的互联网公司。可见，有时说服力的提升也很简单。

谈到关于说服力的问题时，在《交流使人生更美好》一书中赵启正与吴建民还有如下对话：

赵：我跟美国驻华大使雷德谈话，说到美国人怎么看中国大陆与中国台湾统一的问题，我引了林肯纪念堂的一句话："他永远活在人民心中，他拯救了联邦的统一。"（原文为：In this temple, as in the hearts of the people for whom he saved the Union, the memory of Abraham Lincoln is enshrined forever.）他笑了，至少加深理解了台湾问题在我们心中的分量。

吴：在外交场合，怎么讲能让对方听得进去？完全用很多深奥的外交语言，人家就听不懂。比如我们反对美国向台湾出售武器。你可以跟美国人讲，台湾是中国的一部分，我们有中美三个联合公报，美国也是承认的，这么讲也没错。但是你要跟美国人讲，他们南北战争时期，北方政府也是反对外国向南方出售武器的，因为南方也是美国的一部分。当时我们一位大使这样说了以后，美国人一听，你说得有道理。这是用对方的文化说服对方。

五、竞聘述职应重视的"三细节"

参加竞聘述职，要想展现自己的实际水平，达到预期之目的，通常情况下是要两手都要硬：一手是前期竞聘述职报告的准备；另一手是届时现场出色的呈现和应对。现场出色的呈现和应对是指面对评委能从容地陈述竞聘述职报告的同时还能快速反应，准确回答评委的提问。

竞聘述职报告的准备，对许多职场人士来说一般不是问题，让许多职场人士备感心烦的是现场陈述和应对。因为常常表现得不那么尽如人意。原因当然有许多，根据笔者多年的教学经验，特提醒读者，有"三个细节"不可忽视，即"目光交流"，" 心态调整"和"应答策略"。

在竞聘现场评委比较看重竞聘者的交流意识。而有的竞聘者，在现场陈述中，目光多数时间停留在讲稿或电脑屏幕上，与评委、听众很少有目光交流。更有甚者，从头至尾不敢抬头看评委和听众。缺乏目光交流的陈述，一方面带给自己的是心里紧张，语速越说越快；另一方面带给评委的印象是缺乏交流意识，甚至是不自信。那么，自信的目光交流方法如何运用呢？望请参考做到以下四点：

❖ 若读稿陈述，每遇一意群结尾时要抬头与评委目光交流；

❖ 若讲 PPT，要将 70% 的时间用在与评委的目光交流上；

❖ 若脱稿陈述，目光要做到瞻前顾后，以点带面，照顾到全场；

❖ 回答评委提问时，不仅要注意与提问的评委做目光交流，还要兼顾到其他评委。

以上方法如果能灵活做到位，给评委的印象是交流意识强，自信从容。

除了注意目光交流的运用外，在竞聘现场还不可忽视的是心态的调整。我们有的竞聘者，临上场时往往容易紧张。比如，有的是脸红，有的是出汗，有的是口吃还有的是快轮到自己上场时最紧张，或是上台后开口的刹那间最紧张，更有甚者，讲的过程中一直都高度紧张……以上种种的不良表现，其背后的原因各有不同，但有一个共同的原因是忽略了一开始心态的调整。心态调整的方法有许多，其中西方行为主义心理学家认为，体态能影响心态。用体态调整心态的方法最简便直接。那么，如何运用体态控制紧张情绪，发挥出自己的正常水平，给评委好的印象呢？望请参考做到以下五点：

❖ 上场之前，深吸几口气，会明显感觉紧张减轻；

❖ 上场的步伐迈得轻盈有弹性，自信心会油然而生；

❖ 站着讲时，身体的重心尽量落在脚的前掌上，身子自然会挺拔；

❖ 若是坐在椅子上，两脚要踏地，会感到心里有底气；

❖ 站稳或落座后，用目光与评委略作短暂交流后再开口，会显得沉稳，胸有成竹。

以上几点，若能够按要求做到位，不仅能给评委得体、从容的印象，还会因为心理上的放松，能有超水平的发挥。

竞聘述职毕竟是一种压力下的讲话，谁都不敢保证面对评委的提问，全都能快速反应，重点突出，条理清晰的应答。那么，面对评委的提问，一时答不上来怎么办呢？望请参考运用以下三种策略：

其一，抛球法

即用虚心的语气语调，礼貌地请教评委："抱歉，刚才您问的问题我没太听清楚，烦请您再说一遍好吗？"以赢得更多的思考时间。

其二，带球法

有时评委的问题很简短，你不可能听不清楚；还有时，评委提问为便于竞聘者听清楚，自己主动说两遍。这时“抛球法”自然会失灵。“带球法”即自己复述一遍刚才评委的问题。比如：“您好，如果刚才我没理解错的话，您提问的问题是……”。自己复述时等于是在审题，同样可以起到赢得思考时间的作用。

其三，抱球法

如果使用了“抛球法”或“带球法”后，仍旧一时想不起怎么回答，另一种打开思路的方法就是“抱球法”。即从问题中的基本概念解释起，找到了问题的原点，只要不是过于难的问题，多数情况下基本概念会引出解答问题的灵感。

以上三种应答策略，只是适用于因一时紧张，思路一时堵住了，用它来做思维的缓冲。如果遇有确实不知道的问题，应如实回答不知道。切不可乱用策略。圣人曰：“知之为知之，不知为不知，是知也。”切记，诚实本分，是竞聘者应有的品德。

要想在竞聘述职中脱颖而出，只注重以上“三个细节”是远远不够的，还有更多的内容。另外它还是一种综合能力的展现。因为是能力，只注重看书本，学方法，记技巧是不灵的。知识的获得靠学习、领悟；能力的掌握则靠训练、实践。因此，建议竞聘述职者，多注重平时的现场表达锻炼，届时才能从容应对。

六、心理调适言语工具“38 条”

❖ 有的人最憷头的是脱稿讲话；有的虽能侃侃而谈，但说不到点上；有的私下交谈还可以，脱稿发言就吞吞吐吐。原因何在？不是你天生就缺乏口才，而是因为脱稿讲话需锻炼，口语表达是有技巧的。

❖ 世上没有天生站起来就能侃侃而谈的天才。脱稿讲话其实轻而易举，只要遵循一些简单而重要的原则就行了。

❖ 许多人一遇到对大家讲话的场合，就不知道讲什么，或从何讲起。有效说话的速成方法是，围绕此时、此地，谈他、谈你，谈大家既熟悉又感兴趣的话题。

❖ 能说会道的人，往往说话都生动有趣。因为他们的话语中尽是些树林、石块、椅子等具体而实在的词汇。

❖ 热情、自信和活力，是脱稿讲话者吸引众人的关键所在。因为听话者的情绪易受讲话者所左右。

❖ 听众的反应，决定着脱稿讲话的成败。谦虚地包容，是打开听众心扉的钥匙。

❖ 就一场演说来讲，最重要的有三点：谁在发表这场演说；他如何进行这场演说；以及他说些什么。在这三点中，排在最后面的，重要性也最低。因此，演说者最宝贵的财产，就是他个人的特色。

❖ 注意丰富一个人的词汇，学会用词，对脱稿讲话极有用。丰富词汇量，不是要你去发明新词，而是向生活学习，从书本中汲取，为己所用。

❖ 保持个性，是决定当众讲话成败的重要因素。唯有自然、真诚，才能赢得听众。

❖ 常言道：艺高人胆大。卡耐基说：胆大艺高。要想干成一件事，首先要有“自信”。有了“自信”，才有勇气。“自信”源于何处呢？来自热忱。

❖ 人人都能忍受灾难和不幸，并能战胜它们。有人也许不相信自己能办得到，可是人类有强得惊人的内在源泉。只要我们加以利用，便能引领我们渡过难关。我们比自己所想象的更坚强。

❖ 只有一个人能治疗你的羞赧不安，那便是你自己。没有什么法子比“忘我”更好。当你感觉害羞、胆怯、局促不安时，立刻把心思放在别的事情上。如果正在脱稿讲话，除了讲话内容，一切都忘了吧。切莫在意别人对你和你的讲话将如何看。忘记自己，继续你的讲话。

❖ 只要下定决心，便几乎能克服任何恐惧。因为，请记住，除了在脑海中，恐惧无处存身。

❖ 害怕时，把心思放在必须做的事情上。如果曾经彻底准备，便不会害怕。

❖ 要冒一次险！整个生命就是一场冒险。走得最远的人，常是愿意去做，并愿意去冒险的人。

❖ 下一回你被某项工作吓住时，不妨昂然地向它走去，完成那不可能完成的工作。这是办得到的——只要你对自己有无比的信心，你就办得到。

❖ 击败恐惧的方法是：决定行为的方向，然后遵循它。保持忙碌，使自己忘却恐惧。

❖ 我们大多数人所拥有的自信，远比我们想象得更多。

❖ 面对那似乎势不可挡的困难，一旦鼓足了勇气，你就会惊讶地发现，自己的恐惧正在溶化。

❖ 恐惧是个凶汉又是个懦夫。我们所要做的，是要克服恐惧并忘记它，你一定办得到。

❖ 只要你不认为你的目标不可能实现，你便决不会被击败。

❖ 克服局促不安与羞怯的最佳方法，是对别人感兴趣，并且想着他们。然后，胆怯便会奇迹般地消失。为别人做点事情，行善，举止友好，你便会得到令人惊喜的回报。

❖ 怠惰造成怀疑和恐惧，行动则产生信心和勇气。若要克服恐惧，就不要坐在家里想着它，遇到场合就去当众说几句。

❖ 现在把你的恐惧清查一番，看看它们当中有多少是没道理的。假使你对自己诚实，你或许会发现它们多半都没有根据。

❖ 人人都应有一种浓厚的兴趣或嗜好以丰富心灵，为生活添加滋味。同时也许可以借着它，对自己的国家有所贡献。

❖ 若想克服恐惧，不要想到自己。设法协助别人，恐惧便会消失。

❖ 热忱是个性的原动力。没有它，任何你可能拥有的能力，便只有静止不动。我们可以肯定地说，几乎人人都有很多尚未发掘出来的潜能。你也许有学问，有正确的判断力，有优秀的推理能力，但是除非你知道如何将自己的心，放入思想和行动之中，否则，将一事无成。

❖ 火一样的热忱，加上切实有用的知识与坚韧不拔的毅力，是最能创造成功的。

❖ 如何能使自己满怀热忱？告诉自己，对于你正在做的事情，你最喜欢的是什么，然后快快抛弃你不喜欢的部分，去做你喜欢的部分。然后要表现热忱，告诉别人你的工作，让他们知道它为何使你感兴趣。

❖ 热忱不只是外在的表现，它发自内心。热忱来自你对自己正在做的某项工作的真心喜爱。

❖ 表现得好像自信十足，这会使你勇敢一些。想象你的身体已经接受挑战，显示自己并不是全然的害怕。

❖ 停下来想想，别人也曾经面对过沮丧、困难，却克服了它们。别人既做得到，当然你也能。

❖ 记住，你的生命是以某种节奏前进，你若感到失意消沉，无力面对生命，你也许便会沉至山洼，但是你若保持自信，便可能利用当时正扯你下坠的那股力量，跃出洼谷之外。

❖ 记住，夜晚比白天更容易使你感到挫败和气馁。自信多与太阳一道升起。

❖ 记住，只有想不到的事，没有干不成的事。

❖ 著名的心理学家西秀教授曾说，普通人只用了他实际遗传记忆能力的百分之十，而浪费了其余的百分之九十，因为他违反了记忆的自然法则。

❖ 重复，是增强记忆的有效手段之一。但，只是机械地重复是不够的，我们要的是智慧性地重复。

❖ 要想增强记忆力，一味地给自己下命令，是不奏效的。要展开你思维想象的翅膀，它将带你轻松地飞达记忆的彼岸。

后记

本书付梓之际，我们最想感谢的是：为本书搜集素材的洪佳、李金伯、赵欢、赵明媚等老师；还有广大学员为本书提供的课外实践案例；

忘不了13年来一直为“大钊脱稿讲话训练”品牌做出过贡献的王莉、李谦、吴美灵、程继红、李绍勋、赵红鹰、罗鸿、田新影、韩金锋、邬孟玲、郭平丽等老师；

同时，特别感谢人民出版社的选题策划、邀约和责编薛晴女士为本书出版所倾注的心血；

最后，感谢多年来社会各界朋友们的支持、帮助和厚爱。

责任编辑:薛岸杨
封面设计:艺和天下
版式设计:刘太刚
责任校对:阎　宓

图书在版编目(CIP)数据

脱稿讲话/黄大钊,曹瑞芳 著.-北京:人民出版社,2013.4(2020.1 重印)
ISBN 978-7-01-011862-8

Ⅰ.①脱…　Ⅱ.①黄…②曹…　Ⅲ.①演讲-通俗读物　Ⅳ.①H019-49

中国版本图书馆 CIP 数据核字(2013)第 052594 号

脱 稿 讲 话
TUOGAO JIANGHUA

黄大钊　曹瑞芳　著

人民出版社 出版发行
(100706　北京市东城区隆福寺街 99 号)

天津文林印务有限公司印刷　新华书店经销

2013 年 4 月第 1 版　2020 年 1 月北京第 14 次印刷
开本:710 毫米×1000 毫米 1/16　印张:16.5
字数:270 千字

ISBN 978-7-01-011862-8　定价:58.00 元

邮购地址 100706　北京市东城区隆福寺街 99 号
人民东方图书销售中心　电话 (010)65250042　65289539